珍本南社舊著叢刊·第一輯

張夷 主編

吹萬樓文集

上

高燮 著

上海大学出版社

圖書在版編目（CIP）數據

吹萬樓文集/ 高燮著. 上海：上海大學出版社，2017.3
（珍本南社舊著叢刊/張夷主編，第一輯）
ISBN 978-7-5671-2518-6

Ⅰ. ①吹… Ⅱ. ①高… Ⅲ. ①高燮（1878-1958）—文集Ⅳ. ①Z429. 7

中國版本圖書館CIP數據核字（2016）第240300號

責任編輯　鄒西禮
封面設計　柯國富
技術編輯　胡月華
封面篆刻　徐惠馨

吹萬樓文集（上下册）
著　　者　高　燮
出版發行　上海大學出版社
社　　址　上海市上大路九十九號
郵政編碼　二〇〇四四四
網　　址　http://www.press.shu.edu.cn
發行熱綫　〇二一—六六一三五一一二
出 版 人　戴駿豪

印　　刷　江蘇蘇中印刷有限公司
經　　銷　各地新華書店
開　　本　七一〇×一〇〇〇　十六開
印　　張　六八點二五
字　　數　一三六五千字
版　　次　二〇一七年六月第一版
印　　次　二〇一七年六月第一次印刷
定　　價　四八〇圓
書　　號　ISBN978-7-5671-2518-6/Z·073

《珍本南社舊著叢刊》（第一輯）編委會

出版說明

南社是一個曾經影響過中國近現代歷史進程的革命團體。這個誕生於清代末年的社團，自成立伊始，以賡續晚明時期提倡氣節的幾社、復社之風流相號召，帶有鮮明的民主革命性。他們中的許多成員，早年參加中國同盟會，追隨革命先行者孫中山先生左右，或領導、或參與，響應了辛亥革命、二次革命、護國運動、護法運動以及新文化運動等歷次反帝反封建的鬥爭，是近代歷史的直接參與者和書寫者。因此，研究中國近現代史，南社社員及其活動是無法繞開的問題。

同時，南社又是一個曾經在中國近現代文學史上綻放異彩、影響深遠的文化團體。在成立之初的南社條例中，即規定入社者須「品行文學兩優」，「社友須不時寄稿本社，以待匯刊」；一九一四年三月第十次雅集時，於條例修改稿中更是明確規定「本社以研究文學、提倡氣節爲宗旨」。在這樣的宗旨感召下，當時雅好文學的各界精英幾乎均被網羅到南社當中，社員達到一千餘人。除了皇皇二十四集《南社叢刻》以及各人另有多寡不等的單行著作外，當時由國人在海內外編輯出版的各種報刊雜誌，也大多由南社社友主持筆政，屬於南社的「地盤」，以致柳亞子曾不無自豪地開玩笑說：「請看今日之域中，竟是南社的天下。」因此，研究中國近現代文學，同樣繞不開南社人及其文學創作。

這樣一個曾經產生過重要歷史影響、代表中國當時先進文化的革命文學團體，在一個不短的時期，卻一直處於被冷落、被湮沒的境地——有關南社的史料乏人問津，關於南社的研究也寥若晨星。導致這種境況的原因比較複雜，當然自有其歷史的合理性；但總體上南社人提倡氣節的高尚情操、闡揚國魂的愛國情懷、光大中華傳統文化的民族認同，無論如何都不會過時，時至今日，仍然值得昭揭弘揚。基於這樣的認識，在中國南社與柳亞子研究會諸位專家的指導下，我們攜手中國南社研究聯合總秘書處，決定從基礎的史料發掘與文獻整理做起，除組織出版《南社史料輯存》之外，再推出這套《珍本南社舊著叢刊》，以期爲南社研究提供第一手的資料。此所謂「舊著」，當然是指南社社友的早期著作；此所謂「珍本」，則包含以下幾層意思：

一是自這些南社舊著問世，迄今遠則超過百年，最近亦達七十餘年，且絕大多數未曾再版重印過，目前存世極少，查閱頗爲不易，堪稱「珍稀」。

二是其中有的舊著或爲作者鈐印持贈，或爲南社名人藏本，洵爲難得。

三是本次重刊所用底本，均爲南社後裔數代遞傳之家藏本，今蒙其提供影印，尤具紀念意義。

綜合以上三端，此次重刊之南社舊著，底本堪稱珍貴。其中《鐵冷叢談》用一九一四年國民印刷公司初版本；《迷樓集》用一九二一年上海中華書局倣宋版；《直奉兩軍閥史——曹錕張作霖軼事》用一九二二年俄洋印刷公司初版本；《吹萬樓文集》用一九四一年金山高氏刊本、黃賓虹藏本；《浩歌堂詩鈔》、《松陵文集》、《笠澤詞徵》均用「百尺樓叢書」初印本。其中《松陵文集》、《笠澤詞徵》雖非原創而爲輯錄前代作品，但卻屬纂輯者陳去病耗費多年功力精心蒐輯考訂之經意之作（《松陵文集》並經柳亞子等人校勘），文獻價值既彌足珍貴，學術價值亦自不低，故一併收入。以上七種圖書，底本或爲刻本，或爲石印、鉛印本，其原有舊式目錄未標頁碼，檢索頗有不便；本次重刊，均爲編製詳細目錄，以便查檢利用。

一九二二年創立的上海大學，其首任校長于右任、副校長邵力子以及教務長葉楚傖、學務長陳望道等先生，均爲南社社友，且均具有重要歷史影響。作爲新時期的上海大學所屬的出版社，承擔有關南社文獻整理、出版的任務，我們深感責任重大，自然有義務將這項工作做好，爲促進南社研究做出應有的貢獻。

本次影印之七種圖書，作爲《珍本南社舊著叢刊》之第一輯先行推出；今後我們將在叢刊顧問以及南社與柳亞子研究會諸專家的指導下，在中國南社研究聯合總秘書處的大力支持與密切配合下，繼續發掘、整理有價值的南社舊著，分輯絡續出版，以期對弘揚祖國優秀文化、促進相關學術研究有所助益。

上海大學出版社

二〇一六年十一月

本書著者

高燮（一八七九—一九五八），字時若，號吹萬，又號寒隱，別署志攘、黃天，江蘇金山（今上海市金山區）人。一九〇三年與高旭、高增共同創辦覺民社，出版《覺民》月刊。一九〇六年參加國學保存會。一九〇八年組織寒隱社。一九一二年三月加入南社，曾被選爲《南社文選》編輯員，但不願就職；同年與甥姚光、侄高旭以及胡樸安等成立國學商兑會，出版《國學叢選》。一九一七年曾被南社廣東分社蔡哲夫等推爲南社主任，同年在家鄉建造寓所閑閑山莊，並將國學商兑會由張堰姚宅移入山莊。一九一八年任金山縣修志總纂、張堰圖書館董事。一九三〇年被聘爲金山縣文獻委員會主任。一九四八年被聘爲上海市文獻委員會顧問。著有《吹萬樓集》、《吹萬樓日記》、《莊子通釋》、《讀詩劄記》、《詩通解序》等。輯有《素心簃集》（顧遠香遺著）、《國學叢選》、《詩經大義》、《吳日千集》、《金山邑志》等。

目錄

上册

卷三　序跋一

卷四　序跋二

卷八　書牘二

下　册

卷九　書牘三

卷十　贈序

卷十一　傳狀一

卷十二　傳狀二

卷十三　傳狀三

卷十四　碑誌

知黑守白

孫傲署

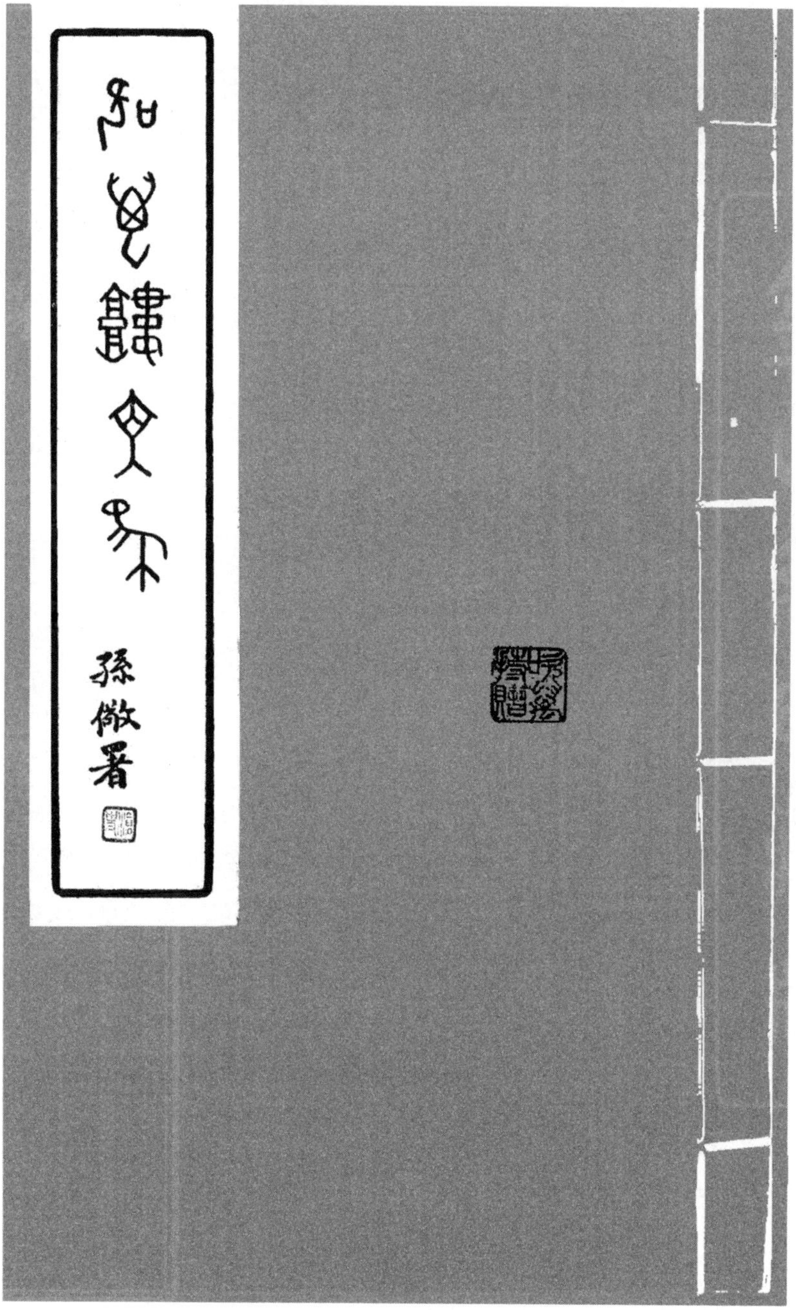

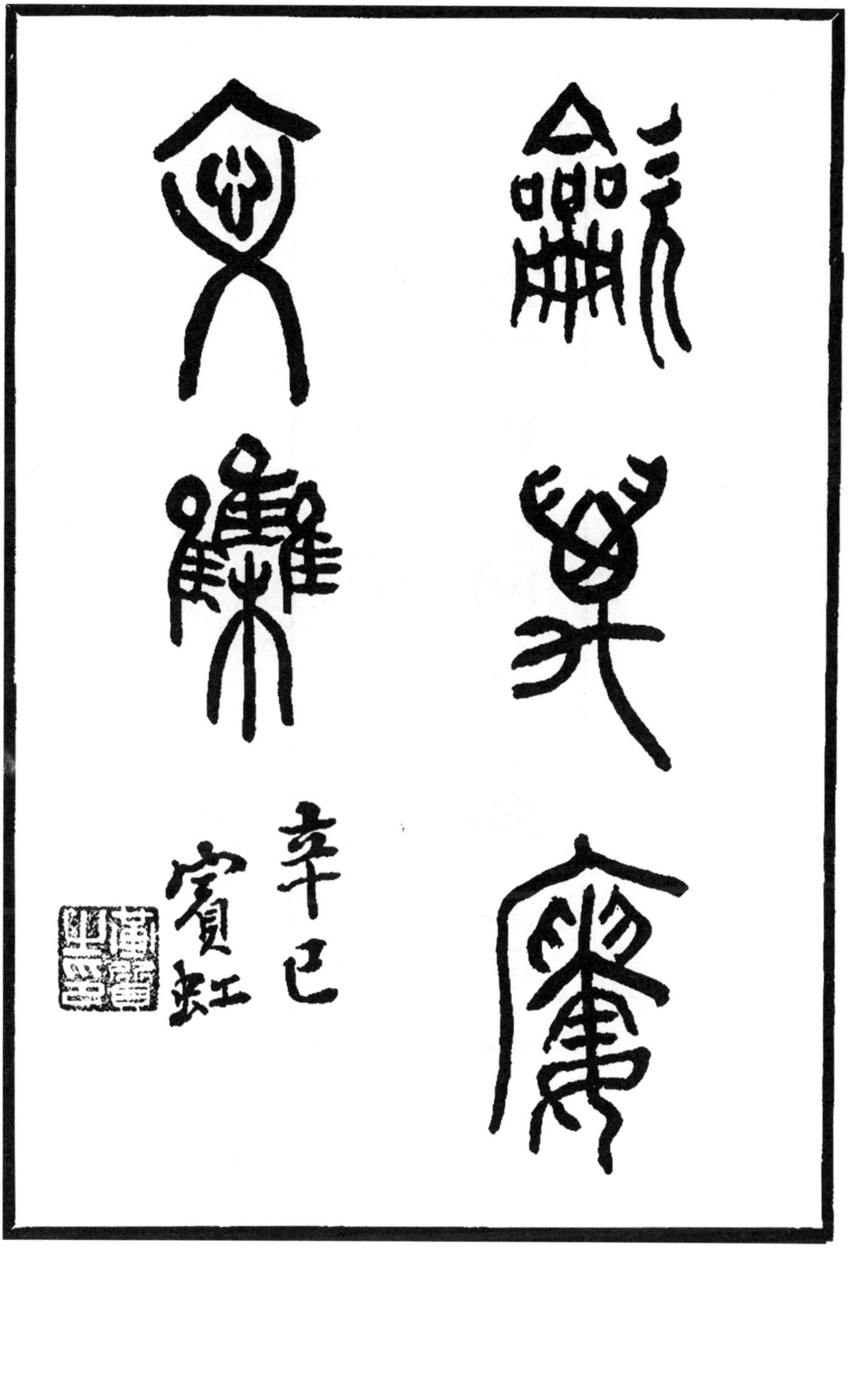

辛巳
賓虹

民國辛巳秋
金山高氏藏版

金序

並吾世負文學資性足推重者大江以南得三人焉曰武進錢夢琴崑山胡石予金山高吹萬爲文章皆能眞樸不瑣瑣求工句律夢琴性狷狹高立崖岸自標其集曰名山國變後薙髮爲羽士裝所交多黃冠緇流石予貌方嚴不茍言笑實坦易久習無忤爲文善寫哀樂狀物態折節交余屬余定其詩而序以行二子皆布衣寒素罕交遊名不被遐邇吹萬豐於財贍於學豐於財無聲伎之好贍於學益昌其辭其家收藏甲松郡築山莊有林泉花竹之美其爲人醇謹守尺度又訥於辭辯顧下筆纚纚不休如生駒健鶻奮鬣側翅縱其所

往以爲快舌之窮而輔以筆四方才彥多樂與交遊曩者與余並轡京華又南登會稽西尋黃山往往山郵水驛把酒長吟酒未傾而詩已脫手因相與爲笑樂邇來情益眞語益樸灑焉若行其無事僕病未能也然而吹萬連年多病今歲墮車傷其足惜老景之侵尋懼修名之不立乃輯其文若詩都如干卷索余序其簡端余與吹萬敘齒稍長顧腰膂輕健尚時時裹糧周覽名山大澤聞道苦晚又欲以炳燭之光竟禮堂之業夙夜焦慮稅駕無時而一讀吹萬之文辭不覺忻然而樂然則吹萬山莊吟嘯左孺人右稚子振柔翰拂縑素其爲歡笑又當何如也有淸季葉松郡文章數姚春木張嘯山

先正之典型備焉吹萬雖老且病乎陳編展玩來日方長充其學與二子鼎足而殿松郡之耆獻不難矣乙丑冬吳江金天羽

金君此序作於乙丑之冬已印入天放樓文言中矣是歲余年四十有八秋間嘗一病幾殆又墮車傷足跛不能行者及半年恐一旦溘先朝露因有刊印詩文集之意而請君先爲此文也其後病愈而自視詩若文尚不欲遽災梨棗於今復十有五年矣余體幸無恙而學不加進文雖尚存詩則遭亂已失故亟先以文集授梓更請君序之而君曩年舊序亦同置於前以誌高誼　庚辰冬燮附記

談序

文章者天地之元氣與國運時變相爲消息者也世之治也能文之士其詞不必盡工而有舒徐不迫純雅温厚之音世之亂也詞未嘗不工而多鷙肆促急駁雜不純之氣文之病實心之病也亦時爲之也有人焉當擾攘之世而其文咀嚌六藝饜飫百家純雅宏博一以古之立言者爲歸讀其文者知世運之剝極而將復若斯人者乃深體乎古今之變治亂之源而其性之所近學之所得胸次之高曠天性之篤厚均不同於流俗舉凡人世功名富貴成敗得失一不攖於其懷其心怡然涣然故發之於文淵然粹然非尋常所可及所謂

豪傑之士明清之際亭林棃洲兩先生以經世之才處亂世隱居自樂潛心著述以其所學鼓厲人心風俗于衰敝之時余讀其文純雅宏博一以古之立言者爲歸而古今之變政教之遷異世運之升降均可見於其言未嘗不感慨仰慕恨不生於其時北面受業爲之執鞭所欣慕焉童時友人朱君石農就學滬上交通大學每歸必稱述其師唐蔚芝先生余得讀其文多有關於世道人心足爲後學之津梁默念若唐先生者殆今之棃洲其人乎余以病伏處里閈不克執贄爲弟子時引爲憾稍長交孫君雅宜孫君爲余述高吹萬先生余得讀其文舉凡古今之變政教之遷異世運之升降均可

於其言外得之有關於世道人心與唐先生相伯仲皆足爲後學津梁又默念若高先生者殆今之亭林其人乎因雅宜之介北面稱弟子先生幸不以爲不肖而許爲可教也先生隱居不仕築閑閑山莊以見志藏書數十萬卷著述流傳名動海内金陵吳小園年丈亦曰高吹萬先生今之顧亭林也余雖不獲從唐先生遊而得附先生門牆之末竊自喜已先生負經世才博極羣書沖襟雅抱不言而飲人以和治詩經所藏前人説詩之書及千種古人有言詩三百篇大抵賢聖發憤之所爲作也先生之志蓋可見矣先生之文不專師一家而詠歌嗟歎之中多温厚和平之旨蓋有見道之實而其

胸次之高曠天性之篤厚不同於流俗舉凡一切人世之功名富貴成敗得失一不攖於其懷家國身世之感交於外而動於中以致其悲憤感慨之情故其文芬芳悱惻讀之睪然而移我情如茲集所刊者是已先生著述極富時散見於各叢刊中顧未有專集今歲先生壽六十余與朱生硯英以編刻文集請先生許之乃相與輯錄校對自去春以至今夏幾一年而寫始竣事夫以黎洲亭林兩先生之才使出其所學得致諸用則其所建白必無媿乎古人而有禆于國家者且至廣大乃徒以文章自見其志重可爲世道惜也然生當叔季之時以著述文字鼓人才而樹風教未始非兩先生發之

文章之有關於世運有功於藝林者如此先生高尙其志不用於世其所蘊蓄固有非門弟子所可窺測者然先生與唐先生相友善均以文章宗匠主盟壇坫大江南北遠近依歸異日國中文風之由駁而返乎淳當與亭林棃洲同垂不朽後之讀先生集者亦必有默然感歎如余讀亭林棃洲兩先生之集者矣丁丑四月門下士海鹽談文灯謹序

往年談生麐祥作此序曾以寄視其情可感其推尊過當處非不佞所敢承當屬其再愼重商定後知其又就正於金籛孫先生先生評爲議論正大氣息淵懿雅近堯峰者也未幾大亂作生避難流離與余消息隔絕者近半年其

後始逵滬上不數月遽卒遺稿都未攜出至今又逾二年
生之哲嗣乃搜得其零星手稿於家就余求整理則此序
居然在焉按生文本有夢石未定稿二卷行世此外所作
亦稱是余喜其稿之幾失而復得又哀生之惠序而不及
見我集之刊成也爰即錄置簡首云　庚辰十月望日葩
翁識

金序

心有所之之謂意以此意喻諸人於是有語言而喻諸人人於是有文辭喻諸人而人喻焉於是其言立喻諸人人而人人咸喻焉於是其文傳吾觀班史志藝文其書至今存者不過百之一隋唐諸史志經籍存者亦不過爾夫書燬於五厄存者佚者所同遇也存者常在天壤間佚者則遂沈淪磨滅一失而不可復覩抑又何耶豈所謂人人咸喻者暫而不能久隘而不能徧有以自致之耶昭明文選自千卷約爲三十卷秦漢以後梁以前文傳於今尚多孰爲入千卷中出三十卷外者不可復考見而測度其去取唐宋之文定爲八家不

知所自始吾謂必非朱右茅坤輩所獨創蓋所謂人人咸喻者隱若有閑焉而使承學者不可得而踰有以習之可之爲配者終莫能奪也初清有三家文其後又有金元明八家明清十家顧不能如八家行世之久且遠此無他揭一人之去取以廣示於人人有異同有是非有出入紛然並起是則人人未能咸喻之徵不期然而然也晚近乃復不慊於八家文辭天下之公久而變變而通是亦宜然顧所自運能不受其範圍者吾見亦罕吾友高君吹萬以亮特之才深湛之思徧讀百家書而擷精含粹衷於一是遭遇世變旁薄鬱積不得已而有文辭所爲論學書通天人之故合漢宋之説未嘗必

求喻於人人而人人讀之皆犁然有當於心斯爲文辭之極致其涉骨肉之親述死生之際尤肫摯深婉能入人胸膈然於章段字句求之則自震川入六一以上晞龍門徑途明白固不必斤斤自異於八家雲生於山因風出天際紛紛郁郁輪囷離奇觀者以爲似人似城郭似車馬隨地而異隱若有範焉而雲故不自知文辭之精人人咸喻若其意度其境象則從觀者而不必盡同亦若是已矣君既寫定文集一十八卷授予卒讀督爲序余文落臼科坐所著者淺不逮君遠甚固不足塞君意也己卯三月甌山金兆蕃謹序

温序

並吾世而得一人焉豐于學而濇于仕厚其實而虛其懷則金山高吹萬先生是也金山自清初改縣後賢哲迭生人文爲盛先生晚出其間高氏固望族先生昆季諸從多能文者而先生爲尤著清季朝政不綱士風窳陋而外患日亟先生乃設寒隱社以提倡氣節及商量舊學疏瀹新知爲職志南社踵起主其事者爲先生舊友强邀先生入社以爲重民國成立社中諸子頗多顯達者先生獨蕭然無與其間惟日以劬學著述爲務其視當局之攘奪權利彼仆此起與夫世俗之所謂功名富貴若蚊蚋之過乎前不足以當其一吷也當

時盛名之士若吳若蔡皆歆于新說而忘所自來欲於吾道之外別樹一幟卽以章氏爲國學鉅子而其早年之詖辭僻論固已導淫邪而助之攻至晚歲怵于世變而始知悔亦已晚矣若其毀冠裂冕欲舉吾國數千年之文化拉雜摧燒之使無復餘燼而後快者比比也先生憂之乃倡國學商兌會以與海內文人學者相號召所發揚者經史諸子之外則爲詩文其旨既正其辭多純雖未能舉國而一從之挽頹風而障狂瀾風雨雞鳴之意至可欽也先生詩瑰瑋恣肆而文則爾雅深厚涵泳經史而尤得力于史記其體則雅近震川其寫家人父子間瑣文細事令人讀之低徊而不能自已若其

表章忠義激昂慷慨鬚眉欲活描摹景色閒情逸致悠然見道而書牘之優柔眞摯考釋之簡明詳確又其餘事也余耳先生名已久而熟知其文行者則由及門饒子純鈎之稱述客歲避難來滬一見如故披讀高文洵所謂弸其中而彪其外顧乃欿然不自足過以此事相推挹國難起後金山隨陷先生圖籍盡被劫詩亦散佚而文則巋然獨存乃次而刊之凡一十八卷而問序于余余文何足重先生顧薄有所知不敢闢也夫文猶藝也其所載者道也言之無文不足行遠言之無實等于虛車先生之文銜華佩實固質有其文矣道非深隱在倫常日用之間而已足今日世變益亟則需吾道以

拯之者爲益切而藉吾文以明道者爲益廣先生之文且日進而未已開物成務將在於是讀先生文者以是求之其庶得此旨也夫其庶得此旨也夫民國庚辰季春上浣愚弟大埔温廷敬序

胡序

余往日論文有幽深之理以顯豁之筆出之繁賾之事以簡潔之語包之一言吹萬先生不以爲然謂有其旨彌晦其心彌苦其詞彌複其味彌長故善爲文者旨雖晦而令人重哀其晦詞雖複而使人不厭其複二人之言似乎相反實則息息相通宇宙間未有無情之事亦未有無事之情蓋必有情而其事始眞亦必有事而其情始見故作文而不顯豁簡潔則不免於支蔓晦澁矣作文而不蘊釀婉轉則不免于淺卒直遂矣是在用之各得其當耳且愈蘊釀愈覺其顯豁愈顯豁愈覺其蘊釀愈婉轉愈覺其簡潔愈簡潔愈覺其婉轉蓋

言之無物者固不可托顯豁簡潔而言事亦不可托蘊釀婉轉而言情意已盡而言與之俱盡者言事文之極則也言有盡而意覺其無盡者言情文之極則也吹萬先生深於情者也其所爲文少或數語時覺其情見於言外多至千言亦覺其情不盡於言中余與先生交三十餘年矣書札往還詩酒酬唱有一種沈摯之情感人於不覺夫天地一情而已矣不動爲性動則爲情國家社會家庭之間皆一情之所維繫而情之見於文者發諸自然而不可假借其天性之厚涵養之深譬如春氣一至百卉齊菲精神彌滿秀麗可愛人第見其花之榮華而不知其處處皆是春氣流行於其間先生之文

如三春之花一字一句皆情之所在蓋先生喜談毛詩藏有毛詩千種之多嘗築葩廬貯之日夕寢饋於其中記曰温柔敦厚詩教也以先生天性之厚深於葩經之涵養宜乎發於文者情見乎詞矣今先生刻文集竣徵序於余余自昨歲犯腦溢血遂成偏廢病中無事因追憶往日與先生論文之語歸重於情字而一發揮之民國二十九年六月安吳胡樸安序

吹萬樓文集 卷一 胡朴安 二十三

金序

庚辰夏歸自滬瀆息煩於東城之林中時於林隙仰見浮雲一日千態郭外之水農日餉我以菡萏朝開而暮合合而復開則落矣嗟乎大化如流古今不息方欲執今以爲玩而今非我有人之生焉若驟若馳狂追去影影去而來者又瞬息以成乎古吾與吹萬交四十年序吹萬之文且十五年吹萬躬孝弟砥礪名節曩與南社諸子以文字唱革命革命成見當道者之背棄經術而議廢孔焉則又獨力組織國學商兌會東南人士交相應和既伏匿不出則爲善於鄉積藏書至數十萬卷意氣可謂至盛及老將至而體稍衰墮車傷足灑

然有身世之感裒其所爲文欲行世而未果今夫往而不可反者年行而日以新者德德劭而世運與之相齮則大化之旋轉而浩劫將臨於吾士有識者微知之而不爲備蓋初不意其若是酷焉方滬戰之殷余馳書抵吹萬言寇不得志於滬必轉其鋒以向乍浦而拊浦東之背乍浦有要塞急切不能下則金山衛其先陷者也易護藏書挈孥而他徙乎吹萬未及行而金山衛陷與眷屬跳身來滬藏書不燬於虜騎乃爲好事者席捲以行獻之某將軍詩稿亦零落獨文十有八卷無恙己卯春相晤於海上扼腕談往事慨焉太息然事既往矣劫劫不留何爲敝敝焉拾已往之緒而徒增涕淚哉且

吾兩人處亂世神志不滐體之羸者日完以堅是殆逆世運之頹波而與造化爭賦命苟學士大夫咸如此國之中興焉朝夕可立而待況讀君之文才性發越弸中而彪外非莊生所謂跂而見其魁然者比其爲傳世而行遠無疑也吹萬課爲弁言不辭而書其端至於十五年前之舊序如揃爪隕籜已陳之芻狗不足存焉已吳江金天羽鶴望序於天賜莊東吳大學

葉序

吹萬治毛詩蒐集漢唐以來經生家言百千種居名葩廬盛矣哉自來學人所未有也金山位松江府治士風淳壹君爲人温良有雅度家饒圖史攻詩古文人以文請不蘄絶立崖岸爲文章宛曲饜人意以應洵有得于温柔敦厚之旨者兵禍作辟地海上書帙流散獨治詩諸家纂述獲完亦異已往者驅車過松郡遥見城堞隱秀映帶江光因歎人文駿發東南實包藴于此時未知有吹萬也其後至京師苐用讀遷史爲常課時過從抱潤見所著毛詩學好之又未能沈潛訓義以通奥旨而卒之爲文亦老至無成也見吹萬乃今媿之士

生文物炳蔚之邦又幸際清時有田園魚菽之供文史足以清娛無勞奔競輻蓋糈斗筲此自榮利淡薄者類能之若馬少游仲長統之意量非必曠懷高世而后養素邱樊也至如風趍贏劣國勢日孱家鮮石儲不飽息亂如此而操行不改是爲難耳然吾觀夫曉夜征營老死長途而不知止息者亦不盡由寒餓也學者要當率性分之眞不隨俗猥瑣斯異行而心平文采自異觀吹萬所詣極可以知其人矣去年余喪婦聞君用近人靈術召鬼友相語如平生若吹萬樓筆記人或異焉蒙謂唯深于詩者善言惟篤于用情者能冥通精意宜其撰著宏通窮幽闡隱也余聞過之君夫婦垂白相賓如

老友退而自傷衰朽無復著書之興昔丁敬禮言後世誰相知定吾文者曹子建歎爲達人夫文之甘苦祇堪自喻其傳之與否亦各有其人之天吾于吹萬獨自有感也庚辰九月

桐城葉玉麟序

王序

松之爲郡東枕大海襟帶江湖土壤肥沃風俗清嘉其人率彬彬有禮故文學稱盛焉自陸氏兄弟以文章名於晉繼之者代有其人晚近以來若陳臥子夏彝仲爲文喬皇俊麗其後則若沈學子姚春木生乾嘉承平之日亦雍容濟雅各有所樹立可謂懿矣大隆年十八九學於吳江金先生松岑論當世之能古文辭者則推金山高先生吹萬固已心欽之稍長喜蓄書數近代藏書家則聞高氏葩廬所藏至數十萬卷而於古今說詩者搜羅尤備於是益思一親聲欬以慰想慕一日解后於書肆中其貌藹然其言温然誠古之君子也自

後時奉緒論如飲醇醪幾自忘其鄙陋丁丑之夏大亂猝發翌歲轉展之滬遇先生則知藏書盡失殊不自聊惟生平所爲文幸存先生慨世亂之靡定往事之足念迺編次而壽諸梓八先生爲學務博綜好深思當辛壬之交與東南賢士夫倡南社以文章爲鼓吹蓋嘗有志於匡濟矣晚不得志益覃思著述以自娛讀其文氣體壯往與陳夏爲近而義法謹嚴則不失沈姚矩矱溫柔敦厚之旨溢於言表意者其得於詩教深矣大隆不文承命作序念奉 教君子十年於茲不可以無辭遂書諸其後云爾歲在庚辰 秋吳縣王大隆謹序

唐序

居今日而言救國其維讀經乎孟子生戰國之世思有以救之大聲疾呼曰君子反經而已矣經者常道也發之於言則爲道筆之於書則爲經五三六經載籍之傳維風可觀也金山高子吹萬研悅國學與余訂交二十年矣今秋以書來曰丁丑兵燹寒舍蕩然最痛心者數十萬卷書悉數被劫平居所爲詩文詩已無存文則經門弟子寫錄先事攜出僦帚自珍請子爲我敘之余誼不容辭迺復與商量經學以抒懷易曰閑邪存誠又曰修辭立誠誠僞者人心生死之界也高子之言曰誠之爲道其體甚實而其用甚神始於无妄而終於

天下格要皆起於一心而非可以貌襲其周易之旨歟孔子作春秋決嫌疑定猶與善善惡惡賢賢賤不肖是非二百四十二年之中以爲天下儀表而千古之是非正高子之言曰天下非無公論之可患乃無是非之可患蓋天下無時無公論使公論而倒置是非則足以鼓惑一世故人心之是非不存則國祚之亡可立而待其春秋之志歟而余則更有進焉者孔子曰温柔敦厚詩教也高子性耽詩學號其居曰葩廬嘗印余所撰詩經大義輯入葩廬叢書余常講授於國學專修學校夫詩者和平中正之元音也古太師陳詩以觀民風卽譜其辭以入於樂易傳曰聖人感人心而天下和平蓋謂

此也余嘗歎秦政焚書六藝之中樂經遭厄尤酷自漢以後雖老師宿儒泬焉無復稱述所可想象而形容者惟左氏傳季子觀樂與卜子所傳樂記一篇閒嘗坐靜室焚清香齋莊合莫雒誦葩經樂記高吟出金石渢渢乎其和也淵淵乎其深也浩浩乎其清明而廣大也軒軒乎不自知其手之舞之足之蹈之也惜乎吾未逮重華之朝覩其賡歌而颺拜也悵乎吾不及登后夔之庭聆其依永而和聲也鼉鼓辟雍成周之遺響也鸞旂芹藻東魯之餘芬也而今不復見矣然雅頌之聲未嘗不縈繞於夢寐間也追維古經之言樂行而倫清耳目聰明血氣和平移風易俗天下皆甯豈非然哉中庸曰

喜怒哀樂之未發謂之中發而皆中節謂之和夫致中和以養心以處世以教人以善國固高子與余之志也今讀集中如欲廢棄三綱與疵瑕唐韓子之説大都憤世嫉俗有激而云然爰申葩經終和且平之旨質諸高子深願吾輩交相忞慎磨礱其性情消融其意氣養平恕忠厚之德揚風扢雅用以覺世牖民挽回劫運嘘植萬彙昭然來蘇庶不負夙昔之心也夫辛巳秋仲愚弟唐文治拜序

沈遺札

吹公我兄道長賜鑒尊集一二卷已細讀一過經緯之閎學術之正亘可欽仰論學十三篇於孔學能觀其通於時論不戕於正爲歷代名儒學案別闢蹊逕關係世道人心至鉅乃全集頂上圓光宜移置首卷以餉後學而他論文亦之此所爭者大必斷改正弟沈維賢頓首

此己卯秋初古華沈思齊先生遺札也先是余以草寫本拙文集就正於先生先生初閱數卷來信極致其傾挹之忱而尤喜拙文論學十三篇謂宜移置卷首論學書初列卷二今遵改後晤見時復屢鄭重道及謂與子交雖久讀子文不多今

觀子集實獲我心更有愧未見到者二語又見別一信中至論學諸書皆宏通精卓識越尋常我竟未知子之學問造詣乃臻如此也余深慚其言請爲竟閱而賜一序先生卽欣然許諾時方苦寒先生病嗽久謂余曰序子之文不敢輕率一俟春暖病閒便當聚精爲之豈知纔不數月而先生遽以翌年庚辰春孟卒矣今拙集刊竣而先生已久作古人追憶其言不覺隕涕因撿遺札一通卽以代序並誌契厚云耳辛巳季秋日燮識

吹萬樓文集目錄

卷四　序跋二

卷十　贈序

卷十三　傳狀三

卷十四　碑誌

附償悱録

拙文集一十八卷附償悱録一卷始編於丙子之春付刊於己卯之夏刊成於辛巳之冬往歲丁丑余馬齒及六秩其前一年門下士海鹽談生文灴暨朱生端請余出詩文鈔録授梓以爲余壽余未遽應也而兩生意至懇余乃許先以文集付排印其印費我自任之鈔録之事則兩生任之從此函札往還陸續寄稿歷時逾一年而草草寫竣甫擬多爲删汰商搉付印而亂作鹽邑濱海風鶴所傳機彈頻落時在丁丑七月中朱生以母病慮驚及遂侍奉出避因郎舉寫定之稿寄余山莊曰此

後流離未可知此稿不可失也當是時吾鄉猶無恙逮十月初而亂亦隨至余倉皇逃難不攜一物僅將此稿置複壁中以行率彼曠野逹一月餘而抵於滬翌年戊寅聞吾鄉尙擾擾山莊亦爲盜據恐複藏不能保吾婦復由滬冒險回家破壁取此稿亟挾以出出不數日而吾藏書數十萬卷並詩詞拙稿之未及收拾者俱蕩然無復存矣又越一年余痛定之餘重檢此稿覺拉雜無足傳後然復念吾婦以垂老之年乃爲此而出入豺虎中朱生當母病禍迫之日不忘先以寫稿寄還俾鄭重壁藏後得免與書劫以同盡其事誠幸其情皆可念也

因不忍多棄赧顏存之會吾友金君籛孫以杭刻工謝氏薦余乃不用排印決付木刻而近年所作亦并入之蓋至此而吾年已六十有四矣愧早歲爲學不能充實今自度終無所進無可更待又以平生嗜好惟書與文字二者今則痛忿於三四十年所積聚之書而盡於一旦祇區區文字猶得幸存雖於世無所補而於一己之旨趣亦聊可籍此以怡我情而快我意耳夫言爲心聲而世之言者大抵皆有所借甚者竟相反焉是故言愈多而其旨愈昧若是者亦何所怡而何所快哉此吾之所不願也辛巳十一月高爕自識於滬賃寓之梧簃

吹萬樓文集卷一

論學書一

金山高　燮吹萬

處今日而言國學其爲舉世所唾棄乎然處今日而猶不言國學吾恐先聖之傳宗邦之舊將至此而消亡盡矣學者何一國之所賴以存也學既消亡則國亦隨之故學之不講孔子曰是吾憂也下而無學孟子曰喪無日矣原伯魯不悅學閔子馬曰周其亂乎是則學之關係於人國何如哉然所謂學者非專崇時尚徒爲媚世取悅之學也亦非姝姝自守而爲固執迂謬之學也蓋將求夫吾國舊有之學深思力索發

明其微言大義以維持墜緒納一世之人於文章道德中者也此所謂國學也乃萬世不弊之學也而非猶夫一知半解孤陋寡聞不過爲苟且功令之學而已夫國學莫先於儒術而儒術之眞莫備於孔學然而孔學旣阸於當時其後復焚坑於秦表章於漢（按表章之隱吏與焚坑無異特變其作用耳）湮沒於魏晉六朝五代之際雜駁於唐衰弱於宋牢籠於明鬻賣於胡元滿清兩朝數千年來不出於踐踏則出於利用利用旣久而孔學遂成爲事君之學雖有豪傑或能灼見其眞而時君方摧鋤僇辱惟恐其後必使胥一國之人皆務爲富貴利達之學而後已而人之習之者亦但知富貴利達其學之爲公爲私不

問也爲是爲非亦不問也滑滑昏昏長夜不旦而孔學之眞幾無有知之者而尊孔之舉乃等於告朔之羊矣今者清運既終專制隨倒共和初建岌岌猶危乃不學無術之徒謂夫政體變更國教不合擬請黜廢孔祀雖瞽說盲談無足置議然不有人起而發明斯學之眞有以關其口而闢其妄則涓涓不塞此亦滅學之漸也夫孔學自有眞非君學之謂也特爲人君借之以爲束縛國人思想言論之具耳思想言論者非人君之權力所能制也於是乎不得不借國人素所崇信之孔學以制之而國人自欣然樂其德化焉此人君操縱之妙術也浸假而盜賊借之而頌聲作矣浸假而夷狄借之而

頌聲又作矣嗟乎我讀數千年吾國學術之歷史我欲流涕太息作十日哭矣乃今者君之毒方去而孔學將從之而俱亡此我所以更不得不狂呼哀號願與邦人君子共相證明而救護者也當滿清之覆也其初亦由一二有識之士倡爲春秋攘夷之說而光明所佈不數年間遂告厥成功焉此亦受孔學之賜也夫神州國學原非止孔學而已即孔學之眞亦非止攘夷一端而已是在好學深思詳稽博攷以會通其旨耳此學問所以尤貴思辨也

論學書二

孔學之陵夷久矣自秦以來綿綿延延不絕如綫經累代君主之利用而孔學之真以失然而猶不至於盡亡者常有賴夫一二山林伏處之士風瀟雨晦不已雞鳴抱遺經而獨抗存大義於微茫故雖盜賊夷狄迭主中國曲學之徒阿附取順謬妄流傳習非勝是而孔學之真卒未嘗亡也夫所謂孔學之真者何也其論君臣也一皆無所偏倚相提並舉未嘗以君爲獨尊也故曰君君臣臣又曰君使臣以禮臣事君以忠又曰爲君難爲臣不易其論君民也亦必一體相關好惡與共未嘗以民爲可欺也故曰敬事而信節用而愛人使民

以時又曰信而後勞其民又曰民無信不立又曰民之所好好之民之所惡惡之而有若之對哀公也亦曰百姓足君孰與不足百姓不足君孰與足宰我對哀公之問曰使民戰栗則爲孔子所深惡惡者無他惡其導君以專制耳吾觀其責於君臣之間者不外乎禮責於君民之間者不外乎信而所謂事君以忠者蓋對於使臣以禮而言孟子曰君之視臣如手足則臣視君如腹心亦此意也如手足卽禮也如腹心卽忠也蓋忠者中心之謂非專以忠爲對君之稱也故又曰孝慈則忠而朋友之交亦爲忠至於後世但以名分之說責之於下者固大背乎孔門之旨者也其他若散見於易春秋微

言者尤多掊擊專制之意然而孔門不倡民主之政者則以當時貴族之制方固政體趨勢不能越級而驟幾故其立論僅至於限抑君權而止而禮運天下爲公之說惟付諸理想而已此則時爲之也故孔學者不特其道德倫理足以維繫吾國數千年之人心已也孔門道德倫理當爲別論其政治之特識亦足以亘萬世窮天地而不敝者矣有教育之責者當此新國初基民志未定正宜竭力崇尚闡明精義以倡率全國發從古未有之榮光今不唯此是務乃反於此時得乘隙以行其賊滅之計是則吾國孔學之眞直不亡於暴秦不亡於盜賊夷狄而將亡於神明華冑主持教育者之手也凡亡人之國者

則必先滅其學蓋學不滅則國雖亡而仍將復興吾中國之屢經覆亡而仍得有今日者學未滅也吾誠不解夫彼身負重名者之置一國之危於不問而亟亟於自滅其學也豈不大可哀哉孔學雖不足以槪一切之學然孔學實能爲吾國國學之宗至於孔子之學亦多與西哲之言相合今吾之所論者國學也固不必一一舉以爲證也

論學書三

聞孔學之言五倫矣未聞孔學之有言三綱也吾嘗攷之古訓則父子夫婦兄弟朋友君臣之際固無一不得其平者也所謂父慈子孝夫義婦貞兄友弟恭朋友以信君臣以禮是也是故父不慈則不能責子以孝夫不義則不能責婦以貞兄不友則不能責弟以恭朋友不相信則絶君臣不相禮則離此五倫之精義也夫烏覩所謂三綱之說哉三綱之說自後世僞儒倡之乃孔學之蟊賊也謹求之易易繫辭雖有列貴賤者存乎位之文然易之言位也至爲無定大萃以德稱其位爲衡非以君位爲一定不易也故履虎尾咥人凶則曰

位不當也是安有所謂君爲臣綱之說乎謹求之春秋晉侯殺世子申生直稱君者甚之也故父殺其子於春秋法當抵罪是安有所謂父爲子綱之說乎謹求之禮婦至壻揖以入共牢而食合巹而酳所以合體同尊卑以親之也是安有所謂夫爲妻綱之說乎且孔門之立教也亦一以平等爲主是以顏琢鄒以大駔而學於孔子段干木以大盜而學於子夏而無階級貴賤之分春秋之時世卿在位貴族在官惟在上者有學而在下者無學孔子惕焉傷惡故其施教不必擇人自行束修未嘗無誨其曰有教無類者蓋非指善惡而言乃指階級貴賤而言也其教人之旨常不外乎仁恕己欲立而

立人己欲達而達人仁也己所不欲勿施於人恕也皆推己及人之謂也學至於推己及人而私之界泯矣孰謂孔學之爲專制哉而或謂當今之世宜崇墨子之兼愛不當崇孔子之推仁是亦未達夫墨子之所謂兼相愛交相利者亦與孔門以愛爲仁及泛愛衆之旨爲近而於禮運不獨親其親不獨子其子貨不必藏於己力不必爲己之義悉合墨子之說何嘗不在孔學範圍之內特此其說非大同之世不能行耳今尚非其時也（孟子斥墨氏爲無父立說未是當爲別論）而或者不察乃欲據此以奪孔子之席不其傎乎

論學書四

天下有物焉推而放諸四海而準卷而納諸方寸而無不同者何物乎曰理而已矣理也者先天地而生後天地而滅常自立於神聖不可侵犯之域而隱然與爲維持者也理也者君不得而私父不得而據獨貫徹乎大中至正之端而超然無所偏倚者也故不能合乎人心是非之公者不可謂之理不能得乎人情好惡之平者亦不可謂之理自世衰風微强者得起而操縱夫一國而一國之法之權悉爲强者之所擅非特能自擅法之權也並能自定理之權是故强者之操縱一國也非特以若者爲法所許若者爲法所禁而已並以便

於己者爲理所當遵不便於己者爲理所當絶久之又久遂成習慣於是有所謂君有不仁臣不可以不忠父有不慈子不可以不孝夫有不義妻不可以不從種種謬說無理可循而一羣之人方奉以爲天經地義不敢稍疑有疑之者謂之逆天逆天者人人欲得而斥之者也何也彼固以理爲天也而若君若父若夫亦謂之天則若君若父若夫者卽理之所從出也夫旣以君若父若夫若理同爲一物矣固無怪其苟有犯夫若君若父若夫者卽謂之犯理而莫可解免焉理之不明其足以禍天下後世也甚矣痛夫戴東原氏之言也曰尊者以理責卑貴者以理責賤雖失謂之順卑者賤者以理

爭之雖得謂之逆於是上之人日以理責其下而在下之罪人人不可勝誅人死於法猶有憐之者死於理其誰憐之嗚呼眞理之亡於天下久矣此之所謂理者勢位而已矣名分而已矣勢位故尊者貴者之所責無限名分故卑者賤者之所報無窮如是而揆之大中至正神聖不可侵犯之理相去何其遠哉然則所謂大中至正神聖不可侵犯之理果何如乎乃孔子所云故有物必有則孟子所云心之所同然者是也凡事事物物各得其正如同條而共貫者此所謂有則者也一人以爲是天下萬世皆以爲不可易者此所謂同然者也自近以來吾國相傳强者之理漸有覺其偏重而無當者

而其理亦漸不足以範夫人心於是乃相率棄而勿道競倡爲法治國之説是亦未達一間也夫勢位名分之謬原不當存於今之世而理之眞者則愈不容一日緩求彼以爲法既能行似可無須乎理者而豈知法之立也全恃乎理以爲之本欲人之遵守其法更眞知灼見而不相軼越者其必自窮究眞理始矣

論學書五

道也者人所共由者也孟子曰夫道若大路然故道德之道本從道路之道引伸而來人所能行者皆謂之路理所能通者皆謂之道人倫日用之間莫不有事即莫不有道道之廣非可以一人私尤非可以一端囿也凡人之言道者莫不以孔子爲歸矣孔子雖號爲儒家而九流術數諸學亦兼綜而並擅漢書藝文志之敘名家也引孔子正名之文敘兵家也引孔子足兵之論敘縱横家也引孔子使於四方不能專對雖多奚爲之説敘農家也引孔子所重民食之言敘小説家也引孔子小道可觀之語不特此也孔子問禮於老聃則更

通道家作易以明陰陽則更通陰陽家言審法度則更通法家言泛愛衆則更通墨家南郭惠子曰夫子之門何其雜也由此觀之不可見孔門之道之大而能博哉然我謂以孔子之道爲足以通諸家則可以孔子一人爲足以該一切之道則不可何也蓋道者人所共由者也非可以一人私尤非可以一端囿也何居乎至漢董仲舒氏乃有罷黜百家之策乎夫孔子之道囿道而百家之道亦何嘗非道自西自東自南自北雖所自不同而其達於道一也賢者識大不賢識小雖所識或差而其志於道一也海闊從魚躍天空任鳥飛原何適而非道之境也若徒游泳於蹄涔之中徘徊於榆枋之際

自以爲道之至者亦見其陋矣且殊途同歸並行不悖孔子固嘗言之矣豈必以罷黜百家而始得謂之尊孔歟而況彼之所尊者不過孔子之道之一偏而非孔子之道之全者哉又況天下之道更非孔子所能盡者哉何居乎至唐韓愈氏乃有道統之說乎夫道者彌綸天地大無不包公諸人則是統於獨則非求其通則是執於一則非是故信道之篤必先由於執德之宏同步康莊而交觸同由斯道而相鬩我未見其可也夫道無所謂統也彼所謂道統云者學派而已矣學派也而可以道統名之哉夫定於一尊則道已狹矣拘於一派則道更狹矣狹之又狹而道遂爲天下裂我是以有取夫

明儒呂新吾先生之言也曰道者天下古今公共之理道不自私聖人不私道而儒者每私之曰聖人之道言必循經事必稽古然道無津涯非聖人之言所能限事有時勢非聖人之制所能窮後世苟有明者出發聖人所未發而默契聖人欲言之心爲聖人所未爲而脗合聖人必爲之事此固聖人之深幸而拘儒之所大駭也嗚呼此可與通者道漢唐以來鮮若人矣高子曰人能知此意也可與言道已

論學書六

人之所以異於禽獸者無他曰德而已矣德者得也內得於己外得於人也程子有言心一也有指體而言者有指用而言者夫所謂體者卽內得於己也所謂用者卽外得於人也內得於己卽對於我之倫理也外得於人卽對於他之倫理也堯典曰以親九族乃家族之倫理曰九族旣睦平章百姓乃社會之倫理曰百姓昭明協和萬邦乃國家之倫理曰黎民於變時雍乃人類之倫理而皆由於我身之倫理而推克明俊德者卽對於我之倫理也所謂內得於己也以親九族平章百姓協和萬邦黎民於變時雍者皆對於他之倫理也

所謂外得於人也故曰欲治其國者先齊其家欲齊其家者先修其身欲修其身者先正其心德說文從直心直心云者非卽正心之謂乎惟能正心故能修身而齊家而治國是故恩惠忠恕慈忎（卽古仁字）諸字皆從心而皆爲有德之稱之一是故有善念之發於心卽有善行之及於物蓋德也者人己交利之謂也有損己害人之念者非德也今之談者曰公德曰私德一若我國人之但具私德而無公德也者然而我聞諸孟子曰人人親其親長其長而天下平則無私而非公也私德亦無異於公德也斯義也上九天下九淵地員千變於千萬年而無以易矣故謂吾國古先聖賢之所重者在私德則

可謂私德之無當於公德則不可謂今日可棄私德而專求公德則愈不可故論人者但當問其有德與無德耳不必問其公與私也夫德一也豈必他國之有公德而吾國獨缺乏也然而有故焉其故維何則數千年來之政體有以束縛之而已專制者所以破壞倫理而侵限其人之德者也故自古所稱有德之士往往以思不出位束身寡過爲尚而其他之權力責任均若無與於其事者是之謂救死不贍奚暇事禮義原非其德之僅止於此也今專制倒矣而民德之不進如故且穨落加甚焉者非所謂棄其私德而專求公德之說之階之厲乎故我謂居今而欲求有德之人仍當於舊時思不

出位束身寡過中求之其囂然無理罔知自反者此德之賊也彼思不出位束身寡過之士我知其政體既更則所思亦異所思既異則其能寡過者必其能有益於人羣也何也蓋其德先具故也若夫囂然無理罔知自反之徒彼本無所謂德今乃一弛其範圍焉則放僻邪侈無所不爲而已矣放僻邪侈無所不爲則與禽獸無以異哉然則人果不可以無德而德又非可外求也是故心之所同然者謂之理理之所能通者謂之道行道而有得於心者謂之德理也道也德也一以貫之者也皆公也固無有私焉者也

論學書七

禮之起也其由於道德之衰乎上古之時人各具自然之道德相與維繫夫世俗久之而不能一切受治也聖人者作於是本人心固有之理而制爲禮禮者所以修己治人經緯萬彙者也自伏羲以來禮教始彰唐虞之際五禮咸著取儷皮以定嫁娶造琴瑟以和天人則爲嘉禮藝五穀以教播種虔飲食以致鬼神則爲吉禮涿鹿之戰則爲軍禮九牧倡教則爲賓禮葬於中野則爲凶禮又修贄類帝則吉禮也釐降嬪虞則嘉禮也羣后四朝則賓禮也征於有苗則軍禮也遏密八音則凶禮也三代之隆自政治之廣以至學術之精莫不

以禮爲之準故曰禮也者體也履也夫統之於心曰體踐而行之曰履則禮固非徒善爲容儀而已夏殷之禮文獻鮮徵姬公作周禮以垂教於後而經世之模應對之節朝野之所該幽明之所屬粲然備矣夫周禮者成周一代典章法制之通稱故舉凡易春秋詩書皆可謂之周禮而當時國人之論往往皆以有禮無禮爲定吾於韓宣子觀書魯太史見易象與魯春秋曰周禮盡在魯則知易與春秋可稱爲周禮矣魯頌曰春秋匪解享祀不忒皇皇后帝皇祖后稷君子曰禮謂其后稷親而先帝也詩曰問我諸姑遂及伯姊君子曰禮謂其姊親而先姑也則知詩亦可爲周禮矣太史克曰昔者先

君周公制周禮曰則以觀德德以處事事以度功功以食民作誓命曰毁則爲賊掩賊爲藏竊賄爲盜盜器爲姦主藏之名賴姦之用爲大凶德有常無赦在九刑不忘凡此所引乃佚書之文則知書亦可爲周禮矣郤穀以說禮而可將中軍子玉以無禮而不可治民仲孫以魯猶秉禮而不可亡子犯謂民未知禮而未可用公子御說以言禮而宜爲君穆伯二子謂遠禮之不如死若此之類不一而足故甯子曰國而無禮無以求榮孟僖子曰禮人之幹也無禮無以立是則周之重禮不其久矣乎及其衰也諸侯惡禮制之害已而皆去其籍至孔子時已不能悉具是以有禮失求野之歎也秦并天

下收其儀禮歸之咸陽但采其尊君抑臣者以爲時用而禮之本原散亡殘闕渺不可復漢興叔孫通以小儒不學爲定朝儀大抵皆襲暴秦私天下之舊制高帝因而歎曰今而後知皇帝之貴也則其制之謬亦可想見自是厥後歆莽操懿僞亂頻仍盜賊夷狄迭主中夏而古聖相傳完美無私之禮意蕩然無有存焉者高子曰今日而欲攷求夫禮其當上溯諸成周之經典乎然而不能詳矣其在書堯之舉舜也曰朕志先定詢謀僉同箕子之陳洪範也亦曰謀及庶人其在詩則曰先民有言詢於芻蕘其在周官（按周官一書爲周家之官禮乃衆禮之一非可以概周禮也）小司徒之職掌外朝之政以致萬民而詢焉一曰詢

國危二曰詢國遷三曰詢立君其在春秋傳王子朝與敬王爭立求助於晉晉使士景伯涖問於周士伯立於乾祭之門而問介衆由是遂絶子朝之使又曰衛人立君衆也而孟子論伐燕之役亦曰謀於燕衆置君而後去之是則古者君爲民立國有大事必詢諸民乃禮之可攷者也司士正朝儀之位王南向司士擯孤卿特揖大夫以其等旅揖士旁三揖王還揖門左揖門右太僕前王入內朝皆退康王之誥太保暨芮伯咸進相揖羣公既皆聽命相揖趨出子革之諫楚靈也王揖而入是則古者君臣之間但有相揖而無跪拜此又禮之可考者也吾讀孟子書滕文公欲行三年之喪孟子曰諸

侯之禮吾未之學則禮之鈌也於孟子時已如此吾意禮之精者其備於古而不見於經者尚多也魯昭公如晉自郊勞至於贈賄無失禮晉侯謂女叔齊曰魯侯不亦善於禮乎對曰是儀也不可謂禮禮所以守其國行其政令無失其民者也今魯侯不此之務而屑屑焉習儀以亟言善於禮不亦遠乎君子謂叔侯於是乎知禮吾於以知後世之但以煩文縟節拘牽無謂者而稱爲禮其皆爲女叔齊之所譏乎嗚呼禮之意其微矣大矣

論學書八

大地之初皆滄海也由滄海而後有灰石由灰石而後有草木由草木而後有禽獸由禽獸而後有人有人而仁之道於以立仁也者所以彌綸世宙扶植人類於不敝者也故不仁不可以爲人人之所以爲人者亦曰仁而已矣故與人相親之謂仁有益於人之謂仁使仁之道不立則人類幾乎滅矣何也人物之生雖同一氣而强弱靈頑分焉物之牙角爪喙足以搏噬人物强而人弱也人之心思才力足以制物人靈而物頑也設非人足以制物則人將搏噬以盡於是因制之遂殺之既殺之遂食之始因殺而食繼因食而殺久則畜其

甘食而易殺者乃視禽獸如草木焉視特畜之禽獸如特種之五穀焉此勢之起於不能相全而成於偏勝雖天地亦莫如之何也聖人者作遂本其扶靈抑頑之心而仍不失其愛物之旨是故入澤梁有時也數罟不入也田獵有時設罻羅有時火田有時也不合圍不掩羣不靡卵殀覆巢也是於魚鼈鳥獸昆蟲皆仁也諸侯大夫士無故不殺牛羊犬豕是於所常畜者亦仁也古人之驅虎豹犀象而遠之也不遠則害人驅而遠之者愛人也不殺之而但驅之虎豹犀象不易殺者也殺之則費人不費人者愛人也虎豹犀象旣遠則不至害人不害人卽可不殺也亦卽愛虎豹犀象也夫至於虎豹

犀象而亦愛之尚有何物不愛乎此仁道之所以爲大也然而仁之道至大而仁之起至微於文從人從二蓋人與人接而後仁道始生從人二者乃以一人推之二人者也仁者人也親親爲大乃以一人推之一族者也欲立立人欲達達人乃以一人推之一羣者也體仁足以長人乃以一人推之天下者也夫人一而已而其用仁之量乃至由一人而可以及於天下者則以人同此心心同此仁惟愛人者斯人恆愛之耳且夫天地之大而相親相愛其始必起於一仁猶之大樹扶疏而其始必生於一核此孟子所以以仁爲人心而鄭氏所以以人耦訓仁也此所以桃核杏核之心皆稱仁而仁必

合耦乃能生也核皆有仁人皆有心故人人皆可以爲仁而爲仁之實要貴施之於人孔子以管仲爲仁謂不以兵車而民能受其賜也以子文陳文子爲不仁謂祇知忠淸而無所加於民也故爲仁而無施於人之實者是直一不能發生之桃核杏核之仁耳乃古人所謂磏仁爲下者程子以愛爲非仁則不能相親朱子以仁爲心德則未能益人皆有背乎古初之訓而不足盡乎仁之量也夫人惟能相親故能益人惟能益人故仁之道於以廣一身而痛癢胥關一家而疾病相恤一國而民瘼與共皆由仁之一念擴充而來也故醫者亦以麻木痿痺爲不仁今若以愛爲非仁而但以仁爲心德則

人必麻木痿痺而後可耳如是而仁之量不幾窮哉夫古之所謂仁者乃以能及人爲主也若夫由人而及於禽獸異類則仁而不得不裁之以義者也

吹萬樓文集 卷一

論學書九

何謂義義者事得其宜也事所不宜而不爲事所宜而爲之皆謂之義事所不宜而不爲有裁制之意焉事所宜而爲之有決斷之意焉故於文從宜（義誼古通誼字從宜以諧聲而兼會意）又從我董子曰以義正我正我也者有自守得中之意而亦推本之言矣蓋我能自正必不加損害於人不加損害於人則人已交受其利故古人訓義往往與利並言易曰義者利之和也又曰利物足以和義傳曰義以生利又曰信戴義而行之爲利可知義之所在利亦在焉是故損人利己非也而損己利人亦非夫損人利己充其量譬則殺人也損己利人充其量譬

則自殺也。殺人固不可，自殺奚爲哉？西哲有言：人人自由，而以他人之自由爲界。此至言也。吾嘗推之，所謂人人自由者，乃宜之說也；所謂以他人之自由爲界者，乃我之說也。東西遙遙，義則合一。是故以義揆之於心，具無形之規律焉；以義證之於事，有一定之權衡焉。其功甚密，而其用無差，此義之所以爲天下之制也。表記曰：義者天下之制。然而精義之淪於今已久，在我方克己斷私，身爲桎梏，宋儒以克己斷私解義字，非是。此鄒南皐所以謂後儒以己身爲桎梏者也。而在人則縱情侵物，放於無涯，寸衷之稱量無當，斯人己之界限失中。以此言義，宜何有焉？且夫義亦何常之有，惟辨之既明，乃能行之胥得。夫是以非其道，則一簞食不可受於人如其道則舜受堯之天下而不以爲泰一介不與一介不取而不失爲任者言不必信行不必果而可以爲大人此皆審諸學而無所疑配諸道而無是餒者也此所謂通義也蓋不僅事得其宜而已也彼硜硜者尤何足以語於斯

論學書十

性者人所皆具者也知之甚易言之非難是故孔子曰性相近也習相遠也惟上智與下愚不移如是而盡矣自子貢稱夫子之言性與天道爲不可得聞而後儒始有以玄微虛渺之理說之者吾甚不解夫程子所云人生而靜以上不容說纔說性時便不是性何其閃爍如是耶朱子釋之曰人生而靜以上是人物未生時止可謂之理未可名爲性所謂在天曰命也纔說性時便是人生以後理已墮在形氣中不全是性之本體所謂在人曰性也其說辨矣然我尤不解夫人生以後之性皆失其性之本體而不得謂之性乃必於形氣以

外人物未生之先未可名性之時而求其性則是性也者不過一先天混沌不容說之空理而已而易何以言存性中庸何以言率性哉其曰存曰率者必非就人物未生時言可知也其當存當率者必非失其本體又可知也若謂人物已生既受形氣即失其性之本體是易中庸之說皆非而孟子不當道性善矣豈理也哉樂記曰人生而靜天之性也感於物而動性之欲也其明言人生而靜爲天性而朱子乃云止可謂之理明言人生而朱子乃云未生明言人而朱子乃兼及夫物不特此也其釋中庸天命之謂性亦曰人物之生因各得其所賦之理以爲健順五常之德所謂性矣夫以人物之

性並言者乃佛氏之說也吾不敢知也孔子言相近云者乃以人之性大抵相近耳孟子言人無有不善亦以人之性無不善耳若言人而卽可兼及夫物則犬牛之性奚必不可以比於人者哉且果如其言人物各得所賦之理以成性而理無不善則萬物之性無不善也人生以後理墮於形氣中而性之本體已失則人之性無有善也吾又不敢知也今夫性於文從生從心從生也者性之體此鄭氏所謂性者生之質也從心也者性之用此仲虺之誥所謂惟天生民有欲也是故樂記言人生而靜亦爲性之體感於物而動亦爲性之用孔子言性相近卽爲體習相遠卽爲用蓋性祇有體用耳而

其所以爲性者一而已矣而何以横渠伊川倡爲二性之說謂有天地之性與氣質之性之分也夫性固不能離氣質雖有聖人莫或超越然而卒與衆人不同者其氣之所受異耳非氣質之性之外別具所謂天地之性也伊川謂孔子所言爲氣質之性而非性之本横渠則曰形而後有氣質之性善反之則天地之性存焉故氣質之性君子弗性焉是則孔子之所謂性者乃横渠之所弗性者也而其所性者則在有形以前卽伊川所稱人生而靜以上不容說者也嗚呼宋儒之論性眞可謂荒遠難稽者矣然則言性者果何從乎將求諸形氣以外乎抑索諸虚空之間乎將以弗性之性是性乎抑

以不是之性爲性乎夫亦曰反諸身以性其性而已矣性其性者無他即孔子所謂相近之性也故我以爲自古言性者莫善于孔子而莫不善於宋儒孟子言性善則有功者也荀子言性惡則有罪者也楊子言善惡混似矣而語焉不詳者也韓子言性有三品蓋欲兼諸家之論而誤焉者其說不足立者也然性固未嘗有善惡而我乃以孟子之言爲有功者則以孟子因情之善而知性之本善因其所發而窮其本體足以救人心而治世道者也

論學書十一

性之所發謂之情情之至者能使天地失其久金石失其堅生死失其間而山川失其阻深也是故情之爲物語言有所不能道文字有所不能傳綿綿邈邈幽幽奇奇殊呻窈吟魄動魂離其沈沈也如病而忽忽也如癡其於物也爲膠爲漆爲網爲絲爲淚爲血其於天也爲雲爲霞爲淒雨爲嚴霜爲春風爲秋月其於地也爲海爲河爲灰爲塵爲深潭爲古井其於木也爲松爲柏爲橋爲梓爲連理爲紫荆其於花也爲葵爲蕉爲芝蘭爲唐棣爲合歡爲將離其於鳥也爲鳥爲燕爲雁鴻爲比翼爲杜鵑爲精衛其於蟲也爲蜂爲蝶爲蠶爲

蜩爲蟪蛄爲蟋蟀其於聲也爲歌爲泣爲哀鳴爲狂叫其於色也爲蒼爲碧爲愁紅爲慘綠其於臭也爲芬芳爲刺激其於味也爲苦爲辛爲甘温爲馥郁是故自其有情者而言之則一庭一院一簾一几一鐙一研一卷一軸一絲一竹一香一茗皆足以惱其感官自其無情者而言之則雖以國家之興亡民生之休戚身世之盛衰交遊之聚散皆漠然無所動於中者也是故苟無情則道德不生苟無情則才智不靈凡自古以來忠臣孝子義士烈婦一切奇節偉行足以炳宇宙而光史冊者莫不由於情之藴于中者悱惻而纏綿故其見於行者可驚而可喜耳說文釋情字曰人之陰氣有欲者於

是乎劉勰乃有情能傷性之言李翱亦有滅情復性之論二者之意大抵皆以欲爲惡而欲生於情斯情亦無善情無善則善絶故不得不以性爲善豈知欲生於情情生於性人苟無欲則情不可見無情則性無所麗易以感於物而動爲性之欲性之欲非情歟又曰觀其所感而天地萬物之情可見非欲則惡感歟禮運謂喜怒哀懼愛惡欲爲七情欲非在情之中歟說文解欲字云貪也段氏玉裁曰欲而當於理則爲天理欲而不當於理則爲人欲欲求適可斯已矣非欲之外有理也從欠者取慕液之意從谷者取虛受之意善哉言乎觀夫論語言欲仁欲立欲達孟子言欲義欲貴欲廣土衆民

然則以情爲有欲固無傷其爲情而以欲爲貪又何傷其爲欲者哉是故謂欲爲可去而情爲可無者則頑鈍而已耳木石而已耳此釋氏所謂無餘涅槃其終將不至於乾坤毁而人類絕不止高子有憂之於是不得不思所以導其情而暢其情且以思夫由我之情而推及夫人之情更視天下後世之人各相見於悲憫惻怛之中皆如吾之情尤願棄諸身若頂踵若毛髮若肝腦以貢獻于有情之世界雖横盡虛空豎盡歷劫好風吹來化爲飛沙一一沙中有一一身一一身中有一一舌一一舌中有一一音而以舒我粲花之妙論爲普渡之慈航於以儲萬斛淚作百日哭孕無量歡作百日笑哭

也笑也都不自知世變悠悠曷其有極自今以往我將何以爲情哉試姑設一不可知之境以了我情而其情轉醞釀盤踞而莫能釋嗚呼人亦何樂而有情哉此太上所以忘情也歟

論學書十二

性之所呈謂之才才也者其因有所作爲而見者也人有是性卽有是才然無所作爲則才不可見而才必尤恃乎學是故其學愈深其作爲亦愈廣作爲愈廣則才之所見者亦愈增凡學而不能增其才者非學也攷說文才草木之初也從丨上貫丿將生枝葉也一地也謂莖已貫地而上其枝葉將生於下也夫人之才能畢具性中猶之草木初生其枝葉悉藴苞内故才能之才卽引伸於草木初生之義學也者其才之灌溉物哉孟子以仁義禮智求則得之至或相倍蓰無算爲不能盡才又以梏之反復夜氣不存而近於禽獸爲未嘗

有才此無他一由於有才而不能學以盡之一由於有才而不能學以養之耳夫天之降才本無所殊也然其後卒至於大殊者何也則血氣心知之偏勝爲之也血氣心知之有偏勝則知愚强柔分焉知其偏勝而恃之者此驕吝之說也知其偏勝而任之者此暴棄之說也知其偏勝矯而克之者此變化氣質之說也夫血氣心知者性之實也性之實者卽才也言才則性見才根於性故天之降才無殊也程子云性卽理而才禀於氣性無不善其有不善者才也是則分性與才爲二本不識性亦不識才也才固禀於氣而性又何嘗不禀於氣且禀於氣者豈得遽爲不善乎卽不善豈得遽以罪才

乎自後世以才自詡而才之一字遂爲風流放誕之通稱不知古之所謂才者皆以才爲美辭如高陽氏有才子八人高辛氏有才子八人是也人之言曰無才爲德不知人莫不有性即莫不有才才既爲性之所呈則才之不逮才之過才之壞才之虧損皆可言而才之無則不可言也惟辨之不精故名之不正名之不正而才遂爲天下薄悲夫我安得普天下之才而皆澤之以學者哉

論學書十三

易曰窮理盡性以至於命命之於己也其有賴於窮之盡之哉古初之氓無精思力索之能無靜驗返觀之學見夫顱同圓也趾同方也目同視而耳同聽也而此何以富彼何以貧此何以貴彼何以賤此何以壽彼何以夭求其故而不得則歸之天此氣運之說之所自生也則歸之地此堪輿之說之所自生也則歸之人此體相之說之所自生也而皆不離乎命之是聽由斯以談則暴君每爲之陵弱恃强賢者輒因而委心任運此數千年來所以冥冥幽幽莫知其由一人剛而萬夫柔也聖人者作於是創爲感應之說以寓激勸意至善

也如易曰積善之家必有餘慶積不善之家必有餘殃又曰善不積不足以成名惡不積不足以滅身曾子曰人而好善福雖未至而禍遠人而不好善禍雖未至而福遠其說進矣然猶有禍福之見者也夫禍福亦何常之有世固有爲善而未必得福者矣亦有爲惡而未必得禍者矣若因其未必得福而不爲善不可也因其未必得禍而爲惡尤不可也故命也者盡其在我之謂也盡其在我卽窮理盡性之謂也窮理盡性者卽孟子所謂盡其道而死者爲正命也苟能盡其道則衰者咸可使之興亡者咸可使之存愚者咸可使之明用志不紛繼以力行而事迺克成是故命之於我實非天非地

亦非人若夫孔子之對伯牛言亡之命矣夫中庸言居易以俟命孟子謂得之不得爲有命此皆儒者以道之不行而藉以自解云爾非果託於命而遂敢自懈其躬行也未可與信術數者同其例者也

吹萬樓文集卷一終

吹萬樓文集卷二

金山高　燮吹萬

呂刑辨釋

呂刑一篇先儒以穆王巡遊無度財匱民勞至其末年無以爲計乃爲此一切權宜之術以斂民財謂非舜典金作贖刑之意且大辟之罪亦許罰免則殺人及盜者皆可有恃而無恐是說也余初亦韙之既而細讀其書乃知不然也其書曰大辟宜赦其罰千鍰閱實其罪可知必情疑可赦者方許罰鍰贖罪也繼之曰大辟之罰其屬二百可知二百之屬必非皆殺人及盜之不可赦也又曰其刑其罰其審克之可知必

非但有罰則而無典刑也而書中未載何者當刑何者當罰者則以宜視罪之情實非有一定也故曰上刑適輕下服下刑適重上服又曰罔非在中察辭於差而或曰罪無盡一之條則獄吏可因緣爲姦出入人罪乎曰是又不然蓋書中固已言之矣曰非佞折獄惟良折獄且亦非可偏於一見也必內持乎法律之平外察乎公議之協故曰明啓刑書胥占咸庶中正又曰簡孚有衆無簡不聽具嚴天威是倘可以因緣爲姦出入人罪哉而所以處獄吏之罪亦有條焉曰五過之疵惟官惟反惟內惟貨惟來其罪惟均解之者曰官威勢也反報德怨也內女謁也貨賄賂也來干請也其罪惟均者即

以其人之所犯坐之也由此觀之豈尙復有可議哉至若罰鍰之制謂穆王所以斂民財則尤不然夫財也者人之所恃以爲生者也罪旣在乎可疑其勢必不可以直坐依罪擬罰是陽以剝奪其財權實陰以制裁其生命而又可以養其廉恥者也觀其言曰罰懲非死人極於病可以知其意矣按舜之制五刑均有流宥惟鞭扑之罪可以金贖過誤卽赦怙終必刑而歸其旨於欽恤穆王之制刑疑均可罰赦而輕重諸罰悉有權衡胥占而孚刑乃不赦而歸其旨於哀敬故穆王之刑卽舜之刑也穆王之心何嘗非舜之心哉大抵法制之作必古簡而後繁故成周之初法建三典五刑之屬尙各五

百穆王改作增爲三千蓋時勢旣移人情亦變當有不能不改者以穆王之老於世故而作呂刑以子產爲古之遺愛而鑄刑書夫亦曰不得已云耳而吾更觀於穆王之制刑屬雖增加五百然輕罪比古爲多重罪則比古爲少苟能執之得其人行之得其道而又輔之以教育導之以德化不百年殆可以廢止死刑矣豈不盛哉惜乎穆王之制作於旣耄定制以後纔及五年不數傳而卽繼以無道之君也孔子取此以列於經蓋有惜之之意乎

螟考

今方喧除螟矣羽檄紛馳如臨大敵捕螟之隊四出所俘獲之蛾卵以十餘萬計而螟之散佈也仍日出而不窮愚民無知輒委之於天然亦知螟之何自而生乎作螟考

螟之始見於經傳者在詩曰去其螟螣及其蟊賊京房易傳云蔽惡生孽蟲食心孽蟲者卽螟蟲也淮南子云枉法令則多蟲螟螣爾雅說文皆作蟘許愼云吏冥冥犯法則生螟吏乞貸則生蟘吏冥冒取人財則生蟊舊說云螟螣蟊賊一種蟲也如言寇賊奸宄內外言之耳爾雅食苗心螟食葉蟘食節賊食根蟊李巡曰食禾以爲螟言其姦冥冥難知也食禾

葉者言其假貸無厭故曰蟘也食其節者言其貪狠故曰賊也食其根者言其稅取萬民財貨故曰蟊也孫炎曰皆政貪所致因以爲名夫螟螣蟊賊實非一蟲然而并言者其害苗同也在春秋隱公五年九月螟杜氏預曰蟲食苗心者爲災故書蟲之爲災始於此也夫春秋之螟但書災而不言其治之之法詩之螟則直曰去矣去之云者卽除之也其下卽繼之曰田祖有神秉畀炎火者卽除之之法也卽今日捕螟製燈爲誘者意亦相近也按春秋之九月在今爲夏曆之七月螟之爲災始記於春秋然則九月以前之由蛾而蛹由蛹而卵由卵而螟不知其幾經變化而後成災豈始果無所見耶

然吾又考月令仲春行夏令則蟲螟爲害是螟之所由生古人亦既知之則螟生之所致古人無不探其原於政治曰蔽惡曰枉令曰犯法曰假貸無厭曰貪狠曰冥冒取財豈果無所據而妄言之哉夫螟之當除固不待言然以今日之政所謂蔽惡也枉令也犯法也假貸也貪狠也冥冒取財也幾無一而無之而乃欲以致螟者除螟宜其除之愈力而螟之生轉愈多也抑螟之害苗也必先害其心今日之患乃人皆自害其心也乃自害其心而幷欲害他人之心且惟恐不盡者也皆螟類也夫又安得而除之哉

書史記夏本紀後

自古創業之功莫高於大禹而中興之功莫盛於少康太史公述夏本紀載禹治水一事獨詳是也自啟以至中康事皆從略自中康以下凡十三帝其中惟孔甲時載劉累豢龍一事此外諸帝皆一事不載夫事無可載而不載固史裁應爾不足爲子長病惟少康爲古來間出之英君亦有夏一代之肖子當寒浞弒相后緡方娠逃歸有仍乃生少康有田一成有衆一旅艱苦萬端卒復舊績其踐位也夏統中絶已三十九年而史記載筆但曰帝相崩子帝少康立帝少康崩子帝予立（按即季杼）似不知有少康之事者何耶至若帝孔甲時天降

雌雄二龍孔甲不能食諸說誕渺離奇不足深信而顧特載之則又何耶夫少康之事例當載而不載孔甲之事不必載而載之此子長之疏也

書史記伯夷列傳後

歷詳事實不加案論此史家正例也而或於敘述中附見己意則爲變例矣至通篇皆以論議爲主而反以敘事爲帶見者則我惟於史記伯夷列傳見之蓋伯夷之事古籍所載大抵皆不足信故子長爲此傳但引孔子之言爲證至敘列事跡處均若出以疑詞而特標其傳曰三字其傳者蓋舊傳云此子長之宏識也我因而即其事跡徵之孔子之言按之當時情實多有不可解者孔子稱伯夷叔齊之賢止不念舊惡怨是用希二語而求仁得仁之論乃道其兄弟讓國之衷耳傳中所言叩馬之諫何爲哉孔子述夷齊之事止餓於首陽

之下民到於今稱之二語而其因何而餓亦未明言意其讓國逃隱隱而餓焉未可知也傳中所言義不食周粟遂致餓死又何爲哉且觀其諫武王之言曰父死不葬爰及干戈可謂孝乎夫武王伐紂孟津之會爲武王十有三年則距文王之卒亦十三年矣禮天子五月而葬諸侯三月而葬豈文王之卒而有十三年未葬之理乎又曰以臣弑君可謂仁乎夫夷齊固嘗欲往歸文王矣豈不以其有救民之心哉夫仁莫大於能救民則成文王之志者武王也而豈得謂不仁况以仁伐暴商祖成湯有行之者矣究不得謂以臣弑君也如亦謂以臣弑君也則夷齊非特不食周之粟更不當食商之粟

也豈理也哉然而我觀采薇之歌曰以暴易暴兮不知其非兮是夷齊亦以紂爲暴也惟不知其指武王爲暴者何事凡理之絶對者無兩是亦無兩非旣知紂爲暴矣而又以爲不當伐是自背馳也卽證諸其同與太公避紂之心必不然矣則采薇歌者我亦知其非夷齊作也乃後人因夷齊所爲求其說而不得故爲如斯之言耳要之舊傳之言皆不足信而後之論者往往據之亦何怪不能得其是也子長作此傳揭明讓字以爲之斷深以其見稱於孔子者爲大幸而無一字自爲撰述祇取舊傳數言作一篇之疑案其史裁誠高出尋常萬萬矣

呂后殺韓信論

史稱陳豨反高帝自將而往信病不從陰使人至豨所曰第舉兵吾從此助公部署已定待豨報其舍人弟上變告信反狀於呂后后乃紿信入縛而斬之方斬曰吾悔不用蒯通之計乃爲兒女子所詐豈非天哉吾嘗深思之而有以知信之冤矣豨之反也信已爲淮陰侯漢之疑信也且日深其兵權亦日削矣方憂讒畏譏之不暇安有相助從豨之理且旣陰使人矣何以又聞於外乎部署已定而又曠日以待豨報信之兵機必不出此信之舍人得罪於信信嘗欲殺之矣則舍人弟之告變也其言果足爲信而有徵乎信方死而曰吾悔

不用蒯通之計不言近事之失機而悔當日之非計則部署之說誣也信之殺雖出於呂后然高帝實知之故還自豨軍聞信死而卽喜也而信至死且不知但曰爲兒女子所詐而委諸天而已則信之忠於漢也亦誠矣故武涉說之而不動蒯通勸之而不從當此之時信一反手閒而漢之天下可以立殆而信必不肯爲之者蓋信以爲高帝乃天授非人力所可爭是以其志一決於天而不肯移豈天下已定兵權已去而乃有異志也哉然而必使呂后殺之者高帝蓋忌其功而終恐其後之不利於漢耳豈知以君后而擅誅功臣卽以成呂后專權之漸危劉之禍轉瞬卽見然則高帝之忍也卽高

帝之愚也若呂后之慘毒吾固無責焉耳

梅福論

天下非無公論之可患乃無是非之可患舉天下而以公論爲是非則尤可患蓋天下無時無公論也使是非而悉當則公論可以維持世運若是非而倒置則公論者殆足以鼓惑一世而有餘者也故盜賊也災異也皆不能以亡國惟人心之是非不存則國祚之亡可立而待西漢末王莽以謙恭折節欺天下天下翕然戴之若孔光張禹以經術致位宰輔而柔佞無恥舉朝尊之賢如王嘉且以不能薦光爲己罪以揚雄之好古樂道而爲莽大夫至稱其功德可比伊周以杜欽谷永之經學湛深而亦不免依附獻媚然此皆黨惡之徒無

論矣至於劉向匡衡貢禹諸人則眞一代大儒嶽嶽名世者也而亦於其時欲興明堂辟雍以助飾其僞何怪乎舉世如狂以致氾濫滔天頌莽者至於四十餘萬人之多也則當時之公論豈可據爲是非乎於此而欲求不惑於公論曉然於是非之正者梅福一人而已福當成帝時見大將軍王鳳專執朝權而京兆尹王章素忠直爲鳳所誅王氏浸盛羣下莫敢言乃上書諷以外戚之權日益隆欲樹人主之威以折王氏之勢而帝不報然是時王莽初起人心尚未去也逮綏和以後歷建平元始而莽之恩澤漸施殆遍號安漢公福於是知人心之不可挽乃棄妻子而去不知所之論者曰福殆見

幾而去也夫幾者事之微吉凶之先見者也福當建始之際以南昌尉致仕久矣天下事之不可爲以福之智豈不早見之又何必以疏遠之微臣甘觸時諱苟是非未盡泯於天下而人心猶存則忠臣之心終不以身在畎畝而遂忘君國也論者又曰既不忘忠則何以不出而申莽之罪以衞社稷夫莽之號安漢公也人方以周公比之而可申罪致討乎非特無補於朝廷更且冒不韙於天下矣福之去也非僅見幾也亦非畏死也蓋眞有以知是非之不存而吾身可隱也我不知福之妻子爲何如人其不惜脫屣而去之者恐其妻子亦惑於當時之公論未必能明於是非之正者也故姓名可變

賤役可任拚不願如龔勝邴漢之榮歸使莽得優禮賢士之名也其後莽欲迎勝而勝卒不免於死吾因以服福之逃名遠去爲不可及矣

荀彧論

不滿荀彧者曰從操之始擇之不精晚節而悔之已無及矣此迂論也夫操一見彧而即曰吾之子房彧之說操一則比之於高光再則比之於楚漢是豈不知操之爲謀而爲之贊畫者顧必待議加九錫而始悔之耶彼其去袁紹而就曹操其擇之也精矣其至死不悔亦明矣而必曰秉忠貞之誠守退讓之實君子愛人以德不宜如此此詐言也蓋欲有所待耳而操不從則操之奸猶未足以及此也三國奸雄以曹操爲最若劉備若孫權其雄略皆稱蓋世而彧爲操謀未嘗一慮及此者誠以我之奸足以制彼吾所挾持者固自有策也

當此天傾地裂羣雄並起互相爭勝者奸而已矣復何所忌哉或之不欲操加九錫豈眞欲操之終居人下者夫操之議加九錫重事也或之不然其謀要計也此天下一大機也此機一失雖或亦無以善其後矣劉孫二人皆足爲吾敵矣操之所以無成或此時已料及之卒以憂死其以此乎世固有非常可喜之士以機智巧詐文其奸者必得眞奸雄而爲之用如漢高帝其人者而其才於是乎始盡否則賫志而死耳必不以苟且小就而姑與之周旋也故操之不從或計非果欲迫其死也或則自死耳或之自死非懼操之心不平已也恨不得遂其奸耳得遂其奸則天下可以一不得遂其奸死

耳死耳天下奸雄曹操外尚有幾人哉外此皆不足與謀也故君臣相得之際惟奸雄能知奸雄君不奸雄而臣奸雄則臣死袁紹之於田豐是也君奸雄而臣愈奸雄則臣亦死曹操之於荀彧是也劉備之終不爲漢純臣必也曹既簒位而後自立故後世以正統加之而無愧孫權之非爲漢討賊夫人而知之矣而師出有名遂得雄據一世彼皆有所待也今夫處社稷將傾之世權臣柄政蓄志不良而吾出心力以爲之謀算無遺策一旦變故卒發欲行其志而曰爲其謀者至今日而有悔心之萌焉誰則信之彼荀彧者殆欲以此事讓之他人而獨居其美名而已嗚呼操豈得爲姦雄也哉

歷代中興主優劣論

自古賢君英辟承積敝之餘繼大亂之後整頓而齊一之芟夷而奠定之掃蕩擴清與天下更始則中興之治出焉故中興者有法敝之中興有世亂之中興夫一祖之法無數十傳數百年而無敝者後人承其已敝即爲改革則國可以無亂而返於治是之謂法敝之中興君子馨香之萬民歌舞焉若拘於舊章不知改革則必將國是日非而至於大亂既亂矣然後起而改革之則國亦可以由亂而至於治是之謂世亂之中興君子肝腦之萬民塗炭焉夫法敝之中興時則有若商之武丁漢之昭帝唐之憲宗宋之孝宗明之仁宗世亂之

中興時則有若夏之少康周之宣王漢之光武至於晉之元帝與宋之高宗之二君者皆蒙恥忍辱無恢復之能力而徒竊光顯之美名不足爲中興也夫世亂之中興必有豐功偉烈足以震動乎一世而法儆之中興不過能振衰起弱勵精圖治焉耳似未足與於勳業蓋世之主然而國家當政治糜爛之秋苟有明君起而作新之則顚覆之禍可以免今夫法儆者病之伏乎腠理者也世亂者病之發爲狂厥者也病方伏而即施以藥石則狂厥之原將默化於無形矣夫天下之疾固有深伏未發而死者安在其必爲暴厥也而所以治之之方又安在暴厥之果難於深伏哉由此言之則法儆之中

興與世亂之中興固無少異者也而數君者不能無優劣焉夏當少康以前寒浞篡位夏統中絶少康與臣靡以一成一旅之衆受困厄而不渝瀕死亡而不怠用能復禹舊績祀夏配天若少康者眞中興首出之傑哉後世之君足以媲美少康者惟漢之光武奮寡而擊衆舉弱而覆强與馮異鄧禹等密定大計隱忍圖存深自韜晦知進退存亡而不失其正所謂有一定之略而後有一定之功也武丁學於甘盤夢得傅説求治之心可謂切矣當此之時王道不振世稱高宗以成湯自期傅説以伊尹自任其君臣相勉勵如此誠非後世人君之所易及也成康既歿周室寖衰玁狁内侵西戎久叛至

於宣王內修政事外攘夷狄於玁狁則命尹吉甫伐之於荆蠻則命方叔征之遣召虎以伐淮南更自將以伐淮北秦仲伐西戎而死則又命其子破之數年之間南征北伐所向成功衰風大振吾國民族之光千載未易覩矣漢武好大喜功繁刑重歛中原耗喪甚矣霍光輔昭帝輕徭薄賦與民休息而漢家元氣得以復蘇唐自肅代以降藩鎮陸梁上陵下替憲宗以剛明果斷之才發憤爲雄志平僭叛任用李愬裴度等不惑羣議卒收大功特晚節不終不無遺憾不可謂非中興之英主也孝宗當汴宋南渡以還力圖恢復録趙岳之子孫納朱子之封事特其時金主賢明無釁可乘況其子光宗

昏庸吾知其縱能恢復亦屬無濟然使建炎而後卽繼以紹熙則宋不其危哉明仁宗監國時爲讒慝所搆操心慮患已非一朝又目覩成祖輕殺故甫登大寶卽出夏元吉於獄救民之窮一如拯溺慎察吏治撙節賦役吾謂明代當三十年殺運以後不可無此寬大之賢君也惜其享國不長未竟厥德耳總之所謂中興者不必繼大亂之後者謂之中興卽承法敝之餘者亦謂之中興法敝亦有二不必振衰弱者謂之中興卽救猛烈者亦謂之中興然則成中興之業者果操何道哉一言以蔽之曰能用人而已是故少康之於臣靡宣王之於尹吉甫召虎光武之於馮異鄧禹憲宗之於李愬裴度

皆能任賢不貳乃克蕆功至若武丁之於甘盤傅説昭帝之於霍光仁宗之於夏原吉皆能篤信勿疑故仁政之施用能綿一代之國脈孝宗即位首召張浚而卒罷去有朱子之賢而不能大用故雖有善政可述而仍不能成復仇雪恥之舉也嗚呼用人行政之間中興之優劣判矣

小官多者其世盛大官多者其世衰論

古之爲治也疏後之爲治也密乃後之治反不如古者何也古之人君以公心待天下令不必已出權不必總攬不治民而使民自治故其勢順而其情親而其政泰也後之人君則不然既設守令復設之監司既設監司復設之督撫積尊累重以居乎其上而民無與分其職故其勢逆而其情隔而其政否也天下之患莫大乎以渺不相關之人而責以地方休戚之事夫地方之事必得地方之人而治之則其視治鄉若治其家一方之內人情利弊無不周知是以上不煩而下得安其業積天下之大但得地方之上各舉其賢各自爲治而

理其成於一二行政者則一國之事若綱在綱焉顧亭林曰小官多者其世盛大官多者其世衰斯言是也然我謂此其相異非由於盛衰之遞嬗實由於政體之不同古時之政體以民爲本位鄉舉里選之法皆以爲民也上不防民故民亦相安而無亂後世之政體以君爲本位恐恐然惟懼子孫之不能久有於是崇爲階級以臨之多爲厲禁以制之籠其府焉雷霆其號令焉其設官也非爲利民也爲防民而已不特爲防民之官更設爲防官之官不特爲防官之官更設爲防防官之官階級重重厲禁密密民之視官如帝天官之視民如螻蟻其政沈沈其體尊而不親若是而欲官之有益於民

難矣故我以爲欲救其弊必先變其政體若不變其政體而一以防制之法行之則雖少其大官而多其小官是不啻縱百萬貔虎於民間而但以一二獵者控御之其勢必不盡人不止也奚其可哉原天下之初本無所謂官也民而已矣以官治民不若以民治民官由民選是官亦民也民之耳目最近故區其地而分治之區而分治則不必有奇材異能之人而天下無不安矣此所謂小官多者其世盛也官既尊高其位號以與民相隔習之既久則民亦視官爲萬能而一切利民生厚風俗之事皆諉其責於官然一官之軀藐然七尺耳方且官之上復有官則疲精於苞苴徼神於奔走之不暇倘

何暇爲民謀一日之安哉此所謂大官多者其勢衰也總之以君爲本位則必多其大官大官多者雖未嘗無强盛之時而其本不可恃以民爲本位則必多其小官小官多者雖未嘗無衰弱之日而其根不可搖此古之明皇聖帝所以全畀其權於民而不辭也後世治民之法愈密故治官之制亦愈精自唐宋以降始有南北互選之例自有明中葉始有迴避本省之條由是古者鄉舉里選之遺意蕩然無復存矣我是以觀亭林之言而有所感也

吹萬樓文集卷二

吹萬樓文集卷三

金山高　燮時若

安雅堂稿序

昔在嘉慶癸亥青浦王少司寇昶及同郡人士蒐輯公詩文都爲三十卷刻於青浦何氏爲陳忠裕公全集其稿蓋多得諸公五世外孫我邑王君錫鑽所藏云按錫鑽爲公高弟王勝時澐之裔孫而公安雅堂稿其書當時聞有刻本而久已失傳遍搜不得及梓集既竣而我邑徐香沙祖鎏復訪得傳鈔以遺何氏因卷帙繁多未即增入至光緒戊己間華亭閔頤生先生復借抄之又增輯論史一卷校讐已定將授剞劂而先生歿哲嗣瑞

芝乃以書寄國學保存會者數年至今春瑞芝始與余等集貲付印而屬余爲之序曰以書生而嫺兵事自古不數覯郎有一二能言之者亦每多空談而無實際讀公之文其於文武分途之害往往慨乎言之及出而討賊屢戰屢捷而卒不能成光復之業者何哉蓋明季當南都傾覆而人情泄沓無異昇平從無有哭神州之陸沉念中原之榛莽者公固早言之而知其事之不可爲矣吾嘗謂有明之末人才最盛郎以吾郡而論若公若夏考功父子其人者皆豪傑之士間世不一出者也然皆以身殉國徒以節著倘所謂天命者非耶夫文章者精神之所寄也數公之文章猶存則雖謂數公之精

神至今存可也然以數公之文章當時聲譽傾一世而亡國以後人多忌諱遂致散佚可歎也及時閱百餘年而始有公全集之刻又百年而公安雅堂稿亦以出世而吾友吳江陳君去病華亭張君孔璜近亦輯有夏考功集欲謀付印之舉以數公之精神靈爽其書歷數百年而未大顯一旦得並印以傳喜可知矣而吾尤竊幸公之文章久散未聚而兩得於吾邑人之所藏誠吾邑之光榮也己酉冬金山後學高燮序

此文作於宣統元年余習爲古文詞又喜印鄉邦先哲之書自此時始也今閱三十餘年而余之學不加進故姑存之己卯五月自記

此安雅堂稿當時係用鉛印未爲善本其後訪得北平圖書館藏有原刻此書思假以景印未果而去歲遭亂吾藏書遂被刼以盡卽鉛印者亦無存焉存此序聊以自慰云耳己卯五月又記

張陳二君所輯夏集共一厚冊數年前張君將此集寄余余又增輯文一二許爲付梓後恐遺失更另鈔副本置篋中因循未及鐫版而陳張二君先後下世去年五月余避難在申而家中所藏書三十餘萬卷悉被暴軍捆載以去此夏集原副鈔二冊亦同遭此刼吾眞無以對亡友也附記於此以誌余憾己卯六月又記

書安雅堂稿後

陳臥子先生當明季啟禎時與同郡夏考功諸人皆負重望以文章氣節相尙才高天下踔厲風發其學自經史百家言無不窺其文自騷賦詩歌古文詞無不精造糾同志結幾社每一藝出則如遊縣圃草木都非人間如入鮫宮璆琳莫能名狀杜麟徵序壬申文選稱文章起江南號多通儒以雲間爲之冠而吾則謂雲間多文人傑士尤以先生爲之冠也世難繼作故都爲墟考功旣殉節於前而先生時以大母年老徘徊未決來往緇衣混迹屠狗者一年有餘旋大母病卒而國亡家破播越流離欲有所爲而機事不密倉黃天地卒以

無成於是殞首捐軀竟從彭咸遺則疾風勁草舍命不渝大節凜然於斯論定而先生之文益因人重嘉慶八年閒青浦王述庵司寇既搜集先生詩文刻於何氏篛山草堂爲陳忠裕公全集而今又得安雅堂稿而印之先生之文於此始大備矣吾讀此書其於當時喪亂所由致以及先生出處之蹤跡與其朋友之討論皆可藉以考見而其於文武分途之害往往一篇之中三致意焉此則誠爲明季之弊政故先生目擊時艱以書生出佐軍事而不覺痛乎其言之也至其文之沈博宏麗萬態怪發吳郡姚希孟擬爲千丈之松借噫氣吐舒蒸爲崩濤走峽之聲可以蕩滌氛祲者當時之評已有如

此然則先生之文固不特爲雲間一郡之文亦有明一代之文也以一代之文而遲至百年數百年而始顯不可謂非先生之靈爽憑之矣

王席門先生雜記序

吾甥姚子鳳石以書一卷題曰王席門先生雜記謂借鈔於里中范氏所藏舊刋本世無有存者謀將梓行而請爲序之按是書有徐介鴻磐後跋言先生爲明季金山衛人鼎革後絕意進取遂棄舉子業以發潛闡幽爲志旋竟貧病死然則先生乃明代遺民而以氣節自勵者也又按先生嘗有詩古文辭全集數十卷子早孤失學不能讀父書因是集多散佚然則先生乃不特能尙氣節而又富於著述者也後跋又言先生死後僅於殘蠹之餘錄其雜志十篇余觀此卷止存五篇然則先生乃非第全集失傳卽此卷之寥寥者亦亡其半

焉先生名傒字公簡席門其號此卷所載類多未見於他書先生以本地之人述目覩之事其言當可徵信惟記陳臥子死狀及其子被殺事與陳年譜所載不合則必係傳者所誤然先生抱亡國之感故其語至極沈痛蓋當時之有心人也是書原名雜志姚子爲易今名（邑志亦云存雜記一卷當即此書）而余竊怪先生在當時既以氣節自勵又富於著述宜必有以見於後乃自數百年來其書泯沒無聞其名亦不掛於人齒何耶如先生者爲可哀矣今幸是書之存而後跋數語差可攷見先生之梗概爰亟爲論次坿以還之且速付刊以廣其傳云庚戌二月邑後學高燮序

薛劍公先生集序

羊城於前明久稱多學道能文之士是故理學則陳白沙湛甘泉其尤著也而因以興起者有龐弼唐黄雪蓬文學則黄泰泉其尤著也而相從應和者有梁公實黎惟敬歐禎伯當明之季則有陳恭尹鄺湛若蓋數先生者余皆得讀其書誦其詩矣間嘗於景仰之餘邈然遐想意其山水雄厚風土淵美必更有奇偉可喜之人生其間爲余所未得聞者去年秋得交廣州蔡子哲夫廣州故昔羊城也而蔡子知余喜表彰先哲乃出其手抄邑明遺民薛劍公先生集詩爲南枝堂稿文爲蒯緱館草都數百篇寄余請爲序先生名始亨字剛生

號劍公郡諸生明亡後卽棄儒冠杜門探賾潛心內典然觀其文未嘗作放下語其詩亦抑鬱離奇若茹大鯁蓄古劍一輒矜異因自號劍道人足以知其雖深藏伏匿而志固不能以磨折損也與陳恭尹鄺湛若相友善時時見於詩篇人亦與爲相類乃余向所謂當必有其人而未得者也顧世皆知恭尹湛若而無知先生者則以先生禪林隱遯每喜從緇衲者游不肯與當世鉅公相交接而其詩若文至今未顯故也謝康樂有言學道必須慧業未有具慧業而不通於禪者先生以博學奇才深造自得而每側出於禪學之一途言之似甚有味者殆眞夙具慧業者歟然余考有明之末逋臣處士

往往多託於禪以自晦則禪也者固當時逃名抗節之淵藪也先生之窮內典侶緇流其果禪耶否耶抑余聞白沙甘泉儒之醇乎醇者也而白沙之學宗自然其大要曰靜中養出端倪乃釋氏一超直入如來地之說也甘泉之學主心性合一其大要曰隨處體認天理乃釋氏卽佛卽心之說也由此觀之卽禪亦何害於道哉余知此書出世之讀者必將以禪爲先生病故爲論之如此且以明道德文章必求自得若但誇一二闢佛之言以爲儒之道在是也則非余之所敢知矣

庚戌六月雲間後學高燮序

吳日千先生集序

余往讀杜九高登春社事本末所稱幾復雨社翹楚而終身高隱者二十餘人吾邑吳日千先生與焉又謂先生嘗與周宿來計子山等集西郊諸子爲一會有雅似堂之刻既而余參考志乘知先生又有顧領集八卷湯文正撫吳聞先生名將造廬請見先生作鳳皇說以辭焉顧皆未得見其文第心慕之而已己酉秋余與同志數人結寒隱社論學之餘更徵集前人遺著之爲世罕見者謀次第刊行而里中汪氏出所藏未刊本先生集見示屬爲檢定余惟先生以勝代遺黎匿迹韜影家徒四壁而不改其樂嘗自述生平隆冬止御單袷

身墮水者三遇盜者再火焚廬者再若先生所處可謂至困矣乃觀其所作留窮詞若有所甚樂者其他詩若文皆漠然淡然躁矜盡釋非有遺佚不怨阨窮不憫之節而有得於道之深者恐未足以語此是殆處困而亨之君子哉先生此集爲其姻婭盛步青者所手抄皆爲顑頷集外之著即鳳皇說亦未載焉而所謂雅似堂者更不可得讀既畢頗病其中多酬應之作因爲刪其文過半刪詩十之七惟詞則僅去三闋耳吾聞先生論文素嚴所作往往不肯留稿今以酬應之作入之恐非先生意也考槃之卒章云獨寐寤宿永矢勿告解之者曰永矢勿告不以此樂告人非不以告人也蓋自知之

而自信之固不必以言語見也惟先生能知此樂則先生之文雖不存一字可也而余猶以區區文字度先生其不爲先生所笑者幾何哉辛亥五月高燮謹序

集既錄定得先生鳳凰説因附刻於後至先生之顚頷集則作此序後數年余亦得有藏本自經書劫今亦蕩焉無存矣己卯六月自記

姚氏遺書志序

古者民間策籍皆掌於官士鮮私門撰述故人無湮没之書而書亦無散亡之患尚已宋鄭漁仲作通志論校書之法謂當因地而求而近儒章實齋作文史通義言治書之法當責州縣學校師儒著爲錄籍載筆之士果能發明道要願託於官者聽之意至善也然非所以語夫今之世蓋自風會陵夷懷舊念淺士不悦學官逐於邪而欲賴以別白先哲之簡編保存一方之文獻不綦難哉余嘗獨居深念以爲人能研精覃思澹諸外慕以自力於方寸之地者其不能無冀於著作之傳可知藉非有人焉爲之蒐輯編訂條理而什襲之以待

知者之求則其人雖竭畢生之精力而蘄成者恐不數十年學者且不能舉其名矣然則人之仰屋著書苦吟不輟將何所恃以自壯與夫官既不足以任掌守而郡邑通才又不易得惟有望諸世家大族共珍其先人之清芬無力者手鈔以庋藏有力者梓行而傳播故訓自寶家各爲編久之必有博雅宏碩者出綱羅一代貫串古今提纂衆長彙成巨帙嗚呼豈不盛哉余蓄持此論且數年會姚生後超有姚氏遺書志之輯而請序於余余觀其所輯蓋收集其前世遺著錄其原書序跋條其源流篇目俾考求者可以按此而稽姚生之睠懷祖澤與其所以編訂之意可謂勤且摯矣既喜其與余所

持之旨有合也而余又進焉姚氏世爲吾郡望族當乾隆初年聽巖先生輯其一家詩文至一百餘卷之多則其門祚之盛家集之富從可概見今生此輯所謂百卷之詩文皆不可得而去聽巖先生之世已百五六十年其間著述之存者豈僅此詩集數種已也吾意殘膏賸馥潛德幽光必有與冷露寒煙而俱泯者生既有志於此宜博訪宗族旁搜蠹簡倘有特殊之作遺佚之篇尤當爲之表彰刊行以垂久遠此亦不世之業也生其勉乎哉

薛中離先生全書序

揭陽薛中離先生侃爲姚江高第弟子姚江倡良知之説聞者疑信相參自得先生率先講求益暢明厥旨姚江之學之盛行於嶺南自先生始也先生所著書曰研幾錄者三卷圖書質疑一卷問答二卷詩文集十二卷鄉約一卷當時有刊有未刊散佚久無存本今其邑人曾君彭年及吳生光國爲之蒐求編訂輯爲全書將付印以行世而吳生更走數千里問序於余余惟人心之理一而已矣求諸我心而安即放諸四海而準故曰人同此心心同此理姚江稱聖人之學心學也我謂心學者乃天下之公學微特嶺南固不得而私雖姚

江發之姚江亦不得而私之也嘗慨孔子之道衰而涂轍日分藩籬日隘故其學愈公則人之排擊者亦愈甚先生生海隅窮僻之地獨能篤信其說從陽明於贛者四年歸而更語兄弟子姪使得盡從學焉感發既久倡導益宏理學家風卒以成一門忠義若先生者豈非豪傑之士哉嗟乎方今學習之弊甚矣知行不合大言欺人往往而是欲求一二服膺先哲循默謹守者已不多得余無學何足以序先生之書惟竊喜自此書出而潮惠百粵間必有讀之而興起者又嘉吳生之懇懇可望其學之有成也於是乎書民國四年秋後學金山高燮序

素心簃集跋

前清宣統二年先外舅貞獻先生卒余檢其遺著僅得一十八篇以先生文章尙不止此乃更窮搜廣徵遍詢而不得者二年旣復於先生家從其敗殘舊篋中忽得稿一束遂挾以歸與余妻保瑢整理而數計之其文乃三倍於曩所得者而詩詞百餘首不在焉則相與大喜然其稿率加塗抹改竄且久而漫漶往往不可辨識悉心細審猶有一二未能臆測者則姑缺焉蓋先生爲人誠明而謙退其文雖卓然入古人之室而雅不欲以此自命詩詞本爲先生家學而中年以後道力益堅尤鮮措意於是故其稿之漫不自珍也如此余侍先

生十有二年頗怪其平時講論未嘗一及文事歲庚戌先生年七十余從容語先生請出其生平定稿惠賜剞劂以壽久遠而先生則曰我不能文我實無所有也卒不與乃不數月而先生遽捐館舍今又三年矣余之此舉未必遂爲先生之所樂即區區文字亦不足以盡先生但以先生之學而致泯焉不傳吾黨之恥也爰次先生集藏事謹商諸令嗣妻兄保圻俾爲授梓以竟余之素願并誌其厓略於簡端時中華民國二年癸丑五月

素心簃集外編跋

余既編次先外舅貞獻先生詩文爲素心簃集竊念先生平生雖以道足文工爲邦人君子所推重然先生固不特學問中人尤濟世才也前清之季先生見官邪之太甚國政之日以無度以故作宰三年急流勇退堅臥里門薦徵而不肯出先生雖淡于時譽乎然苟郡中事有關於民生疾苦者則又未嘗不毅然力任建議侃侃洞中原本其辭氣常和而不激其料事之明更能計及夫久遠如編中所條議諸大事實民之陰受其賜者爲不少也故余次先生集後復有是輯蓋以公牘文字與集中體裁差有不合而又不可因而捨置以沒

先生之苦心并以失後人攷證之實乃別爲素心簃集外編
云中華民國二年癸丑五月
素心簃集外編皆公牘文字稿藏寒家自經書刼已無存
矣己卯六月自記

素心簃集補遺弁言

余輯顧貞獻先生詩文歷三年而始得刊爲素心簃集六卷以搜訪之勤勞而所得之僅止此也每嘗用以爲憾自書成後四五年來仍時時詢諸先生之故交舊戚復得詩文若干首爲補遺一卷遂并刊之然非謂先生之集之遂盡於斯也夫先生之詩若文其生前本非自惜或尚有遺留於家或散棄於他人之手原未可知今先生既殁其有能愛重先生之人而并及其遺著者則所以欲謀傳諸久遠之心當與余同脫果有藏之而未出者我知其用意或自有在矧先生遺著余之所刊已足傳諸久遠安見古來傳人之文之必多乎哉

然先生之文固不在多而余之欲求先生之文則常憾其少使一旦果見有起而重刻先生之集裒然巨帙以行於世者余雖不肖其樂成人之美之心亦當與人同願拭目以待觀已民國八年己未元月

峰泖題襟集序

雲間地處濱海向稱吳郡爲東南僻壤無崇巖巨浸而獨以峰泖著稱水遠煙深秀靈鍾毓自晉以降風雅文章緜延不絕類皆祖季鷹之高懷逸趣故蓴羹鱸膾至今傳爲美談蓋不特水土之蓄養使然亦先正曠達自適之遺風有以致之此姚聽巖氏緝松風餘韻所以以江東步兵爲之冠也迨幾社之盛作者雲興黃門考功遂成派別流澤勿替百有餘年有清中葉以後世風漸變士習愈囂利祿紛華相爲波靡至是而此邦之人之願乎外者日益多而肆好之音足以陶性情而安淡泊者鮮矣豈時移世易輪軌大通則山水清淑之

氣亦因而宣洩與抑老成碩彥之倡導不宏斯後生小子之趨向以雜而名區亦爲之黯淡而無色與近者耿伯齊先生以騷壇耆宿方優游里門揚扢風雅而郡城諸子多有相爲應和者張君破浪尤樂於此迺有峰泖題襟集之輯來書命序於余余惟峰泖之爲重於世也久矣由此而上溯之在清嘉慶之際則有欽先生吉堂姜先生瀟湄顧先生卿裳及吾宗鞠裳葯房先生之泖東詩社再上則明季陳夏諸公以氣節文章著聲幾社一時稱爲極盛又其上則當胡元之世法令煩苛海内逃名者以雲間地僻而俗美多隱居於此如曲江居士席帽山人等稱文社之雄焉唐宋兩朝傳者蓋寡又

其上則二陸兄弟以冠世才華狎主中原壇坫而雲間遂爲南國之詩祖其才望相若而出處不同者則江東步兵是也是數人者皆有藉乎峰泖而峰泖之名以著豈顧不以人重哉今峰泖之寂寞也久矣莊生有言逃空虛者聞人足音而喜余之致慕乎高懷逸趣如江東步兵其人者欲與之游而不可得破浪殆卽步兵之後乎則讀是集也亦可爲先正之足音而有以慰余想望之願也夫

傷曇錄自序

余不幸以今夏閏五月殤其幼子豐痛不能自克嘗爲文以哭之不覺湧淚塞眼昏不能視蓋吾言未終而吾心則已碎矣自豐殤之旬有八日余視其柩於殯所則淒涼寂寞無不可憐者於是復作詩以哭之越數日余出豐之遺照令畫工摹之而碩頰慧眸依然在目惟此兒之聲笑不克聞矣則又書題語以哭焉自夏徂秋百無聊賴乃命長次諸兒日寫其哭豐之稿分寄於親友之能文者而丐其一言未幾多各以鴻篇見貺積五閱月凡得文若干首詩詞聯輓若干首賴名著之琳瑯俾殤子以不死是可感也爰分其類別次其親疏

及見惠之先後編爲一集名曰傷曇錄夫豐之生纔七歲余不敢必其少而明敏遂謂其長之有成也又不敢決其靈機外溢遂謂其中之不昧也第以草草浮生霎時都幻人間游戲好夢成空有似乎曇花之一現爲可傷耳或曰以豐之年而其哀悼之辭及於六七省數千萬里中文人詞客無不知有豐之名者則其生雖暫其死亦可以無恨矣是說也我知之我亦常用自解之然而我不學我平昔情愛之根不足以勝其道力故自豐之殤而我之病者二焉病則愁緒交亂百感俱集卽欲强自排遣而沈思無制一閉目而淚已盈睫疇昔之夜我病初愈猶夢豐之在我側也嗚呼孰謂豐之竟死

也哉甲寅十月日吹萬病筆

重印傷曇錄自序

傷曇錄成於甲寅之冬自此書出後索觀者衆閱五六年而罄盡後有索者類皆無以應也而友朋中見惠之詩若文積之既久其數且逾於原有之半因并前錄略加刪節重爲付印而回顧泰山山畔梅花香窟之旁亡兒之墓草宿矣而猶從煙消夢淡之餘丐他人之餘芬留此兒之遠影其情亦覺癡甚我於此五六年中每當聽雨之晨看雲之夕往往追念此兒不置然每一念之仍每自抑之蓋以爲徒亂人意耳昔陶文毅有子慧壽幼穎異識道理生十歲而殤文毅哀之嘗自書事狀一時名人作爲哀誄銘誌之詞左文襄爲三台石

墓記歎爲孺子何幸得此今我以人微不足以比文毅豐之賢尤安能及慧壽而錄中之詩若文則大抵出於當世能者之手則是兒雖死亦將藉是錄以傳之無窮其爲幸也不更多矣乎庚申八月日吹萬再序

三子游草序

三子游草者余與柳君亞子姚生石子同游西湖所成而友朋贈答倡和紀事諸作皆附焉者也斯遊也爲時僅十日而遊記達七千言以上遊什幾及數百首可謂豪於遊矣顧所游同而所以遊者不同我妻嘗戲謂余平生具三癖好曰山水曰美人曰文字余謂此三癖好者不特余有三子皆有之惟文字之好固爲三子之所同而其他二者則有次第之異焉余之所好山水爲上美人次之亞子則反是石子所好未知其次第之何若故余之游也以武林之山水而亞子之游也以春航觀其詩曰雙槳初歸戀美人可以證其所好矣抑

余嘗致亞子書云君之癡於春航與不佞之癡於西子其情正未嘗不同而亞子答書則曰春航有尊前知已之語而西子無之不免相形見絀余無以難也旣而思之山水之性情往往與人心相通而武林山水之美適與余心有冥合舊遊新遊相視莫逆也久矣山水雖無言欲不謂之知已而不得也且余尤有說焉昔人以西湖比西子而亞子詩復以西施比春航是則西湖也西子也春航也雖謂之同一物焉亦可也山水美人原無差別區而二之者固余之陋也而皆一見於是書則是書實兼山水美人文字而一之矣不知亞子石子見余言得無大笑而首肯否乎因卽書此以爲序乙卯雙

星渡河之日吹萬居士

春輝文社社選序

自明初以八股取士前清因之實學益鮮中葉以降士風愈陋稱八股爲文章鄙古文曰散作功令所在騖走若狂文社盛行如蠅遻集及其季也八股變爲策論而淺陋如故而八之趨之也亦如故蓋學以徇時久成風尚志在干祿厥道斯卑策論豈異於八股哉余年十七八時亦各嘗染指顧心竊不好而莫由自拔一日者與二三同志方抵掌談世務慨然於帖括之無所用乃悉取架上所有如闈墨試卷及一切角藝之冊舉拉雜而摧燒之塾師見而大駭於是遠近皆笑以爲狂不敢與余等談文事乃不數年間科舉之制竟廢而學

校以興昔之如鶩走而如蠅集者則盡變其殉時干祿之念而一注於學校而當時盛行之文社遂寂然無復聞焉華亭張生景留創春暉文社於里中今六年矣張生嘗請余任評閱之職至是而人之應之者日益衆而積文日益多生復請將歷次之卷擇其尤者印以行世名曰春暉文社社選既蕆事並索爲一言余欣然許諾客有疑之者曰夫非猶是向者所取而拉雜摧燒之類耶何既痛絕於前而忽愛護於後也余曰不然夫工媚俗之文於科舉之世者以利祿爲之驅也理樸質之業於舉世不爲之時者以道義爲之先也此中相去何啻霄壤況維今之人不尙有舊保存國學此責誰肩於

茲而有鄉僻伏處之士相與砥礪文行聲應氣求久而不厭者此亦空谷之足音也豈非吾輩所當維繫者哉余嘗觀幾社王申文選大抵一題之作必有數人蓋當時亦會文類耳然而其書至今世逾珍貴者蓋不特以其人文之足重亦以其志之超然特異不肯徇時所尚爲可重也今春暉文社之選其人其文雖皆未足以妄希前哲而一則倡古學於時文陷溺之秋一則振墜緒於國學衰亡之日其志有同焉者矣張生方年少其曩時所謂科舉之習固不得而知又以身弱多病亦未嘗入學校惟家居養親兀兀自守讀書求友文采斐然殆篤行而好學者余故歷述科舉學校之變更與夫文

社盛衰之故而進之以不惑時趨之學而郎以爲序且勗其
不怠云民國乙卯冬吹萬居士

春暉社選第二集序

春暉社課創於清季宣統二年其始不過張生景留及二三知好相與角藝於里中求塾師第其甲乙耳未幾而廣求評閱之人於外而與課者漸衆又未幾而張生乃延及於余余偶一應社中則大體之積六年於是乎有社課第一集之選余序其書兼勗其不怠張生謹誌不敢忘余以張生爲可造也始稍稍導以古文之知識嗣是社中文課皆由余命題不拘一格復增設詩課以謀興起自數年以來雖當世通才宿學亦咸樂爲聲應而社友遂遍大江南北張生以多病之軀因而發憤專肆其力於社事更歷三年而復以社課第二集

請余選而行之旣藏事余乃進張生而告之曰生知文章之爲物乎夫文章者高貴寥寂之學也見聞太隘則易於陋聲華太盛則易於浮今生之志善矣然獨處一隅鮮得接當世巨人長者之緒論則自大之見生以鄉曲儒生而因社事之雅故來衆人之揄揚則標榜之念起自大者謂之陋標榜者謂之浮陋也浮也方今之稱爲社者類皆蹈之故生而欲求文章之道者苟非有實學以勵其後而徒以一得爲矜尙安在其異於流俗之所爲哉念自此社之起於今幾十年余之任評閱者亦近八載余嘉生之志所以助其倡導者亦至矣久之乃自覺務外之意多而又無所得於已也方將謝絶斯

事游心物外以從事於我之所謂高貴寥寂之學讀書稽古曠然而自適終吾生焉而已生其能從我游乎生復請爲敘余遂書此以貞之民國戊午仲冬

香窟聯吟序

余抱幽憂之疾春寒枯坐聽雨聲淅瀝落簷際輒淒然欲泣忽報園中梅大放遽欣然而笑急起命筆折柬邀二三舊侶約於元日小集梅花香窟以共賞其盛又恐春雨之無止足以敗我之清興也則日日而視之昔昔而念之復損眠減食而擔慮之而幸也天鑒其衷至之日乃現陰晴之象晨起樂甚載酒以往而香窟之梅已亭亭若待矣窟在泰山之側距敝廬二里弱築室一楹僅堪容膝疏影繞之稍得佳趣是日偕飲者六人爲費君公直姚甥石子姪天梅平子及兒子君介始爲聯句成詩二章繼復分韻余與天梅即時各得一律

而天已薄暮始各分散後一日天梅又以二律見寄又一日而兒子乃成詩以獻余爲之削稿存焉又一日而平子亦以短古一章來更閲二旬而公直之詩亦至最後而石子以一律屬爲斟定而分韻之作始克告成余因録爲一帙名之曰香奩聯吟以藏諸篋繼此以往將歲爲一舉香奩之詩當積久而日富則予之癡懷亦當積久而日深姑書此以發其端云丙辰三月寒隱居士自序

謝慎修學文法序

文果無法乎則淺深高下氣脈節奏之際幾累黍之不可差文果有法乎則因心構象通變化神之境實精妙而莫能測夫累黍不差者乃孟子所謂能與人規矩也精妙莫測者乃所謂不能使人巧也然巧生於規矩未有規矩不存而可以至於巧者規矩者法也巧者非法也非法也者法之至也故謂文之無事乎法不可也謂法之所當死守亦不可也蕪湖謝君慎修篤學而志於古去年秋見余文而好之乃不遠千里馳書下問愧未有以答其意也未幾又以所著學文法一編寄余請爲序將梓而行焉慎修之旨蓋深有憾於老師舊

儒之訓謂學文之妙可意會而不可言傳故此書所論大抵以文必有法法皆可言愼修之爲此歷二載而始克告成其用力可謂勤矣然而余以爲文章之事有可以言傳者亦有不可言傳者可以言傳者卽淺深高下氣脈節奏是也不可言傳者卽因心構象通變化神是也彼老師舊儒之說是盲於法而託於無法者也愼修之說是矣然亦限於有法之法而不知無法之法也今夫文之爲物也大之可以包天地細之可以入無內顯之可以並日月幽之可以感鬼神是豈猶可以法言哉蓋有喻於法之外者而後文之能事畢焉已愼修之書都數萬言推究頗爲詳審然愼修方年少文章閱歷

未深其中剖析種類形式之處果有毫釐無差者耶而所論之法亦有言複而意轉晦者耶安知更閲數年識日加進不將自悔其徒法之不足爲教者耶余嘉愼修之篤學好古又以其年少而亟於教人自任也故書此以進之且緩其授梓焉

遂園海上吟序

我友奉賢孫君邢伯喜爲詩家有遂園極花木之勝歲丁丑君年臻六十成述懷詩八章寄余山廬未幾而亂事作金山奉賢次第淪陷國家無恤民之意復縱匪肆虐致閭閻擾攘到處不得安居各相率走避以託庇於外人之租界者達數百萬人而余與君亦先後來海上翌年春君忽訪余逆旅一見握手幾不相識蓋昔嘗晤君於亭湖顧氏及今已二十餘年矣傾談移晷始恍知余實與君齊年又同歲補博士弟子員今皆爲六十餘歲人得相聚於世亂倉皇之際爲慨然者久之君復出去年所寄述懷詩督和余應以四絶有但得萑

苻有時靖名園無恙好還鄉之句願祝君兼以自祝蓋寒家亦有山廬吾亦冀其得早歸耳乃稽遲海上寒暑又復三易家鄉之萑苻如故人民倒懸水火中益甚茫茫後顧還鄉之願知在何時而君於此數年間所積詩日富自六十述懷詩始編爲一卷曰海上吟袖以顧余更投詩索爲序余文字衰退無能爲役久未克爲君好余文至深余舊時所作君往往能背誦則君之是吟非余序之而誰序哉奉賢固多詩人往時爲我所得交者則有朱粥叟遯叟及陳君泊盦其後則爲君與粥叟哲嗣伯庸皆善爲詩而皆好余而以遯叟爲之魁今粥叟泊盦作古人已久惟遯叟年臻耄耋歸然獨存向者

余與遯叟往來詩最多黄花一集此倡彼和興會淋漓思之猶有餘味今則相愛在肺腑間而寂然無一詩亦可以知吾學之日荒而不足與言詩矣曩歲我和君詩又曰齊年老友有孫登海上相逢喜不勝詩去而君果喜甚因語余朱君伯庸亦爲齊年余更歷數之頻年以來海上老友中與我齊年者君與朱君外尚有胡君樸安湯君定之丁君鶴廬高君欣木數人者皆負絶藝老而彌健皆時時相晤今亂事既無甯止故鄉猶未可安居得君與數人者品茗談詩論文讀畫徜徉晚歲以徐俟太平我亦喜而不思歸矣因書此以報君俾共一笑可乎辛巳七月既望金山高燮序

吹萬樓文集卷三

吹萬樓文集卷四

金山高　燮時若

珠沈淚影弁言

靜娟女史爲馮君粲三之長女自幼受讀於家端穆寡言笑夙爲馮君所鍾愛馮君五十而未有子女史見其父母之無所慰也常用以爲戚竟鬱鬱成疾發爲瘰癧又誤於醫者之一割以今年三月死矣馮君傷之甚作爲詩文皆眞摯質樸並集親友哀輓之詞將付剞劂謀所以不死其女者因介王君傑士徵余一言余維古來才媛敏慧而早世早世而其父母族黨痛之痛之而發爲詩文以垂後世者莫如返生香一

書返生香者爲明季吳江女子葉小鸞疏香閣遺集而他人哀輓諸作皆附焉者也攷小鸞父天寥先生母沈宛君兩姊昭齊蕙綢皆能詩風雅一門世傳佳語而小鸞尤爲超拔今靜娟雖稱知書尚不足以上儕天女則與小鸞異小鸞之死其父哭之至於神魂荒瞀今靜娟之死而其父亦不樂生則與小鸞同小鸞之死年十七今靜娟之死年十六則與小鸞略同小鸞許字於張死於親迎前五日今靜娟許字於王但嫁未有吉日亦與小鸞略同惟小鸞之死也尚有一兄三弟今靜娟之死乃終鮮兄弟則與小鸞又異此靜娟之所以尤爲不幸而馮君之所以深悲也集既竟馮君更以是書之名

爲請余題之曰珠沈淚影夫珠已沈矣不可還矣亦比諸滄海之淚而已其有影耶吾惡乎知之其無影耶吾惡乎知之願馮君一任之可矣丙辰夏

燕蹴箏弦錄序

余山居讀詩嘗歎詩序所謂發乎情止乎禮義之說之善也雖然禮義者情之防情不踰防爲聖人錄詩之所難故朱子釋之曰此亦言其大槩有如此者其不止乎禮義者固已多矣夫情也者一往無際者也既已發矣何能止之且人之才者其情恆倍於衆人積之以學則其才倍焉其才倍則其情亦倍焉學所以養才而才所以益情故天下有學之人未必遂無踰防之事此無可諱者也蓋因其有餘於才而乃溢乎情之分際耳世傳朱竹垞氏風懷一詩實爲其小姨而作攷竹垞娶於馮其妻名福媛妻之妹名壽瑺字靜志詩中所謂

巧笑元名壽妍娥合喚嫦者分藏其名最爲明顯其餘事迹雖約略可得但詩語迷茫尙無正解余每用爲恨友人姚子鵷雛志趣歷落跌宕於文章詩酒間近復從事稗官家言輒取竹垞此事著爲一書名曰燕蹴箏弦錄書中專寫其兵戈轉徙極離合悲歡之致而始終不及於亂爲一書之大旨誠有合於詩人發情止義之言矣夫竹垞氏號博極羣書而韻史流傳千秋不泯其風懷一什集中既存而不刪種種因緣不復自隱情之眞者不當如是乎我聞太倉楊雲璈叔溫氏著鴛水仙緣小說序述此事甚詳今尙藏其邑人陸君彤士處惜刊布無人未之獲見我不知姚子此記果與叔溫氏所

著有同焉者否又不知果與詩中風流溫膩之事實一一悉合否要之姚子之用意甚厚其立言之體尤可以風諸世而無疑者也余故樂而爲之序

刪定復廬文稿弁言

丁巳之春姚甥石子以寫清丁未以來至丙辰之作名復廬文稿都八十餘首屬爲刪定閱既竟因信手以紅圈識於題下其最者用三圈上者二圈上次者一圈而可存可不存者則不加圈識而還之憶甥自年十六七時畢業學校而家居即從余遊余乃稍稍導以古文之知識甥意欣然余與甥志趣既合相處又近雖隻辭片段必就余商搉脫略形骸無拘無隱至今十餘年未嘗少間即卷中各稿大抵多經余瀏覽而手潤者余學不加進而甥文遽爾斐然此余之所以重觀甥之舊稿而不自覺其益生老大之歎也夫

周芷畦探梅游草序

余嘗慕鄧尉之勝思之十年未能往也今年正月始偕姪平子暨姚生石子同爲探梅鄧尉之舉逮既至吳門訪金君松岑知梅花尚含蕊如粟復以水淺舟膠不得往僅歷虎邱天平支硎而返返後旬餘松岑更約看梅於無錫之東山既命駕矣以他事牽率卒亦未果余嘗作詩誌之深憾與梅花無緣也其後余復爲燕京之遊道出滬上晤周君芷畦方從鄧尉探梅歸稽留於此一見道遊興甚快問其期則在余遊吳門後方二旬問其狀則梅花方盛開問其有詩否則方將以探梅遊草問序於余余既懊喪而歎羨之及游燕京還而君

即以游草一卷見寄余讀之恍然如置身香雪海中矣抑余嘗自營梅花香窟香窟之梅纔及百樹比之鄧尉眞滄海一勺耳然海與一勺亦豈有定名哉京師有所謂十刹海所謂南海北海者皆一勺耳以北方鮮水則水之稍大者即謂之海今吾鄉人鮮植梅則以香窟之百樹而在吾鄉雖亦謂之海無不可也夫東山之梅其數至於千六百株亦云多矣然而未嘗以海名者何也名與不名在梅花豈所屑計而或稱或否蓋亦有幸不幸也松岑嘗與余約擬買虎邱一角種梅遍之以爲人造之香雪海脫事或可成不知比之鄧尉復又何如惟鄧尉之勝余究不得而知欲知其勝者仍當問諸君

耳是則余之序君詩其殆望梅止渴之類乎丁巳五月

胡樸安詩稿序

余所見今之稱能詩之士不下數十輩而根柢於讀書閱世之所得以實學爲砥礪無幾人也其下焉者則風雅自命搔首弄姿其上焉者乃役役於分門戶爭壇坫之中而莫由自拔世之衰也人皆懷是己非人之見彼此訾謷不相爲下而轉置讀書閱世之事於不講則詩雖工尚何益哉涇縣胡君樸安具經濟之略而有兼人之才軀幹偉然而學術淵篤曩年嘗與余創國學商兌會因相識於滬上其後君隨許公巡按於閩既而許公内用隨入燕京逮許公棄官去君亦反於滬余伏處深山久不與君相見君忽來書言將刊其五六年

來所爲之詩綜二百餘首彙爲一編曰歇浦詠曰閩海吟曰北遊草曰和陶詩四種而屬序於余嗟乎以君之才之學而乃欲以詩見耶詩也者爲方今時流無聊之所爲無所用其才亦無所用其學者也君讀書既多而加以閱世吾知出其所蓄以振頹風以救世亂而有餘而乃投閒置散環堵蕭然方藉詩以自見也夫豈世之幸哉吾讀其詩質而有文精實而多見道之語蓋詩之外正大有事在倘自此編出而世但以詩人視君也則非余之所願也故亟書此以弁其端戊午十月

珠樓唱和集序

當湖之爲邑環城皆水也而當湖在其東瀠洄無波其平如掌與余家相距六十餘里少時嘗屢遊之往往一棹孤舟摇兀竟日朝而發日將落而至遠見湖中短垣圍繞作屈曲形有樓翼然掩映於水光夕照間者則弄珠樓也彼都人士有文酒之會多集於此掠舟而過每聞歌呼醉吟之聲余時穉固不知飲其中者爲何如人也其後樓漸廢樓下四周一變爲瓦缶之肆湖中遂別起瀛洲書院而當時文酒之會亦遂移於彼焉自科舉既廢書院之制不復再興而所謂瀛洲之別起者未幾而人之遊跡亦日少民國以來邦人士更就弄

珠樓舊址改而新之歲丙辰上巳當湖令海門季公銘又邀邑中宿學能詩者觴於茲樓而柯先生岐甫首成詩兩章既而季公及邑之賢士大夫各繼聲屬和久之他邑之人亦有遙相應和者積三年得如干首柯先生於是彙爲一編名曰珠樓唱和集而來書索序於余竊念茲樓之繫於余夢寐間者三十餘年矣余一不知少時所見圍繞而作屈曲形者今猶是牆垣否而所聞歌呼醉吟之人今亦有存焉者否以余觀集中之作如張先生厚香翰生葛先生詞蔚及吾宗山亭先生皆爲素識而柯先生則慕之未得見也然與於斯會者大抵皆才高而齒尊吾知數十年前文酒之會其歌呼而醉

吟者就中必有其人而豈意當時登樓俯瞰有少年寂寂掠舟而過者方於此數十年中私以閱盡茲樓廢興之概至今日乃濡筆而序斯集也則諸先生之覽余文者其能無慭然遐想也夫民國戊午臘月金山高燮

丁不識遺詩序

乙卯三月余偕姚生石子暨吳江柳亞子同遊杭州丁君不識與其弟展庵來訪於西湖寓舍遂納交焉丁君爲設飲西泠印社集者三十餘人若王丈海颿陳君光甫李君叔同樓君辛壺邱君梅白張君心蕪林君秋葉陳君慮尊越流陸君鄂不類皆一見相得快若平生越日又得王君潄巖沈君半峯平君復蘇詩酒湖山此樂無極矣未幾乃各別去然君之詩常數數至明年君更遠道顧余山中手仿宋版字以謀印其先人修甫先生遺集絮絮談深夜一宿而返又明年六月君遽以疾卒計余之識君纔二年餘相聚不過數日耳又明

年余復遊杭州念故人之宿草歎墜夢之成塵爲作詩弔之今年秋君之子珏緘君遺詩及君之友張君冥飛所爲事略乞序於余余讀其詩和平恬適一如其人而數年前君與余等投贈之作咸在因而回憶當時朋舊或爲僧或爲宦咸雲散風流久而不相聞問惟君家昆季世好如白丁鶴廬周之展庵諸君及王丈海颿與余交處日益密而君獨不幸死矣此余所以序君之詩而不覺泫然出涕也至君詩曰賸草云者蓋光復以前之稿悉燬於江甯兵燹故所存止此也不亢可悲夫辛酉冬高燮

聯語錄存自序

輓聯之興也其權輿於古者輓歌之體乎宋蘇子容輓韓康公曰三登慶歷三人第四入熙甯四輔中當可爲輓聯之始至於近代此體尤繁以曾文正之勳業文章其於聯輓爲之特工觀其家書每以此體自負以左文襄之文才蓋世而聯輓之章附刊於盾鼻餘瀋其磊落自喜亦可知矣吾郡仇筠東太史暨顧貞獻先生亦以善爲此體名於時每一聯出往往傳誦遍於人口可知即此寥寥對偶數字之中而言情攄懷具有至當非可僅以小道視之而已余家先世大抵農也自先君子爲善於鄉優禮文士當時有何先生逸卿者里中

號爲宿學先君子每遇親朋故舊之喪必求何先生撰爲輓聯以贈而於先生則敬厚有加焉余幼時先君子常抱置膝視雙眸炯炯喜謂吾母此兒他日或能以文學名乎何其目之明秀一如何先生也及余年十九而先君子棄養嘗自憾愚魯不能任文字之役於先君子所及見自先君子歿余始稍稍習爲詩文而兼及此體歷年所積戢戢已多因命兒輩錄而存之非敢上儕於曾左諸公及昔時郡中名人之列然於一二十年來人事之遷流戚友之凋謝亦可以攷見矣而觀錄中嫁名他人諸作尤不能無慼於未得服勞於先君子爲可痛爾

胡樸安俗語典序

上古之時有語言而無文字文字者所以代語言而期久遠者也中古之世語言與文字無分故公羊多齊言離騷多楚語而史記亦有夥涉之詞魏晉六朝崇尚駢儷靡曼相高則語言文字截然不同而文亦因以就衰矣至於唐宋韓歐嗣興始以單行變易排偶而語文之際咸得其平是以其道益隆其用益廣蓋既無雕琢纖冶之繁亦免樸質不華之誚乃文字之極致行遠之正軌也有清之季士風漸陋人思速化而學避艱辛降及於今白話之風波靡一世如中疫癘如飲狂泉我恐循此以往則雖爲文字之厄而言語亦將無條理

之能行矣凡俗語之能流傳於久遠必其語言之有條理也其語言之有條理必賴文字之爲輔佐也我友胡君樸安於書無所不窺而尤精小學其於文字之道審矣乃更採其原於語言因取古人文字中相傳之俗語而證之於今世婦人孺子之口彙而記之部分目次都十二集爲俗語典一書以明俗語之皆有原本且皆可爲文也則可知文也而以語言行之殆所謂辭氣鄙倍不可爲訓者也胡君命余爲序余因書此以質之壬戌七夕金山高燮

寄廡樓遺詩序

余因亡友孫君雅宜而交談君夢石又因談君夢石而交查君肯堂三君者皆爲浙之海鹽人海鹽夙稱人文淵藪曩嘗讀彭駿孫黃韻珊之書心焉慕之往往穆然遐想以爲世遠年湮其先輩之流風餘韻猶有存焉者乎其後始識談君方搜輯其邑之先哲遺著則於近數十年來已得一十家爲初編屬序於余卒卒猶未能應而查君亦以其先人藎卿先生寄廡樓詩請爲選擇將幷刊於先哲遺著中更屬余一言按先生少聰慧年十五補博士弟子員其於學自經史而外凡訓詁音韻掌故攷據天算輿地無不旁及而通曉嘗見許於

曲園老人相與書札往來討論不輟其門下士之著籍者甚衆而先生僅以一衿終其身卒時年未四十也余觀其詩往者極清遠幽渺之致七古尤軒爽可誦然後知彭黃諸先輩之芳臭固綿延而尚未泯也夫詩之爲道淺矣然苟生具俗情者必不能爲爲之亦不能工先生旣積學能文而無世好乃九上鄉闈不第故其詩多抑鬱無聊而肯堂述其先人之作亦若重有憾者然我以爲使先生而果達卽未必有暇於詩旣無詩則遂未必可傳且亦安知惟其能詩所以不獲一第耶又安知正以其不獲一第轉足冀其傳者耶然則若先生者以彼易此其今日之所得不旣較多乎哉余爲書此以

報查君並以質諸談君惜孫君已前卒未克與之尊酒痛論
一暢厥旨耳

天放樓詩集序

金君松岑奇才也奇於文亦奇於詩而平生尤以詩自負余亦定爲必傳嘗欲擬一境以狀之則倏而爲驚濤駭浪風雨驟至也倏而爲雲横霞舉絢爛彌極也倏而爲峰巒矗擁危峻欲絶也倏而爲水天平遠夷猶可羨也倏而爲垂紳正笏莊嚴難犯也倏而爲膩肌醉骨嫵媚多致也其於聲也如崩霆如裂石如萬馬之馳戰場如繁絃之奏腕底其於色也如荼如火如曙光之麗天如長虹之垂海其於神也如龍騰如隼擊如丸之走盤如箭之赴的然皆未之似也若君詩之所似余卒無以狀之蓋以君之才於書無所不窺又益以遠游

之所得世故之所經宜其窮盡天下之變萬態千奇不可方物如此也歲乙卯余游西湖歸方抱幽憂之疾君忽來書以近詩見示時君已遍歷魯贛湘楚登泰山朝衡嶽上匡廬傾采石之杯披晴川之樹挹巴陵洞庭之勝覽武漢三鎮之雄余讀其詩未嘗不氣滿大宅也明年訪君於吳門又明年與君同遊京師是年冬君復遠道訪余山中越明年又同遊浙東相與泛桐江謁禹陵入柯巖修禊於蘭亭而返又三年復同遊黃山黃山之大五嶽不能過也自是而君之游愈廣而其詩亦愈奇余追隨馬首當江山勝概之處往往有詩然自君詩出余每爲之閣筆而止則君詩之卓絶可知矣嘗謂古

之稱壯遊者曰張騫而近世之稱壯遊者曰徐霞客然騫與霞客均非善於詩若文也若司馬子長則可謂壯遊而又雄於文矣然亦不聞能以著史奇宕之筆並移諸詩以傳也至若少陵之於蜀昌黎之於潮子厚之於柳子瞻之於瓊近世若雪海之嶠雅漢槎之秋笳皆以博學高才得江山之助而詩益工然凡此數者類皆爲謫逐孤臣故詩不與境期而適然相遇要非若探奇歷險一資於詩好事如我二人者也惟余之遊跡不如君之多詩亦不逮君遠甚然自謂能深知君而其志又相同者宜莫如余今年秋君壽臻五十余以兒子圭嘗受學於君因命爲刊其詩以壽諸久遠余更略述君詩

之不可名及我二八數年來同遊之樂而即爲序其端焉壬
戌七月

七家詩綜序

江浙毘連而金山與平湖壤地相望循吾廬而西不二十里卽爲平湖之蘆川蘆川之市有詩人焉曰逸雲柯叟伏處里中篤老好吟詠去年冬叟挾其所選七家詩綜踵我友葉君漱潤之門屬介余爲序是選也平湖居其六曰草心亭詩鈔者陸先生坊所著也曰古白山房集者朱先生鍾所著也曰童溪詩鈔者邵先生澄所著也曰古水詩鈔者俞先生斯玉所著也曰半村居詩鈔者周先生霽所著也曰自來草堂詩鈔者朱先生謙所著也金山居其一曰海棠巢詩鈔者熊先生昴碧所著也雖六人者皆籍隸平湖而詩多及於吾邑陸

先生當時館吾邑北境之姚氏最久故其詩足爲我鄉邦攷證者尤多熊先生詩爲余所夙好今得此益三復不能厭云以余觀諸先生詩其意境造詣各有不同而超然高曠淡於榮利無取悅流俗之心則同叟之此輯亦可以見其志矣余年逾强壯而所交多老人叟之弟岐甫先生自余少時卽已識其名及長又識叟名然皆未之獲見也曩嘗爲岐甫先生序珠樓倡和一集今忽忽數載知岐甫先生年已七十餘叟則幾近八十矣白首弟昆怡怡一室腰腳猶昨吟興不衰余方擬棹扁舟乘明月一扣詩人之扉更將邀二叟攜是輯以同泛於鵁湖煙水間相與握手論詩高歌談笑而以爲樂也

叟其能許我否乎壬戌歲不盡四日金山高燮

王氏七葉詩存序

雲間故詩人之淵藪也自明季幾社興而詩學尤盛其故家舊族類能奮志詩書寄情風雅高懷邈致代有聞人清康雍間姚聽巖先生弘緒輯松風餘韻錄自晉迄明郡人詩篇六百餘家其後姜孺山先生兆翀繼松風餘韻而輯松江詩鈔則纔自清初以逮嘉慶初元耳而錄詩之富則幾倍之我嘗綜覽二家所輯往往一姓之作有多至數十人者於以見先正之流澤孔長而士子能守其學者衆也繼松江詩鈔而起者則有孺山先生子瀟湄先生之續詩鈔書未成而卒稿亦遭亂蕩盡自是以降清門習尚漸逐紛華提倡無人風斯不

振欲求其克保芳臭傳之累世而不替者蓋亦鮮矣王君文甫恂恂勅學品誼粹然非有意爲詩而其詩特工嘗輯其上世孝簡先生以下十有三人遺詩爲王氏七葉詩存其前已刊行有集者不與而附以自作横雲山館詩一卷既不忘先澤又能紹其故業二善備矣余觀其輯中孝簡先生暨蘭莊先生詩及載於松江詩鈔者各數首逃亭先生詩有題雷約軒遊草及丁溉餘論文圖二首效瀟湄先生與雷先生丁先生爲友則逃亭先生之詩當時必見采於續詩鈔無疑以下所輯多或十餘首少則一二首搜訪之功至難能也夫詩者彰身之文也非有學問之蘊則文采不足以彰故但觀片什

之流露而其人之性情見焉自世道衰而人心之好尚愈不可究詰方且欲掃古來文字而一以語言行之無所謂性情無所謂學問而仍稱之爲詩則我不敢知也以若所爲求若所欲則雖以其人之祖若宗而有文字之留遺者將唾棄惟恐不速矣又遑論夫勤蒐而寶貴者哉我是以讀王君斯輯旣深佩其用心之厚更環顧士風而不覺抱無窮之慨也夫

張氏二先生集序

我金山之爲邑於有淸之初與婁縣皆分自華亭故胥浦實位吾邑而婁縣亦名胥浦華亭以三泖稱而我邑實占其勝世傳近山涇者泖益圓曰圓泖近泖橋者泖益大曰大泖由泖橋而上縈繞百餘里曰長泖胥浦之水即西承長泖而來者士生其間類皆志行淸純無慕榮利蓋不特爲當時風尚之美亦秀靈鍾毓之氣之使然也有淸嘉道咸同以後泖漲漸以成田即胥浦亦淤塞日甚於是我金山全邑之水不能復其淸流之舊而人才之消歇遂蕩然不可問矣溯自順康之際張廸哲先生起胥浦之濱以孝友名儒兼工文翰嘗受

業於陸清獻公著書盈笥衞道甚篤一爲繁昌教諭歸築胥浦草堂於其里學者稱胥浦先生同時又有趙先生魚裳旂公兄弟及夏先生湄生皆從清獻遊講求躬行實踐之學要皆興起於先生者也其子調一先生淵源家學博雅能文與邑巷詩人姚昌銘爲友有泖濱兩異人之目觀其集中路出長泖諸詩覺浩渺煙痕涼波無際清靈之境爲想見之夫何怪賢人名德之出其間者相接踵也抑余觀張氏二先生行誼卓然詩文精粹一時聲譽籍甚門下士尤多達官宜若通顯可立致而二先生卒不欲以利祿之懷而易其風雅之度守禮而誠明博學而謙退讀二先生之集者先正遺規可以

見也已迪哲先生集名胥浦草堂詩文稿詞一先生集爲靜敬山齋詩草友人張君本載爲二先生後藏其集出以示余屬余論定將付諸梓余則何敢而本載促之不已乃爲稍刪其酬應之作而書所感如此於以知水源清濁之變遷有繫於人才之消長爲非細云癸亥三月邑後學高爕謹序

冷齋遺詩序

周君天淨爲邑之干巷人去吾家祇四五里而君能詩之名吾不知之轉聞之吾友松江楊了公了公之言曰不圖干巷方寸地而有詩人二焉其一謂俞生天石其一則君也余即以詢之俞生生曰信周子之詩生不及也因隨舉君詩一二語且謂曾見賞於了公先生者余聆之眞詩人之音也未幾俞生書來述君以暴疾死矣爲愀然者久之其後每見俞生生必溯念君謂君年少齎志不克竟其學即詩稿亦多零落以爲惜今忽寄其所謂冷齋遺詩一冊曰是乃周子殁後二三年來生等所搜集而僅得之者將請爲序而行焉余讀之

其詩皆空靈如水中之攔月雖有詩一如無詩也宜其年之不永也嗟乎若君者乃游戲人間者耳其詩句之偶播於所好之口也亦不過如一花一瓣之飄颺於庭前池畔而已其一花一瓣之飄颺於庭前池畔非不可珍而可愛然而不可以久留者勢也而俞生等乃必欲留而珍愛之其情不尤可哀乎是爲序癸亥夏至

夏氏先德詩存序

夏子乃璜編次其先代七世祖以下至其祖氷夫先生凡六人之詩爲夏氏先德詩存將授諸梓都百首耳何其少也夫子孫之賢者其於祖宗手澤也雖片詞隻字而皆愛之況以五世湮埋未顯之作而搜集至於百首亦豈得爲少余攷集中數先生者類皆篤行潛修本不欲以詩著其存詩之寥寥也固宜然讀其詩而郡中數百年前之遺聞軼事藉可攷見一二則詩雖少而足以備鄉邦志乘之采其爲可貴不既多乎曩時吾宗楚白先生輯高氏勵存詩鈔始明成化以逮清同光之際爲二卷夫以吾郡高氏嚮者門才之盛風雅之所

萃而五六百年間所得猶衹此數可知先人卽有著述之留遺若非得賢子孫能守其業而數典不忘者安保其久而無所放失哉抑高氏之詩自頤元先生之後若二匏樵客菊裳藥房諸先生無慮十數人靡不有集行世縱時遠書佚而散見於選家之輯錄者尚可求而得也至若夏氏六先生之詩在當時卽未有刊印之集又不見於諸家甄選中其蒐輯尤難耳吾嘗慨夫郡城自一二十年來故家名德之後往往零落殆盡其存者亦多棄其故業茫然不復能知祖澤之謂何而乃璜之爲此輯也時時以散亡是懼索序於余且數年矣嗟乎余生也晚不及見輯中諸先生而於冰夫先生則計其

年猶相及之年也以少時未嘗至郡亦不獲謁見今乃得見其詩而讀之爲可幸焉然吾又安得舉郡中諸先哲之所著網羅而盡讀以爲快也耶乙丑三月郡後學金山高燮序

胡氏二葉詩存序

余兒子塝曩年嘗肄業上海南洋大學每歸必稱述其師婁東胡君粹士之賢畢業後供職於青島之膠濟路局復與胡君爲同事歸仍屢屢稱之既而持詩草一冊以進曰此胡師先德二葉之詩欲以求序於大人者時余方病未及觀既而復經離亂則扃其冊於篋者逾年及亂漸定胡君因亟謀付梓更命塝促余爲文余乃焚香再拜出諸篋讀之而歎兒子問曰大人何歎余曰二先生吟詠之時其殆近古之時乎今豈可得哉而不觀夫少沖先生之詩乎曰花香鳥語四時樂酒國詩壇一味閒又不觀夫伯衡先生之詩乎曰俗美村童

猶向學民良薄賦早輸官此何等景象耶而試返觀當世則兵戈滿地頻歲流離四時無可樂之日也慕勢趨炎鑽營奔走終身無得閒之味也逐隊叫囂如狂如醉校無向學之童也敲骨吸髓暴斂橫征官無恤民之政也余觀是冊大抵多酬應之作其詩之能工與否姑可不論然即此數語已能想見二先生遭時之幸則方今世變之亟愈益可知兒子曰胡師之謀爲付梓者本欲存其先世之手澤耳今二先生詩而各有動人之句如此二先生足以傳矣大人哀時之感一觸即發請勿復云余因書其語即以爲序丙寅冬金山後學高燮

退密寄廬詩存序

余嘗有志天下之學故所蓄書不囿一隅然每遇鄉邦先正之作恒不厭博訪是以吾廬中森森插架者亦無啻數十百焉然而吾讀之則有別即以詩論若唐之李杜宋之蘇黄其人者天下之詩也若風土之所關文獻之所繫而不必專乎其他者鄉邦之詩也如謂既有天下之詩即可不觀夫鄉邦之詩是亦偏而不廣已耳往者吴興鈕君君宜屬其友吴江沈君志儒以六十自述詩二十章索余爲和余以二絶壽之又介社中諸老同壽之君則大喜旋錄爲祝者集一卷示余並以其所作名退密寄廬詩存請爲序閲今三年而未有應

也君本工書嘗贈余短幅精整不懈余絶嗜之聞其手輯族譜用力尤勤故余曩年壽君詩有云家乘新編費苦辛一廬退密寄吟身平頭六十强如昔餘事猶能八法精余雖未見君而君每書來情文篤厚謙挹彌甚若自忘其爲六十許人者故余以爲君即無詩其賢已不可及矧重之以能書能繪更能詩者耶余於吳興識朱丈古微周君夢坡劉君翰怡數君子者皆以名德而盡心於文獻朱丈有湖州詞徵周君則有潯溪詩徵劉君所刊其郡邑先哲之書尤多余知他日者苟續有詩徵之輯則君詩亦其選也余搜鄉邦集得上海趙實君退密刪存稿而善之今又得是編而吾廬中遂有兩退

密矣是亦因緣之偶合者乎丁卯七月金山高燮序

海鹽畫史序

朱生硯英之於畫其夙好也憶十年前生以所作見寄余卽驚其非凡品因介以從我友黃賓虹老人遊而學遂猛進然其書不足以稱其畫猶有憾焉後數年余延之山廬以任鈔寫且教之作書之法久之則書工而畫亦並進由是點染之餘又稍事吟詠則其詩亦可觀矣硯英性嫻靜而嗜文學以歷任學校教授塵囂之地未能專力及此自來山廬意境斯豁寢饋載籍樂而忘疲余固不能畫然余之所論則以爲凡一藝之成必非徒恃夫一藝也惟博觀乃能守約亦惟用宏乃足取精卽以畫論有源流焉有派別焉有地域之分焉有

時代之異焉我既篤好乎此而歷史之畫人我不知其姓氏可耻也我既生此土而一邑之畫人我不能舉而數尤可耻也是時硯英聞余言遽心領而神會之余喜其好學因出所藏書恣其蒐討有所得卽錄別紙祕諸篋笥不以示人然余已知其有著作之志矣自往歲硯英去吾家故館其邑中馮氏之綺園爲童子師課讀多暇則爲余任鈔寫也如故故其書日益精園中花木亭臺之勝甲於一邑朝夕俯仰不啻身入畫中故繪事益神妙不可方物邇者又數數向余假書遂成海鹽畫史都二百三十餘人與余函札往還商搉體例甚悉更請爲序且謂少還擬更輯女子畫史一編以就正焉余

奮然曰美哉生之有志而竟成也夫生之志在畫而所輯畫史先之以本邑次之以女子能知所本矣余更有以知繼女子畫史而輯者必爲中國畫史乎甚矣生能會余曩者所言之旨也遂不辭而述其梗概如此丙子花朝日葩廬居士

歸震川先生年譜序

余夙好震川先生文購求先生集甚富凡世所未易見者余皆得而藏之每有獲輒作數日喜自一二十年來所得先生集纍纍盈數簏嘗爲歸集版本攷屬草稿未定夾置集內未以示人蓋先生之文方不爲今世所尚余之嗜此亦自樂其樂而已歲丁丑大亂作及冬吾鄉淪陷余倉皇避海上時家藏書尚無恙也至翌年五月匪軍入據我屋而我書三十餘萬卷遽捆載聯檣以去珍籍孤本蕩焉無存而歸集數簏並拙考未定之稿亦無片紙之遺余爲之痛哭達三日始已又翌年正月得識李融之於吾友姚君孟勛處姚君爲余言融

之乃精研震川文者余敬異之越數日融之挾其所輯震川先生年譜來訪則見書首有其師新建夏映庵涇縣胡寄塵序二君者皆爲余舊好而融之卽爲我鄰邑之南滙人其好震川文有同於余而余初未之知甚矣余之寡聞也因相與殷殷談文章事良久融之更索余一言爲序余觀其所譜與乾隆間孫氏岱所輯尤爲翔實所附文章編年及著述攷等皆爲孫譜所未及而實不可少者余向藏先生集所謂閩中崑山常熟諸本以及太僕大全諸集蓋無不備而拙攷版本亦頗詳盡惜當時未遇融之俾余盡出所藏先生集共爲掇拾而增補之乃我雖有其書而不克保融之於此編訂至勤

而書反不能悉見余自經浩劫老而善忘竟未獲記憶一二以爲融之益此余所以序其所輯不覺感慨欷歔扼腕三歎屢輟而久難下筆也夫己卯孟冬、晦高夔

吹萬樓文集卷四

吹萬樓文集卷五

金山高燮時若

金山張涇河工徵信錄序

張涇之開浚預算所費爲銀四萬九千元其後決算總數爲四萬八千六百四十元其河之延袤與夫浚深之若何辦法之若何具詳余所爲施工計劃及經費預算兩書中是役也其督浚之所分南北二局大抵北局則朱君秉彝主之南局則張君孝章主之其丈測之始以莫君寶勛之力爲多及開局時莫君適大病而舉以自代者爲曹君中孚若余之參與其間祇以屢辭不獲被邑人士之環迫勉爲隨諸君子之後

而已工既竣之一年余乃彙集兩局會計之數及與於是役文字之種種編爲徵信錄一書而爲序其端曰吾邑澤國也民恃農田以爲生農田之所恃莫重於水利而邑中水利之尤重者莫如張涇一河河之源來自黃浦故其流濁濁則壅塞易而浚治宜勤此自然之勢也然是河向例以二十年一浚其淤積之度尚不可勝言今則距前者之開浚已逾三十年故自近連歲秋霖往往祇三五日而沿河十餘萬畝之田悉成漂沒水猶旬日而不克盡去往歲浚治甫竟而入秋又值淫雨至一月之久然起視高隴間禾稼之青青如故卽平疇低下之區水之來也亦旋經而旋退且是歲收獲倍曩時

焉可知通塞之關於農田休戚也不幾爲明效大驗乎哉我因以回思是河之議浚自壬子以逹癸亥地支適及一周乃初議雇工給値之法而不成繼又擬業食佃力之法而又不成後更擬機船夾泥之法而愈不成日月不居煙沈沙散馴至旱潦交侵民有菜色嗚呼何其難也逮夫事機已熟兼營并進驅千萬人之衆日胼手胝足於泥污水浸之中纔四十餘日而全工遽以告竣於此而壅遏之患以消水旱之虞可免又何樂也豈前者果懈而後者果奮歟蓋自辛亥以還正當成法嬗蜕之初民之所見者又近而茲事體大需費孔艱故時早則利害不顯而轉滋多口遲則利害彰而成迹易著

耳抑我猶有慮者自此河之開浚其當時淺狹之處泛舟其間若不足回旋今則揚帆容與若鳥之出林若魚之縱壑覺心曠而神怡焉父老見者咸欣然交相稱美因之輿人之論遂有謂向以二十年一浚者今後必可至三十四十年而未爲晚此大誤也何也蓋浚治既深則潮流亦急潮流急則挾渾泥而入者亦愈多挾泥愈多則開浚之期必不可遠雖今者民識未進不足與圖遠大立久安長治之謀而卽此治標開浚之計尙狃於目前之安樂將置是河後日之浚治爲緩圖者此亦我邑之民之能見其近而不見其遠之一端也夫用財者當視其事之何如耳苟事之有益於人也縱費鉅而

不容省刓是役之開浚核其所費不過四萬數千金耳而民之隱受其賜者何止此數豈與夫擲粱肉於餒虎徒以供率獸食人者比哉余是以編是錄既竟更推論夫事之緩急尤不可安於近而忽於遠如此俾後之來者有所考鏡焉民國十有三年甲子五月高夔序

沈涇河工載記序

於開浚張涇後二年邑中水利委員會復以沈涇河工事見督然而余蠹魚也惡足以知水利哉矧邑中幹水莫修於張涇其次莫如沈涇矣不才如余奚堪再役重以其時當余大病甫瘳兩足蹇澀不勝步履辭不獲命至翌年正月力疾就道遂供驅策晨而往戴星而返屛棄載籍之好以從事於泥塗風雨者幾逾兩月所幸同事董理諸人如倪君仰之沈君伯才陳君端志皆幹練英傑而余更薦楊君道弘曹君中孚等任局中要職以匡不逮是以自始至終人情翕洽雖以余之無能亦得賴儕偶之合作以共觀夫厥成滋足樂也曩者

張涇之開浚其關於文字者大抵由余兼任工既竣而有張涇河工徵信錄之輯方自慚簡率不足以示來許今者之役其關於文字者則由陳君端志兼任而楊君道弘時助之工既竣陳君編爲一集示余備矣美矣無以加矣非徵信錄所能賅也余爲名之曰載記楊君之才足與陳君埒研究水利皆極翔實二人者又時喜以書討論因并附於後若夫茲事顛末暨其利病之源疏濬之略則陳君序言之綦詳至其成蹟則有邑中輿論在余故但述大略不復論云民國十有六年六月高燮序

重印金山縣舊志序

上海焦君忠祖於十六年春來長我縣時滬松間亂事方殷莠民蠢蠢思動自君至戢暴安良不遺餘力不數月邑以大和遂及文事先是邑中有修志之舉謬推及余余既草定志例而未有成書君一再敦策期成有日矣更念縣之舊志爲邑先哲焦太史以敬所纂輯今版已湮書存亦罕君太史裔也爰慨然謀爲重梓既得一完好舊本於邑中丁氏因假以影印而屬序於余余適遭喪稽未克報而君移篆阜甯及印將藏事乃序以復於君曰焦氏舊志論者頗病其苟簡余以爲無可病也我金山之分縣也始於有清雍正三年逮乾隆

十二年縣令長沙常公琬郎議創立志乘閱三年而稿就時去置縣之始僅二十餘年耳而文物具備紀載井然無藉無因頓成鉅製其搜羅則博而能要敘次則核而不浮安在其爲苟簡也哉至道光間邑人姚汭錢熙泰先後皆有私家志稿而未有鋟版若其鋟版及書之並存者則爲光緒四年黄先生厚本重修之志按其凡例謂姚氏稿分類一仍焦氏之舊錢氏稿則爲表四爲志八爲傳十二今悉倣其例是則姚錢二氏之稿黄先生皆得見之且姚氏志稿實爲焦氏之續而黄氏之志實重修錢氏書也今黄志在而錢氏原稿不可見此志幸有孤本重印而姚氏續稿亦無能覓甚矣書之不

可以無刊也余是以序其端而尤覺焦君此舉爲不容緩已倘君能繼此而更爲訪求姚錢二志而表彰之余雖不敏亦當樂而隨其後焉民國十八年五月邑後學高燮謹序

寶山縣再續志序

寶山之爲邑據江海之衝與上海市相毘連談市政者每並稱上寶而教育文化若暨南同濟各大學皆年需費至三十餘萬金若東方圖書館庋藏書籍幾至四十萬冊凡此數者其規模之宏占地之廣他處無與倫比而皆位乎寶山境故吾謂上海爲全國之上海則寶山亦爲全國之寶山非一邑所得而私也其記載之宜亟可知也憶八九年前識錢先生淦於滬上時先生方纂寶山續志甫脫稿寓廬對榻娓娓談不倦未幾書成見寄讀之粲然明備矣今時閱十年而王先生鍾琦纂再續志又將告成嗚呼何其盛也余之識王先生

在今歲之春一見握手卽以再續志序爲委余遜謝昨者忽
郵示成稿督序益急竊念敝邑之擬修志亦久矣不才如余
曩年與錢先生同時任纂修之職雖草就志例迄未成書而
寶山則一續再續而不已余方慚赧之不暇其何能有言哉
昔章實齋有州縣當立志科之議謂州縣之志不可取辦於
一時則平日當僉典吏之明於文法者充其選而立爲成法
俾如法以紀載積數十年之久則訪能文學而通史裁者筆
削以成書夫志科之意美矣然平日采訪儲納旣已備詳無
缺則五六年或七八年卽整理而修輯之事誠易易乃實齋
之意以爲筆削成書必待遲之數十年之後何也蓋時近則

好惡多而是非未定故也今各縣旣未有志科之設則少其年歲而勤其修輯法之善無有逾於此者矣矧寶山聲名文物交通繁盛爲全國所屬望記載本不容稍緩者乎我因之有感焉是志之距前志纔十稔耳而友朋中如錢先生淦施先生贊唐錢先生衡同金先生其照皆久成宿草名列書中卽政事風俗教化亦更大異於前益令人不能無老成彫謝風會變遷之速之懼巳民國二十年雙十節金山高燮謹序

朱粥叟稀齡倡和集序

往余侍先外舅顧貞獻先生每見座上多投贈之什始知奉賢有朱丈雲逵者風雅士也心識之而未得見其後數年丈將刊其所爲半甲乙詞草徵題及余余塡小詞一闋應之自貞獻先生卒而丈之謦咳亦久不相聞余刊貞獻集竟以寄丈暨丈之弟遯庸先生因得時時通尺素丈與遯庸先生同喜爲詩負盛名於世乃皆不以余爲後起而投贈之什紛至沓來往往堆積滿几案蓋亦如曩者見於貞獻先生座上時也丈健於詩而食甚少日盡粥一甌故自號粥叟而遯庸先生則自號遯叟遯叟之詩珠光玉潔誦之淵淵然粥叟之詩

則純任自然不假彫飾要之皆自詠性情有合於詩人之旨者也粥叟以今年某月壽臻七十先期曾爲詩自述一時屬而和者達百餘人叟名之曰稀齡倡和集遂詞來索序余未獲一一讀之然竊以爲二丈以盛名碩德兼享大年兄弟之情老而彌篤故此集之詩雖海內和者盈百餘然足以動他人之欣羨而歎美者當無有過於二叟蕚樓相對迭爲酬唱爲尤難能也而余更回憶讀粥叟之詩於貞獻先生座上時余方弱冠茫然不能盡解今忽忽逾二十年引鏡自照即余亦鬑鬑然將老矣而叟之詩興不少衰其可念也夫其可樂也夫癸亥五月金山高燮

說文解字段注考正序

自漢許叔重氏作說文解字而小學始有彙萃由是歷唐宋元明數千年鮮羽翼發明之者至有清一代而此學乃臻極盛吾友丁君仲祜纂說文解字詁林七百卷集許書之大成所收說文百六十餘種而清儒之著居十之九段若膺氏晚出遂能執此學之牛耳讀許書者無不以段注爲宗誠哉其體大思精度越前古者矣惟是其注雖見浩博然引書或有未明或將原文改竄刪節爲稍傷撰述之體非得後人攷補而訂正之不足以云完美也吳縣馮校邠先生桂芬起咸同間以閎儒名德尤精許學所著書多已行世而其說文解字

段注攷正十五卷張文襄書目答問及朱槐廬國朝未刊遺書目錄皆稱十六卷誤書成屬稿未經寫正藏於家逾六十年世雖知其書而莫得見先生之曾孫澤涵篤雅能文克守先緒深契於余曩者以是書見示與商刊布余亟贊之而力不能獨任乃謀諸丁君仲祜暨二三同志并馮君五人而事得集復以校勘之無人而時艱孔棘未宜遲緩因卽先舉原稿付諸影印以廣其傳憶馮君之以是書寄余也閱今數歲矣往年秋余一病幾殆瞑眩忽此恐致遺落爲悚然不寧者達旦其後遭亂遷徙則扃鐍而善藏焉亂定歸視之無恙今乃得覩是書之成以行於世殆先哲之精誠有以默相者耳夫段氏之注赫然在天壤間終

古而不可磨滅賴後人之匡糾愈衆則段氏之書亦愈備而愈明馮先生之攷正乃匡糾段氏之尤密者也其足與段書並傳無疑也而余得附名於簡末甯非幸與戊辰上元節鄉後學金山高燮謹序

南園吟草序

吾友澄海蔡瀛壺居士創壺社於其鄉得士甚盛嘗約余評閱社課余一一應之其後每有遠道書來輒自稱弟子其詞甚恭者大抵皆壺社生也戊辰秋余遭母喪廢絶筆墨將半載矣會潮安蔡生楚畹與其配郭女士瑞珊郵書請序其南園吟草並示其師戴先生序其曰南園者蔡生夫婦侍其椿萱之小築也余讀之而泣蓋余之失怙恃也久矣幸侍嗣母李太君以節孝而享大年去歲方營慈竹長春之室爲終身將母計願與家人吟詠其中以貧娛悅不自意其遽抱鮮民之痛也今蔡生之刊是集也不特爲閨房之唱隨更以博高堂

之歡笑故余雖未盡見其吟草要有以知生家伉儷間必皆能殷殷孺慕者也苟讀是吟者但賞其耽靜好而工風雅者抑末矣因書以復於生俾生有以哀余之志而知此福之不易得也乃更以愛其親益篤其夫婦之誼者則其本立而詩可傳矣倘他日者余壯遊至此覩巍樓矗立朱窗掩映有雙聲起於其中者其南園之吟聲也夫己巳五月

沈健可中國外科實驗錄弁言

健可世兄爲我友沈君志儒哲嗣年少媚學精研醫術卓有心得著爲一書名曰中國外科實驗錄余固不知醫然竊怪其年之少也郎精研而有得亦實驗者淺何且妄以爲無論何學著書不宜太早心勿之善也既而乃知沈氏本醫世家健可纘承先業發揮祕傳更受之於庭訓年雖少不得與淺嘗者比先哲有言爲子者不可以不知醫余既不知之已昧於爲人子之義而乃怪他人之知則已謬矣矧又欲其知之而不亟傳之耶甚矣余之不可爲人子也因書此以復健可并誌余愧焉庚午七月吹萬居士

天樂鳴空集序

昔嘗遊黄山入天海於千巖萬壑中四顧迷茫萬籟俱寂之際忽聞有聲微妙清圓若迎而若導樵人告余曰此山樂鳥也余喜甚至於今十年不復聞此聲欲假文字以狀之而無可得也昨歲之冬潮陽郭君輔庭介我友陳子蒙安以鮑居士天樂鳴空集屬爲序不禁躍然起曰有是哉是足以狀余曩者所聞清圓微妙之山樂鳥聲矣此余十年中不能狀之以文者而此書得以四字狀之何因緣之相巧合也案居士諱宗肇字性泉明季山陰縣人奉佛至嚴根器朗澈爲雲棲蓮池大師入室弟子能明心見性者也夫佛即是心心即是

佛佛之大法其唯傳空空則斯靈如聞天樂是書之所由名也我觀其書一則曰學道者不可有勝心又曰能謙下唯日不足又曰法身本無涯量何有滿足誰謂佛之空法有異於儒之虛已哉居士此書其殆眞能知心之虛靈不昧具衆理而應萬事者矣故其言曰有理而無事爲偏小有事而無理爲凡夫從事入理從理得事爲漸次即事達理即理達事爲圓頓何其洞澈空明若是耶郭君本大智慧發大慈悲得是書萬歷初印本於坊肆將重付諸梓我知他日流布必有佛家樸學者出了覺聲聞融會法相以空諸所有而超無上者於是乎書壬申三月金山吹萬居士高燮謹序

福壽寶鑑序

我友上杭邱澥山徵君於昔年讀范文正公集見所爲竇諫議錄而好之因加以評語名之曰福壽寶鑑藏於家十餘年矣哲嗣栗莊敦行好善能承家學今任事海鹽財局與談生譽祥善談生亦名父之子品詣至純栗莊出此錄以示談生云將付印贈人以資激勸談生書來屬弁一言於簡端余維世之言福者曰求福曰養福而壽亦爲五福之一則亦可求可養無疑也夫曰求曰養是皆在乎人心之自主非天之所能爲也此一說也而更有進焉天者何卽人之心也惟人心而卽天是故福可求也可養也若人心而非天雖求之養之

不可得矣余觀寶諫議之力於爲善一一皆發乎至誠而無一毫邀福之心也無一毫邀福之心者卽天也是故其初之夢祖若父謂爲無子而不壽爲善之念不因懼而灰後之復夢其祖若父謂爲多子而貴壽爲善之念不因喜而足所謂夢也祖也父也皆由於我之心也皆天也若以范公之爲此文欲神其說以勸世者猶淺之乎視范公矣聊書此以報談生并以質之邱君以爲何如也癸酉孔誕日高夔謹序

哀絃集弁言

粲君女士之嬪於姚甥石子也余實任蹇修女士爲余妻表兄王斗槎先生之女歲丁未之春余偕內子同遊杭垣時斗槎先生方自淳安縣任返於杭余訪諸寓所因見女士靜穆嫺雅內子以爲賢歸以語我姚氏先姊姊則大喜爲甥卜之吉是年秋余再謁先生於杭而姚王遂訂姻好迨己酉三月女士始于歸於姚女士雖曾入學校而一秉舊時禮教當未婚之前夫與婦不相識也至今日則以爲怪矣然女士自歸石子宜於家而篤於伉儷凡二十有五年產八男六女而存者僅四年四十五矣卒以產難殞其生嗟乎夫女子固以育

子爲職志若粲君者雖相夫治內卒成賢名以去亦可謂勞且瘁矣宜石子之閔時而猶哀也斗椳先生之卒也年已八十女士儀容敦篤舉止安詳絶類其父而乃不能及中壽豈非其命耶石子稾輓弔諸作印爲哀紘集而屬余一言余因偶憶舊事聊弁書首以誌其慼云乙亥立冬節吹萬居士

葛梅艇丁戊之際紀事詩弁言

今日之亂爲從古所未有其民心之昏迷狂妄亦從古所未聞苟有一二不迷不狂者則必受羣衆之指摘使其故作違心之論以同流於萬惡而後已其尤骨鯁或巽懦者則鉗口結舌默焉而止耳若毅然能爲人所不敢言之言以與世相忤且形之詩歌侃侃而無所忌者環顧今日我見亦罕矣老友葛梅艇先生以當湖之畫師寫杜陵之詩史與余各以避亂在滬得時相過從去歲之冬出所爲丁戊之際紀事詩一卷見示詩皆信筆疾書不沾沾求工於字句要之其中撫時感事諸什不啻懸明鏡以照妖邪發大聲而振聾聵余固嫉

世而默焉者讀梅艇詩既喜其膽識之鉅又不能不爲之痛哭而浮數大白也己卯四月金山高燮

袁氏命譜序

鎮江袁君樹珊以醫卜世其家而尤精於五行術數之學聲譽滿大江南北意其爲人必昂然自負不可一世者今年秋與余相遇於滬上挹其貌則謙和軒爽聆其所論則經經緯史粹然一本於儒者蓋絶非術數家流也旣而讀其所著卜筮星相學等數種皆宏博有理致原原本本殫見洽聞益心欽異之今又出其近著一書上始周秦下迄清季自孔子以下聖賢仙佛帝后將相以及神奸巨憝乞兒寒畯共得百造各附略歷論斷及詩文簡牘之類名曰命譜將印以行世而屬序於余夫命之理微矣易曰窮理盡性以至於命是則理

之未能窮性之未能盡而欲遽至於命未易言也論語以命爲子所罕言然而死生有命道之行廢爲命與不知命爲非君子孔子固屢自言者蓋皆由於窮理盡性而發者也其與人罕言者蓋恐窮盡之不易至而有誤夫命者也不然吾生不有命在天爲紂之所以亡此豈有異於死生有命之說哉左傳劉康公曰民受天地之中以生爲命是以有動作禮義威儀之節以定命我竊思之所謂民受天地之中以生者乃天命之性之當盡者也所謂有動作禮義威儀之節者乃率性之理之當窮者也夫不以吉凶禍福之遇於外者爲命而以天地之中之受於生者爲命故曰進以禮退以義得之不

得曰有命又曰修身以俟之所以立命又曰莫非命也順受其正知命者不立乎巖牆之下而以盡其道而死者爲正命此皆說命之精言無可議者惟我以爲從古之言命者皆爲生之命而尚未及夫死之命也人之生也有盡而性則無盡身有生死而性無生死故我謂自今以後人鬼之途大通斯性命之學宜變凡究心命理者不但當詳稽夫生前並當力推夫死後夫生死者事之至渺小者也故言命而僅以生爲限者宜其貪生惡死吉凶禍福之見常憧擾於中人心遂日趨汚下而不可救也以孔子之至聖若推究其壽而祇及於區區七十三年者眞不足與言命已觀其譜曰孔子之壽直

億萬斯年也豈尋常之寢疾而終哉我謂是理也不特孔子爲然凡非常之人苟其性不與生而俱盡者皆當以此類推也嗚呼知此意也乃可以讀袁氏之書矣己卯歲不盡五日金山高燮

悼紅集序

張子石鈞喪其女紅潔痛之甚爲哭女之詩若文都如干首附以戚友慰唁之言名悼紅集一卷示余而屬爲序嗟乎余亦安能序此集哉憶歲甲寅余殤幼子豐豐之生纔七歲耳而我以逾分之哀成哭兒文數千言並集海内友朋諸作爲傷曇錄行世越二十餘年而幼女韻芬年一十有九賢孝好學垂嫁而亡摧肝裂肺益無以喻我痛也即友朋挽弔之作亦數倍於豐殤之時也然而余未嘗輯爲一編者則以女之死實如未死其始則女恐余之過情故每爲勸譬而有以解之其繼則又恐余之無俚故每爲吟詠而有以娛之今則屏

絶萬緣一空諸相得成正果上升天界矣三年以來苟一懷思而應念即至憑乩相語無一不眞余載於日記逹數十萬言讀者驚爲異事而余已視爲固然故他人輓弔之作舉不足以見吾女皆可以無庸者也今觀石鈞之記其女其孝思穎悟慈祥愷悌之情何其甚似我兒與我女豈生具是根性者有不宜於今之世乎是以天既生之而又遽奪之石鈞於痛女之餘頗致憾於醫者之藥誤殆亦未然石鈞又言其夫人一日確見其女立於案旁毫髮畢現則其女之孝慧死後靈魂不昧可知靈既不昧則願其父母之能善遣而無傷於懷亦可知也至集中石鈞諸詩文無一不眞痛切摯已能傳

其女而有餘然我有進焉語曰太上忘情未必其果忘也惟情之至者能深明乎生死之故故人視爲若忘耳石鈞至情人也余因廣其意而序之庚辰二月吹萬居士

吹萬樓文集　卷三

樸學齋叢書序

涇縣胡氏本著述世家也余於三十年前先後得交樸安寄塵二君於海上蓋昆仲也而體貌絕異寄塵清癯鶴立出言幽細如好女樸安則氣宇軒昂面黧黑而神采奕奕其飭於行而富於學則同余伏處里門不常來海上來則必與樸安相晤娓娓談竟日別後復馳書論學窮究事理甚樂也寄塵尤靜退數十年來不能多相見歲丁丑之冬余以避難倉皇止逆旅一日者忽聞寄塵以病卒矣悲夫寄塵之齒少於余而樸安與余齊年年六十餘矣雖修髯拂腹而精神興會不稍衰能飲能舞劍能詩能文能講學自朝至暮無片刻暇余

不逮遠甚也乃去歲以腦溢血病廢致不良於行一室獨居書城坐擁無以展其抱則發憤擬盡刊其平生所著書而先以上世祖父兄及弟寄塵女漳平諸人之作凡若干種爲樸學齋叢書而屬序於余余維家集之盛爰自唐宋聯珠花萼史志所載尚已顧維今之人大抵數典之念都忘誦芬之情不摯上世即有著述誰復措意於斯矧自近歲干戈雲擾劫火頻經文獻留遺淪亡殆盡而樸安居滬上篤於孝友藏書滿家先澤之存一無所損因得藉手以竟此書誠可謂難能者矣寄塵遺著至富此編所輯雖已及十餘種而未刊者尚多余在當時皆未之獲見也漳平女史本以畫著稱猶憶往

歲辛酉之夏余遊黃山歸樸安命其女作黃山看雲圖巨幅爲贈余以張諸山廬之袖海堂奇峰壁立雲氣迷漫淋漓大筆見者皆驚爲老畫師而不知女史時方及笄耳今時閱二十年而女史已久成宿草余以遭亂流離故居長物蕩盡女史此畫亦已無存余故讀其南香畫語詩鈔諸作不覺慨然而興世變滄桑人微風遠之歎也夫庚辰八月金山高燮序

跋爭坐位帖

此爲吾邑冉里村人卓如蔣叟舊藏之物曩年姚生石子得之蔣叟在淸季負書名頗重而其書自謂得力於爭坐位然縱橫排奡不求形似非自言之則莫能識其從出也是帖古色紛綸神光鬱然知其摩挲於是者深矣蔣于石跋語迻書禪室所藏坐位帖今藏胡氏寄鶴軒中胡鼻山師定爲宋拓本是帖較胡氏所藏尤爲淸楚誠善本也云云余觀是帖通體完好絶無漫漶而墨色光靜穆惟觀帖者不當但觀其字之淸楚爲斷嘗見莫廷韓藏本稱宋拓爭坐位帖其字之淸楚不如此帖遠甚而細審數處遒勁圓潤實出是帖之上因

知是帖實爲重刻本之最佳者非悉心校讀不能察也丙寅四月十二日高燮題

跋張叔未批校唐七律選

右唐七律選四卷爲清儀老人手批校自首至尾一字不茍始老人後裔藏之百餘年矣余好老人書時用訪問近偶言於海鹽談生夢石夢石曰生娶於張卽老人之玄孫女也老人家富收藏卽其自書之品當時亦最多今則淩夷衰微如雲煙之四散惟老人手寫雜著稿本一册立軸一幀及此書尚存我妻毋處方思持此易米爲養老計此外則無有矣未幾遂將此數者一一見寄且曰願厚酬之亦恤貧意也余力不能並蓄念姚甥石子亦同嗜老人書者因卽舉其二讓之余得稿本石子得此書與立軸旋夢石書來曰物貴得所今

老人遺墨幸歸諸師與姚君可謂能得所矣石子裝拓此書竟余爲書其語以志因緣丙寅立秋節高燮謹跋

跋董書金剛經塔拓本

此金剛經塔爲董文敏書萬歷己亥陸文定等施刻原石在雲間董祠內欲拓者須商諸董氏後人乃可得余曩嘗購拓數紙藏於家有清嘉慶元年翁覃溪亦書有同樣之經塔咸豐八年刻於漢陽葉氏其精足與此刻埒往年南陵徐隨庵贈我一紙與董書同觀歎爲雙絶按萬歷己亥爲明神宗二十七年至今三百三十餘年石尚完好實爲吾郡石刻中最精之品此幀乃潮陽陳君蒙安於二年前得於滬上審係舊拓較之鄙藏拓本尤覺古香可愛陳君其善保之辛未七月金山高燮識

雲麾碑跋

余平生所見雲麾碑有羅原覺本即吳荷屋藏本端匋齋本即王弇州藏本趙聲伯本即吳清卿藏本及陸廉夫藏本數種其陸氏所藏乃爲近拓故缺字最多可不論若端趙兩本久稱於時而趙本存字九百二十七端本存字九百七十吳摯甫劉鐵雲楊惺吾諸跋皆極推許定爲宋拓羅本神采尤異存字一千一十有八出端趙二本上以爲海內決無第二本矣去歲里中何君旭如出所藏雲麾碑屬爲勘定余細審之有數疑焉昔人稱李思訓碑以瘦本爲善而此本所拓字皆腴潤不類端趙羅諸本之勁細一也清儀老人題跋稱此碑有并序二字者爲宋

拓葉鞠裳語石稱碑末有楚厚追刻四字者當在并序二字未損本以前而此本諸字皆完善無缺且端趙羅諸本之字最多不過一千一十有餘而此本乃至一千七十有四字若以字之存數考之必當在一千年以上安所得此原拓二也李書大抵於縱逸中見峻折而此本沖和遒媚姿態之佳殊所僅見而風骨則稍遜矣三也且有數字用筆與舊本略異即首處并序二字亦與舊本寫法不同凡此皆爲致疑之處或爲後人用宋初舊拓所翻刻較之新拓實勝萬萬眞可貴之本也

竹垞老人聯跋

此竹垞老人隸書聯其下端原有丁亥九月望後十日竹垞朱彝尊集句數字及秦敦夫編修跋一則惜爲妄人剜補塗描至不成體段俞君訒盦客桂林得之毅然將下端一并截去重加裝背雖已無題款仍望而知爲老人書也按丁亥爲康熙四十六年時老人年七十九矣曩者儆藏亦有老人隸書小聯余彌甥朱履仁築別墅於西湖之上余名之曰小曝書亭因卽舉以贈之老人書固不多見余觀此聯較之余昔年所贈履仁之聯尤秀硬可愛宜秦跋歎爲老人晚年傑作也訒盦其善保之乙亥七日吹萬居士識

跋董宗伯自書詩冊

履仁彌甥所藏董宗伯自書詩冊飛行絶跡已臻化境而不署年月後有靑宫太保之章程易疇廣文以宗伯於崇禎甲戌加太子太保因斷爲八十一歲後所作其言㮣矣余於昔歲春間徐君行可見贈董書長卷眞跡與少傅挹齋先生者亦無年月攷挹齋爲宜興周玉繩別字見葛萬里別號録其官少傅史傳失載其加太子太保則在崇禎三年二月引疾乞歸則在六年六月董宗伯乃以崇禎四年復故官禮部尙書居三年乞休致仕又二年卒年八十有三卷中所稱挹齋先生東山之志始終不渝其昌亦出春明有日矣云云計其

時當爲崇禎六年宗伯亦已八十歲矣所書較此詩冊尤精
乃於今春五月間與藏書三十萬卷同時被暴軍刼載以去
而邑里朱氏履仁所藏之冊幸得無恙碩果僅存愈可寶貴
出以囑題爲憶記數語於此以誌余之痛惜戊寅大雪節吹
萬居士書於滬上格簃

陸辛齋先生遺墨跋尾

右字冊計十七紙爲海甯陸辛齋手書自作詩及詩話一則皆零星掇存之品先生名嘉淑字冰修辛齋其別號也生當有清之初爲明季遺民工詩與朱竹垞宋荔裳邵青門諸人都有酬唱篇什之富不下萬首而窮老以諸生終詩集亦未授梓後其女夫查初白自刻敬業堂集獨不爲此翁刻集殆以其詩有忌諱故耶道光中別下齋主人蔣生沐輯其詩爲辛齋遺稿二十卷刻竣未印行而板即焚燬其樣本之流傳於世者我所知僅二部一藏平湖葛氏傳樸堂一藏其邑人陳乃乾處葛陳二君皆爲我友各相矜異以爲天下無第三

本矣往歲亂事作葛氏藏書盡成灰燼而此集僅存乃乾處一部而已乃乾居滬上嘗詳攷先生出處事蹟爲辛齋年譜三卷書成而滬戰起遂不能付印翌年戊寅復得此遺墨則大喜以爲神助晤余於逆旅遽掞以見示屬題一言時拙藏書方遭匪軍之豪劫珍籍孤本喪失無餘興會之惡幾不欲問此等事置斯冊於案頭行一年矣今始出觀覺此心怦怦動竊念乃乾於先生既藏其集成爲絶無僅有之物即先生遺墨亦世不多見吾友杭州丁鶴廬所藏鄉邦文獻遺墨甲於浙中亦未有先生手跡而乃乾於無意中獲此異寶不可謂非精誠之至故得有此奇遇也然則他日先生遺集與年

譜之流傳必有望於乃乾矣因書以俟之己卯十一月吹萬居士高燮識

吹萬樓文集卷五

吹萬樓文集卷六

金山高燮寒隱

金山縣修志體例

古者外史掌四方之志列國之事各有專書是以一代之史必合各國之史而可成魯人所謂周人御書晉人所謂辛有之二子董之於是乎有董史是也後世封建之制雖廢然典章文物無時無地不足攷徵以今之方志擬於古之國史未嘗少異特未能設志科於平時而僻邑小邦又少留心掌故之輩乃每閱數十年始一爲搜輯此鈌漏之所以多也金山偏處海濱分縣於有清雍正四年至乾隆十六年創立縣志

其後曾重修於光緒四年自茲以迄清季三十餘年今入民國又七年矣政體既更文獻將佚邇者省中方有修輯通志之舉因飭各縣一律興修縣志我邑士紳爰邀縣令集議籌辦不佞學疏資淺謬被公推旋奉知事懷甯詹公委主編纂遲之數月憚不敢任而催責愈嚴勢難推諉不得已謹草擬志目以待商搉定妥分任進行先結束於有清之季次斷載于成書之年但期條貫足備遺忘若論史裁敢云具體

一本縣縣志共有二書前有焦以敬之創始後有黃厚本之

重修焦志分三十類自圖經而外爲建置星野疆域山水

城池公署職官秩祀學校田賦倉穀鹽政兵防海塘水利

名宦科目人物封蔭坊表第宅墳墓橋梁古蹟寺觀風俗物産祥異兵燹遺事藝文黄志用錢熙泰私家稿例列表四爲沿革疆域職官選舉列志八爲山川建置賦役名蹟學校藝文武備志餘列傳十二爲名宦仕績儒林文苑孝友忠節義行隱逸藝術游寓方外列女竊觀兩志分類及所隸諸目似宜稍加移易蓋時勢既殊本有不能不酌爲增損者今兹所擬爲類十有五爲目九十有餘目之下又有子目焉而圖表則散列於篇夫志者記也所以記其一邑之地理政治掌故文獻也無論其若圖若表若傳皆記載之事也故全書諸類統名爲志

一志首例冠圖經厠於序目易等弁髦茲擬稍變其體分系於各門中如關於輿地者入輿地門關於水利者入水利門以便參閱至所列各圖宜詳測精繪並用石印開方計里色別分識不限紙幅俾按圖攷索可以一覽了然

一焦志建置一門實爲縣境歷代之沿革而疆域山水各自爲門（黃志亦分疆域表山川志）要皆輿地之屬也茲特設輿地一門而以沿革疆域山水風土四目統入之（黃志列風俗於志餘）至星野之說自古有之近者步天之學日明知星者確能實測而得惟災祥之應則未必然耳焦志特立爲類而分度未經攷准黃志缺之今擬載見於疆域之首而不另標目

一城池官署橋梁集志皆各自爲門而市鎮村莊則入疆域黄志入橋梁津渡於山川志而市鎮則附見於鄉保區圖之表竊謂建置者建而置之也凡人工所成之制皆可爲建置故今將以上諸目悉隸建置一門

一古今宫室異宜朱子註儀禮釋宫以爲不得其制則儀節度數無所附着建章宫千門萬戸張華能歷舉其名鄭樵以爲觀圖之效而非讀書之效是則建置之圖所關誠重集黄兩志皆有縣署圖黄志更有書院圖其意善矣惟竊以爲若在都城省會之區營建鉅麗敘述難明佐之以圖自可攷見制度至於僻邑其官署書院之類即略具規模

亦數言可紀故今於此類概不列圖

一焦志海塘水利各自爲門黃志入水利於山川志此編既以山水隸輿地門矣今水利又特立爲門者蓋重在水之利而非徒詳載其水而已夫清流潮流通塞關焉原委變遷地勢係焉爲規劃全邑之水利豈可視爲緩圖哉故條論附之

一焦志有田賦門顧賦稅不僅出於田也黃志易爲賦役顧役法已不行於今但著其名於目可也茲名財賦將鹽法積貯統入之焦志倉穀鹽法各自爲門今從黃志例而增以自治經費

一焦黃兩志皆立學校一門但昔所謂學校乃文廟學田及

義塾之類也黃志增書院按焦志時尚未有書院又以名宦鄉賢忠義節孝諸祠暨土地祠文昌閣等均入之自科舉既廢教育大興義塾學田書院悉併合於學堂而教育之事以盛今定名爲教育志首義塾次書院所以存古制次學堂其各級之編設學生之畢業宜加詳焉教育會勸學所亦以次載之至文廟及其他諸祠則另有祠祀志在

一焦志之兵防黃志之武備其例同也自新政頒行以後軍制大更而警察之設可以弭亂於平時實足補軍事之不逮故今以軍警題於篇煙禁亦新政之大者以類附焉

一實業名篇前志未有焦志列物產門黃志僅列物產於志

餘而農工商各業則均無記載也十餘年來商會農會次第設立民之趨向亦漸知進於實業矣夫實業固不外農工商三端而欲興實業必先注重其土地之物產非僅資多識之用而已周禮大司徒之職辨土地之物生山師川師各掌其山林川澤之名辨其物與其利害頒之邦國則知古人之於物產也調查之法靡不周陳列之法靡不備今茲所輯宜先將各種物產皆得諸目驗一一考證詳確然後著之如更能物各爲圖並係以說尤爲完美賽會爲鼓舞實業之一助故并列於目

一地方之進化恆視交通之便利以爲衡金山僻處濱海爲

鐵路所未經然自內地設立郵政行駛小輪以後交通亦日便且各鎮快船開往於火車通行之處近者十餘里遠者亦不過五六十里耳衛城曾設軍用電報今雖已廢亦不可不著

一 焦志有秩祀寺觀兩類黃志無之故入各祠於學校入寺觀於建置矣今擬定爲祠祀首文廟次祠典次雜祀皆最錄舊志新者增之改設者記之而寺觀教堂不宜與爲並列者附之

一 焦志列坊表第宅墳墓古蹟諸門黃志則統古蹟第宅園林坊表塚墓爲名蹟志其體甚合今從之但易塚墓爲祠

墓而不列義塚（黃志尚有義塚一目）間附攝影可以生望古之思

一志之有藝文尚矣焦志雜載詩文實乖史志之例黃志以四部分列衹錄書目並載金石於義備矣今悉遵其體依次照錄其書之得見者當節其序例補綴大要續載者亦如之更擬搜輯金山文徵一書與此志同刊相輔並行其文徵之搜輯當另發大凡

一方志之有職官例宜用表體其不用表體者章學誠氏嘗譏之惟表有可以經緯者亦有不可以經緯者黃志之修在兵燹之後冊籍無存不特年月里居間有不備即姓氏亦有無可稽者近當辛亥革政之際冊籍復散今若統編

表式則失考者類多無格可歸若或表或否又不免自亂其例故此之所紀仍分類而縱列之亦權宜也云耳

一選舉亦表體也今職官門既不以旁行斜上之法載之此門不當獨異惟志家所分選舉諸目率以進士冠首而舉貢以次編於後於是一人之由貢獲舉而成進士者先見進士科年其入貢年甲必搜至後來而始見於事爲倒置今兹所列首貢生次舉人次進士其舊時欽賜科第以及近今出洋學生之考取科舉名目者統歸本類而武科薦辟封贈襲蔭旌奬仕進諸目以次列之議員一項合以選舉名稱尤允故并載焉

一此編所志職官選舉兩門雖不用旁行斜上之式而祗著題名歷官歲月與科舉甲庚實與表例無大差異有名列於此兩門而人物門中更爲立傳者乃各爲體例亦無庸於職官選舉題名之下更註有傳二字推之其他門目既條分而類別矣所有此云詳見某項彼云已列某處等字樣一律不用

一方志之有人物志其人物二字前人或有斥爲不詞然觀唐書藝文志所著錄有江敞陳留人物志復有陽休之幽州古今人物志則名稱已古更易實難自當仍之而此類之色目每不相同亦有須費研求者以人物爲綱而名宦

鄉賢流寓標分爲目其例蓋創於元明之一統志章學誠氏以爲敘次名宦不可與鄉賢同列非特主客異形抑亦詳略殊體長吏官於斯土取其有以作此一方興利除弊即當尸而祝之否則學類顔曾行同連惠於縣何補志筆不能越境而書如其未仕之前鄉評未允去官之後晚節不終苟爲一時循良便紀一方善政吳起殺妻而效奏西河於志不當追既往也黃霸爲相而譽減穎川於志不逆其將來也以政爲重而他事皆在所輕豈與斯土之人原始要終而編爲列傳者可同其體制歟其說至精然竊以爲此不過敘述之法不同耳而乃以名宦之不可收於人

物是亦大執惟人物既爲分目則名宦鄉賢流寓數者必不足以盡其品要當酌爲增列者也夫一邑之志當以本邑之人爲主故茲編所載首鄉賢凡有功績於斯世及著德澤於一方者入之（焦黄兩志皆有仕績一項爲本邑人之出仕者今不用）次儒林凡窮經學道行冠一鄉者入之次孝友凡克盡庸行見稱於宗族鄉黨者入之次節義凡捍衞地方臨難不苟者入之次文學凡斌斌著述風雅有文者入之次武功凡卓犖勇毅戰績可紀者入之次高隱凡懷清履潔蕭然不仕者入之次獨行凡孤行絶世者入之次藝術凡專門名家者入之以上色目皆就本邑而言也次名宦凡官斯土者果

能有益於民生方可列之於紀載次賓師此目爲志家所未有如向時書院之山長家塾之業師文會之社師果能有益於本邑之學風亦當永諸記載者也次游寓凡遷客騷人裙屐所經山水生色卽幕僚之賢能行商之幹略皆當入之次列女凡婦女之以節烈名者乃處境之變而非事之常也近世志乘述列女一類往往專重節烈而賢淑才慧轉爲末附者夫次才慧於後猶之可也賢淑實爲婦人之全德茲之所列以此爲首而節孝及貞烈次之才慧又次之惟婦人守節恆限年例茲之所采苟遇窮鄉僻壤子孫困於無力者但當覈其確眞不必定拘嚴格蓋此日

或於年例稍有參差不予表彰恐更閲數十年後此修志或有遺漏之虞也至旌典之已邀與否尤可不論矣高僧羽流苟有足稱亦當記載故以方外殿焉

一志之終篇錄雜志一門何也觀晉書之有載記五代史之有附錄蓋廣搜之餘例以義起期於無遺而已故街談巷議亦采風所不廢雖非史體之重亦難遽爲刊落零星記之曰祥異曰軼事盡之矣

志目一

輿地志

沿革　附縣境歷代沿革圖

志目二

志目三

志目四

志目五

勸學所

志目六

軍警志

兵制

防汛

水師

徵兵

團防

兵事

警察

志目九

寺觀　教堂附

志目十

名蹟志

古蹟　附攝影

坊表

第宅　附攝影

園林　附攝影

祠墓　附攝影

志目十一

藝文志

志目十二

志目十三

選舉志

貢生

舉人

進士

武科

薦辟

封贈

襲廕

旌獎

仕進

議員　諮議局議員　城鎮鄉議員

志目十四

人物志

鄉賢

儒林

孝友

節義

文學

武功

高隱

獨行

藝術

名宦

賓師

游寓

列女　賢淑　節孝　貞烈　才慧

方外

志目十五

雜志

祥異

軼事

採訪細則

一金山縣修志局依本縣分自治區八區設采訪員共二十人市區每四人鄉區每二人專任采訪事宜

一采訪員每人發采訪冊兩冊及志例一本須按照本細則分別採訪錄入於冊冊面塡寫本採訪人姓名開會時須帶至本局公同閱看

一採訪事實應自光緒元年及四年起（按黃志修於光緒四年而所載人物止同治十三年惟職官選舉題名暨貞節婦女悉以光緒三年爲止）至宣統三年爲一結束倘

有在光緒元年以前爲舊志所漏列者苟爲採訪所及亦當并著

一民國紀元以來亦一并採訪惟須另冊分門紀載

一金山疆域雖自分縣以來至今並無并分更隸等情而清季所分自治區及學區其四至里數以及各區先後之改變宜會同繪圖員詳爲紀載

一城池官署市鎮村莊橋梁津渡倉庫善堂公所等項自光緒三年以後宜查其有無改變添設其地點處所修造年月現在存廢公建私設均須分別註明

一自光緒三年以後海塘有無衝壞海潮有無變異凡經修

築者幾次取土挖廢田畝若干宜摘抄案件備攷其水道之原委（即來源去路）淺深（如某河某段與某段淺深均有不同）清濁（無潮流者爲清水有者爲濁水）分合（如此處爲分流至彼處爲合流或本邑爲分流至他邑爲合流）變遷（如前爲大河今已成小河曩爲小河今漸成大河或前有河今不復成河形）之種種以及開濬之始末經費之籌劃人工之分派均須調查成案詳細錄入前人名論亦宜幷採

一田畝應將徵糧項下折糧項下全邑實在畝數分別保區圖圩詳記之賦額亦分徵糧折糧上中下三鄉記其完納米銀之數與科則及耗羨等名稱解支應分本色折色記其起解色項及存留支給自頒行新政以後有無變易當

詳查官冊備錄之蠲緩應記豁免減賦緩徵等事戶口總
數前清應依據宣統三年民國應依據最近清冊役法之
存於今者惟保正租差等類耳應略記其充當及承辦情
形關榷應查載其設卡徵收之狀況章程雜稅如牙行稅
典稅田房稅以及近來推行之菸酒稅印花稅等皆是而
稅率如房捐茶捐等亦當并記惟用途如地方國家宜分
別表出治鹽無善法數十年以來鹽斤節次加價鹽法亦
屢變矣今宜多採成案之足資攷鏡者著之積貯善政也
不當忽之今宜最錄舊志而著其實在數目自治經費爲
行新政之基當先采著各項自治籌備情形及議案並詳

其經費之用途決算之概略

一自興學以來邑中各義塾或改爲學堂或將義塾經費撥歸學費又書院之改爲學堂及將書院田畝充作學堂經費其一切源流案牘均應詳查記之

一學堂宜別其官公私立及名稱等級經費地點與夫剏建官民姓氏年月或後已停止教育會勸學所須查創辦年月章程地址經費之取給及選舉年限職員名目姓氏皆當詳徵案牘博採無遺

一兵制宜詳官營之有無裁改兵額餉項之有無增損防汎宜查其界址員額及其變遷水師宜記飛划哨巡之概略

徵兵宜載其邑之應徵名數及其情形團防宜採著其制及有成效者記之兵事宜專記本邑歷來關於用兵之事警察宜詳記警區及警務員名額章程經費之類煙禁宜記其查煙方法及罰則

一農會商會應調查其章程職權成立年月地址經費歷屆會長暨會員人數以及農商業各項種種狀況工作品應記其改良之成績物產宜詳其種類名稱出產數及其枝葉花實之狀態播種收採之方法而棉稻兩項爲邑境出產大宗蠶桑之業近來亦漸發達均當詳加注意如有經驗良法名言不妨博采清季曾舉行物產賽會亦宜查載

其梗概
一道路宜查其各市鄉距離里數航路宜查其小輪或快船之開行而小輪宜查其公司名稱由某處駛行某某等處經過某某等處及其營業歇業之年月快船宜查其船式之變更船數之增減暨某處某處船隻往來人數之多寡郵政宜查其設立年月局所地點郵遞逐年出入之比較民局宜查其始於何日及今昔情形之大概宜參看商榷書電報宜查某處通接某處暨設立及廢止年月
一文廟宜查其先後祀孔典禮之如何所有文廟各祠如有興廢及變更均應詳錄遇修建文廟之舉亦宜查明年月

記之祠典雜祀與舊志已更變者記之新立者記之若有碑文宜并採錄

一寺觀須註明地址分別敕建公建私人施捨及現今之存廢倘有附設機關或改作別項公共事業如學堂警局之類并當詳記教堂須分別天主耶穌註明地址及創立年月如係租屋亦當註明並調查其信徒之人數盛衰之現狀如有附設學堂醫院等類亦當并載

一採訪名蹟時如遇有古蹟第宅園林名人祠墓之足觀者應爲攝影並當註明地址事實倘有碑記題詠圖卷石碣翁仲等類皆當采記本邑古蹟甚少即樹木之有名者亦

當攝影記之坊表須將起造年月旌表姓氏及地點所在一并詳載

一藝文所分經史子集四類其已載於舊志者當攷其存佚其存者當依四庫全書提要之例采取要旨錄其序跋著其纂輯之姓名及書之卷數何人何時所刊或未刊鈔本皆當一一註明其自光緒以來之著述未見於舊志者採訪所得均宜將稿本送局當由局掣付收條將來憑條還書如係珍貴稿本須約日取還者亦可遵期繳去已刻未刻一律并採金石之存者無論漫漶廢鈌宜令拓工拓出備攷其無文字者可用攝影或昔存今燬者須記其略

一此次修志尙擬搜集金山文徵一書文徵之選分文詩詞三類所採不限本邑篇數不厭零星略如本邑人之作以文字之優美爲主苟其人已非生存卽各體皆當鈔錄而關於邑之記事闡幽者雖在生存亦宜幷採若非本邑人之作則專以本邑之掌故爲主無論昔人今人一律採取夫文徵與志本爲兩書俟選輯時更當詳定凡例而及今同事採訪尤爲簡捷耳

一職官宜自光緒三年以後査其俸給之有無變更官職之有無裁併暨文武兩職姓名籍貫出身到任及去任年月與夫實授署理兼理代理復任調升何處等皆當註明自

入民國官制改變尤多當依此式別冊詳紀

一貢生舉人進士武科薦辟按本邑薦辟祇孝廉方正一項與科目無異須查載其姓名年甲爲本邑某處人而止無庸多註他事惟其人或本姓某或向隸某籍後遷某地或初名某後改某等類應一并敘之

一封贈應於姓名下注以子若孫某某封贈某官銜襲蔭應於姓名下註依照祖若父某官因何事死得蔭某官銜旌獎應於姓名下註何年月得旌何項名目因何事由得奬何種匾額仕進應於姓名下註何人論薦何項徵辟以何出身報捐何官亦無庸記及他事

一議員一項編纂時應與選舉門上列各項分卷此項採訪時當先查諮議局城鎮鄉議會各種選舉章程然後將各議員姓名年度分別照錄總董董事附之辛亥以後分目當依民國制

一人物類之搜載其例已見於商搉書採訪之法亦當照此惟論定人物須俟蓋棺故生存者例不著錄今茲所采前以没於清代者爲斷民國以來當以没於成書之先者爲斷而列女條下之節孝貞烈兩項可不拘此例人物各項均須載明事實有著述詩文者亦須兼採名宦宜詳記在本邑政蹟倘有行狀家傳墓誌銘等當一律搜採即婦女

之節孝貞烈亦須敘其事實不當僅記某氏了之如爲某人之女某人之妻某人之母或現存或已故年若干歲本邑某處人及已旌未旌均當詳載

一雜誌之祥異如豐年大有人壽百歲及大水大旱大疫螟蝗害稼颶風傷物雨雹地震海溢人妖物異之類自光緒三年以後有則記之軼事如父老傳述或前輩筆記中所言或近得諸聞見有事近瑣屑而足資傳誦者無妨一一采訪以備載錄

一採訪員如有他人交來之稿須請記稿人署名如僅據口頭報告者須附記報告者姓名以便調查

一各採訪員須每一二月由本局定期開會一次討論一切蒐集方法並報告經歷情形俾得集思廣益共收尅日程功之效采訪時如有疑義亦得通函商榷

編纂細則

一編纂事宜由各編纂員公同商定分任著手

一縣志全書卷數須視材料之多寡不能預計擬俟編纂脫稿時定之

一編纂材料自清光緒初元以前則以舊志爲根據自光緒初元至宣統三年革政爲止則以采訪所得爲根據其應援據成案者當由本局開具事類呈報縣署調集檔卷查

閱

一民國元年以後之事另編紀載其調查檔案亦同

一如有光緒四年以前事實爲舊志所漏列者苟爲采訪所得亦當補載

一編纂員核閱采訪冊或認有疑義者得由編纂員自行實地覆查之

一人物類采訪所得其應立傳與否應由各編纂會同公議即所分邑目亦得互商定之

一編纂員應各認定門類將舊志及采訪稿依今定體例修輯彙總成書

一志載各圖均由繪圖員實地測繪俟全書告成分別加入

一編纂時或有一事可隸二類或二類以上者當審其主要專載一處無庸并錄

一本細則如有窒礙難行之處得由各編纂員隨時修改

按本縣修志雖歷多年迄難集稿今世變至此恐無成書之時余所擬體例及採訪編纂細則亦略費苦心姑存於此以備他日參攷己卯八月自記

吹萬樓文集卷六

金山高　燮寒隱

寒隱社小啟

在昔步兵一去空山久無哭聲玉田云亡西湖猶生清響蓋懷抱別具靈臺蘊鬱積之奇高尚是耽衡門樂棲遲之雅日暮途遠不見古人雨晦風淒爰思君子殘宵耿耿秋燈煮其夢魂落葉蕭蕭寒蟲助余歎息邈來明月步出空庭遠籟微聞百感交集俯仰身世嗟秉性之寡諧陶寫平生拾墜歡而邈若況今者天方薦瘥士爭媚俗狂風飇起儼如疫癘中人異說朋興等似塵囂撲面而走也偶同混俗頗異酸鹹土木

形骸樊籠毛羽撫孤琴而惆悵獨寐寤言褰芳杜以沉吟湛然自守夫生既無益於時死願罔聞於後春風無主覺逃者之自愉秋雨索居悟浮生之靡樂因思約素心而數晨夕結勝侶以賞芬馨南山當窗望古而歎西風滿野吾道其孤倘有守雌癖士抱拙迂儒甘落寞於窮鄉課微茫於暗室擬評松菊呼五柳以相隨同理弦歌招兩生而偕隱果能遯世无悶盍與把臂入林乎是故攄懷舊之蓄念聊當加餐發潛德之幽光不求聞達觀乎斯世之識時多俊不妨隱豹深藏怪乎熱客之謀國偏長無甯寒蟬自況士各有志平居可共舒其情獨善亦佳標榜原爲我所恥夫出谷鳥鳴猶知求友忘

機鷗泛亦解呼羣披薜荔而風木冥冥山鬼疑笑溯蒹葭而煙波渺渺伊人可懷羌苟聞聲以相思則走亦願引爲同調孤雲宛在倘毋金玉爾音清泉要盟敢忝瓊琚之好敬啟已

酉七日

國學商兌會小啟

在昔秦政焚燒六經尚存孔壁漢武罷黜百家猶在人間故有入泉出天之精誠卽爲古聖先民所呵護學之不講古義奚知辨有未精大道斯隱自匡劉以大儒而附僞莽絶不來君子之誅吳許以道學而仕胡元反得享太牢之奉蓋人心之盡死皆由學術之不明矣夫國而無學國將立亡學鮮眞知學又奚益況凡今之人不尚有舊視典籍如苴土淪墳索於草萊戸肆蟹行之文家習象胥之籍倚席而講匪博士之才抱經以行喪宿儒之業見披髮而祭野辛有所以興悲作胡語以罵人表聖因而致痛爰立斯會冀挽頹波非敢强人

以從同聊繫絕學於一綫空山落寞精義以闡發而益深斗室沈吟玄諦因推敲而愈顯孤證妙解必使切理而饜心觸類旁通亦不逞奇而眩異邦人諸友凡百君子如有樂乎此者取望貽我佩玖同歌邱中有麻與子偕行共采中原之菽

民國紀元三月日敬啟

請省會提議修江蘇通志並各縣縣志案書

志者史之權輿也語曰十步之內必有芳草十室之邑必有忠信而孟子亦謂友善始於一鄉是以入境問俗掌故能嫺具體而微雖小必備而況推而至於一縣更推而至於一省而可記載久缺乎嘗攷周禮外史掌四方之志鄭註釋之曰若晉乘楚檮杌之類是則古者各國志乘咸有專書而皆有官以守其職故司會以志書籍司書以志政令黨正閭胥以志人物誦訓以志民風小史以志氏族形方氏山師川師原師以志輿地大司徒以志物產更重之以太師之陳輶軒之采雖至僻遠之區尤必纖悉靡漏可知周家之治天下設官

分職無一而無記載而記載又無一時一地而或遺古人於志乘之事如是其重者無他蓋以一代之史必當合各邦之所記而成且保土念深則愛國情切也後世省邑之志卽可擬於古之國史然而往往掇拾鮮精言無典要而史臣無識又不加注意是以各自爲書體例互異自來志乘所紀大抵與國史多不相干此則由於載筆者之陋而有失古之意矣自清祚既亡政體之變更爲伊古以來所未有凡百事爲皆待整理邇者史館諸人方擬編輯清史誠爲今日當務之急然愚以爲欲輯一代之史而不從省邑志乘著手則雖極美善終屬缺而不完質言之則但可爲帝王之家譜而不得爲

一國之良史此亦史家之通病也孔子作春秋必取資於百二十國寶書然則世苟有閎識君子而操史筆將不於各省邑之志乘是賴而誰賴乎我江南通志之修輯於今已百六十年迄未有江蘇通志若各郡縣志乘失修者或數十年或百餘年不等其識時之士每好博通重譯侈口談瀛而鄉邦文獻之傳轉多置而不講殆所謂數典而忘祖者歟今擬請爲提議從速開局公舉編纂若干人修輯江蘇通志並妥定體例即由通志總局頒布各縣令同時各舉編纂修輯縣志並一律遵用所頒體例不得過相懸殊修輯定後乃上其書於總局即可供通志之采擇如是則有條不紊按籍可稽豈

不成志乘之大觀而可備將來國史之所取衷也哉嗟乎此百年數十年之間學士大夫不能稍置手眼於閒冷之地其典章文物之大湮没而失傳者已不知凡幾脱略無徵影塵易去耆舊彫謝傳聞異辭使及今不爲修輯恐更閲數十年其大好之事實亦將灰飛煙散不可得矣夫江蘇人文素稱甲天下而風氣之開亦最早今一代告終則有若法制之更張府縣之裁併種種興革皆不可以無所結束則修輯省志及各縣縣志之舉似不容緩也請即以江蘇爲首倡可乎

答王景盤論文書

景盤先生足下不佞瀕海之迂士也行能無所似山居自適獨抱硜硜久不欲有所見於世乃者忽奉損書謙光下挹情意殷渥若以不佞爲粗知文事者不佞其何敢當此雖然誦足下之書其志則旣高矣其辭則旣精矣刮磨研練讀書有得從此而進焉古人不難跂及若足下者正不佞所樂交者也夫旣樂與交矣而不以一二所得告之可乎竊嘗以爲文也者隨時隨地而變者也然文而無古人之氣不可也讀其文而不知其爲何人所作亦不可也文無古人之氣則學不足而中必有所未富學不足者其失也俗學足矣而不本於

性情之地則雖至於古人無當也不本性情者其失也僞俗與僞皆文之所忌不佞所持以爲文者惟求其大端之無謬而已秦漢唐宋馬班韓歐似不必有所拘也來書所論善矣第不佞之見稍異於是感足下之懇懇故不揣狂愚爲略而言之國學商兌會爲不佞等所發起聊欲藉文字之因緣以嚶求夫朋友足下惠然入會既見君子風雨論學固所願也斯文未喪吾道不孤矣臨穎神馳還答不悉高燮謹白壬子

十月五日

答王景盤書二

景盤先生足下接奉還雲環誦之餘欽慕奚似足下以旭日方升之年志名山卓絶之學虛衷自抑有得不矜將來登峰造極定未可量以視不佞駑緩荒廢年壯無成相去實難計數而反下問殷殷辭意兼至既感足下之誠復不自覺其慚悚無地矣夫京師固夙稱人文薈萃之區也足下遊此數載講求討論豈慮無人乃必加意於窮鄉僻壤深藏伏匿之士足下殆非今之人與世俗嗜好有迥殊者焉從此郵筒往返得於寬閒寥寂中相與商量舊學其樂何如承索拙著未耐寫録茲姑寄印刷先母事略及先聘妻壙銘各二份藉求賜

鑒嗟乎此不得爲文也亦淚痕所凝結耳如觀我文而不加
憫惻但以文字視之則我心滋痛矣高燮白十月廿四日

答王景盤書三

景盤我友惠鑒好學如足下而撝謙已甚令人跼蹐敬承大囑改稱吾友亦欲以切磋之誼望諸足下耳先介弟銘幽之文既奉嘉命本可勉爲惟曇花一現苦少事實無從懸度尚望詳述數行不嫌瑣碎家世名諱亦宜并列緩日遵當掇拾成篇以慰足下友愛之心也足下居紛華利祿之場而卓然自勵於學問來書殷殷以讀書爲文之道相詢謙沖之色溢於毫楮顧不才如夔何足以承高問今夫文章之事亦至無定矣或以經入或以史入或以諸子百家入而造其極則皆足以名世而傳遠若必以得於經者爲上得於史者次之得

於子者又次之（此陳壽祺說）是亦拘牽之見也然文章之是非高下要自有辨辨者維何蓋志於道者不期而自工志於文者有時而鮮用出於誠者乃能動人而及物出於爲者必將飾僞而取容而其立本之要則我得而斷之曰在多讀書能自得不苟作而已而其讀書之大略則不外乎先之詩以正其情次之書以攷其政次之禮以求其節次之春秋以明其斷次之易以通其變次之語孟以反其約然後諷詠乎左氏以修其詞反覆乎遷史以宏其體從容乎班書以厚其氣跌宕乎莊騷以化其旨猶未已也於是泛濫乎諸史以通澈其治忽之源馳騖乎百家以辨析其浩茫之理然後視吾性之所

近者而篤好焉專習焉則學之成也不遠矣淹而貫之欲其博擇而守之欲其精神而明之存乎其人夫文章之事亦有定而無定者也足下好學者當能有見於此凡此所論變亦止能言之未必能行之也偶因足下之垂詢故敢一罄其衷以相質焉雪窗呵凍草率不盡十二月二十九日高變謹白

答王景盤書四

景盤我友足下得手示並惠中國學報四冊感荷感荷學報中江先生孔學發微一種不佞論學書所言與爲暗合者頗不少差幸吾道之不孤倘他日者得握手請教相與上下其議論其愉快當何如耶來書所述江王鄭趙諸先生皆名儒宿學爲當世所仰望而不佞則謭陋無知聲華闇澹卽偶然弄筆亦不過山居無事聊借此以自束其身心更藉以卻外來之嗜好其不足廁於著作之林也審矣足下乃引而與之同列豈不慙恧江先生等孔社之組織其事誠休竊以爲道者天下之公也孔子之道之所以當崇者亦以其能公天下

耳則欲尊孔學惟在詮明眞理闡發微言俾人民之道德日以無缺而政治漸臻隆盛斯可也或有藉宗教之說爲號召者固非卽欲賴政府之力以爲提倡者亦可不必彼所謂孔教會曰孔社云者僕竊議其定名之不廣矣足下以爲然乎否乎時事消息愈形險惡前途茫茫百出而未有已蓋根本之地不講而徒利與法之是先無怪乎其有爭攘而無理解有意見而無商量循此不已實至危之道也此此頌起居弟變

啟白

答王景盤書五

變白景盤我兄足下接手示欣誦均佩承以詩經谷風及北門兩詩比興相質愧平昔未嘗研究及此致不能有眞切之見解姑書於下取衷數說不知宏識以爲然否谷風二章行道遲遲四句乃直賦其事誰謂荼苦兩句以比見棄之情其苦更甚則反覺荼之甘此章爲賦而比似無可疑四章上四句似比下四句似賦詩義折中作比而賦也亦甚明顯然鄙意以爲原作興也亦確按朱氏道行曰此章敘黽勉同心時事以深淺之就起有亡之求有喪之救是也北門全什似皆屬賦故詩義折中統作賦也朱子集傳於此詩首章雖仍註

比也而其說則曰因出北門而賦以自比或問只作賦說如何朱子曰當作賦而比當時必欲出北門而後作此詩亦有比意竊謂朱子之言可奉也

答王景盤書六

景盤我友足下來示所論書法至精至妙欽佩無涯昔蕭子雲自言三十六歲時著晉史至二王列傳欲作論草隸法言不盡意遂不能成夫以子雲之高才尚不能自道所得推闡作法乃足下信手拈來而名言絡繹奔赴腕下可知浸淫於此道深矣淺學如僕獲益良多井蛙之愚敢參末議且僕素論書亦嘗喜中鋒而抑偏鋒所見與君正復相近第竊聞之古無所謂偏鋒正鋒也正以使其勁偏以養其妍惟勁與妍均不可廢羲之之書未嘗不略帶側筆旭素草書亦時露偏鋒君獨不見鷹之搏物乎夫鷹之逐於高秋也盤旋空際迴

互再三其目烱烱恒疾視而不肯遽下迨見側翅一掠翻然猛擊而其物遂莫能逃焉書之所以有取乎偏勢者無以異是世之論右軍書每稱其鸞翔鳳翥有以也夫僕於字學本未致力深愧不能得其微意聊取近譬質諸高明是乎否乎仍希教益

答王景盤書七

景盤吾兄足下日前接奉手書及大著亟讀甚快並知足下近日從事於史漢通鑑諸書至日錄千言猛力不懈良佩良佩不佞草草家居因循坐廢以視足下殆望塵勿及矣入秋以來患瘧旬餘精神頹𢕟加以夙有腦疾未能深思是以讀書無恆駑緩不進滋慚愧也閒嘗自念以方今世變之無窮怪象日出而未有已若能遺棄百事得二三益友晨夕過從研求討論相與搜古籍而事遺經則一室居稽此樂無極矣卽不然而或千里神交志同道合來鴻去雁言無不文此亦足以攄我幽情爲進德修業之一助故不佞每得足下書未

嘗不爲之興起而軒舞也足下所論史記之言誠多心得書伯夷傳後亦能發人所未發夫以此傳爲史遷怨悱之作固也至謂其自況者必爲以七十傳傳七十子無乃太拘又此傳本以讓字爲之主且篇中亦嘗屢見不一見矣乃足下謂爲不稱其讓德云云亦宜加以斟酌否此傳不拘故常固自難讀其實篇中以讓字爲主處處點睛似無疑義其所以揭出讓字而次諸列傳之首者卽春秋託始隱公之旨也故以孔子序列古之仁聖賢人將伯夷與太伯並舉蓋可見矣特細繹史遷之意若謂以由光至高之義其讓國也與伯夷同其恥而逃逃而隱也亦同非其讓德之有異而顯晦相殊者

則視乎孔子之稱不稱也然而伯夷叔齊得夫子而傳由光得史公而亦傳則傳伯夷不啻合傳由光遷之微意在此遷之抱負亦在此若謂非徒以其讓而疑其則有用心則未必然耳至以夷齊之事比於燕之君臣以讓國爲戲此前人亦有論之雖偏師制勝亦能言之成理更亦無以難也然而孤竹之事不可詳攷則古人之衷誠未易窺安得遽以後世之僞行擬聖賢之盛德且求仁得仁而無怨孔子旣有定論矣非祇稱其不念舊惡也若夫五帝之紀不載疑辭此所謂史家正例似未可舉以概一切刱史記一書本無奇不備其伯夷屈原老莊等傳尤爲變化莫測者哉一得之見願以質諸

高明燮啟白

答王景盤書八

景盤吾兄足下惠覆祇悉所論讀書之法莊誦再三既慚且佩弟之大病有二曰無恆曰善忘善忘則由之天我無可如何者也無恆則由之已我知之我終不能力除之夫不自責諸己而恨外境之累人則爲學之心先不誠矣足下謂不求急進不令其退終其身焉云云金玉之言所當奉爲箴規者也經史百家雜鈔氣魄甚宏涵蓋一切然學文之極則終當推姚選古文辭類纂一書足下所見甚合鄙意古文四象之輯實本姚惜抱氏之以陰陽論文惟湘鄉推而廣之辨析益精誠有功於姚氏而爲從來選家之創獲矣此書曾公手定

本世未之見近所傳者惟湘帆趙氏依桐城吳先生所寫目次排印之本雖無圈識無平議而其書似不得謂之未成弟新得是編尙未細讀然確知其有裨於文章微妙之旨固不必以高古爲病也昔謝疊山氏選文章軌範專爲便於舉業此則失之太卑然而至今家有其書者特以人重耳弟荒廢久矣全無所得足爲良友告者匆匆奉答臨楮神馳燮啟白

答王景盤書九

景盤我友足下自奉手書行將三月以牽於人事久置篋中竟未作答罪也奚如來書評騭鄙文至當不易卽宏獎之言亦不溢分際得友如足下眞平生一快事矣以足下秉性之厚爲學之勤而有志於詩不患無所成就鄙人於此雖學之近二十年然哀樂之感不深心志之趨亦雜更以伏處里閈無高山大川以昌其氣故平生所作不多卽略有篇章不過如時鳥候蟲聊以自適不知所以自信復將何以教人況詩之爲道惟能舒寫性情而致乎動人者爲善性情旣眞而廓之以聞見加之以文辭則其詩當不期而自工固非僅沾沾

於體格派別間爲尙能指導而可得也君欲學詩乎但試取兩漢魏晉以及唐宋元明清歷代諸家之詩而讀之然後再觀今人之詩則其美惡高下淺深之宜便當豁然於胸中而已之所得亦將騰躍於腕下矣久不獲足下消息思念殊般茲有奉懷小詩兩首藉以伴緘至求吟政佇盼覆音高變頓首

答王景盤書十

景盤我兄足下閏月間曾得手書碌碌未及作覆會幼兒患病半月旋以不幸竟爾夭殤悲痛摧裂廢絕筆墨一月有餘近復接手書正思聊答數行藉爲排遣而肝疾忽作體益不支幸臥牀三日漸即就痊遠荷注存謹以告慰變以無學致過情之傷不能自克前曾草得哀文一篇以淚和墨振筆不覺千餘言我爲之我不忍重讀之茲以附去一分敢乞賜鑒倘吾兄哀其至情惠以鴻著不勝感激夫以殤子而有冀文人之筆託於沒世不可知之名誠爲癡絕我兄固篤於天性者當能有以諒我之衷耳來書歷舉古文四象疑義想見讀

書有得甚佩甚企變曩讀是書亦有所疑更願質諸足下也按古文四象原本尙有圈識有平議其所分析當有偉論可觀惜曾氏手定者今已不可得趙印本據吳氏所鈔目次僅標明某者爲太陽某者爲少陽某者爲太陰某者爲少陰而少陰類下所選詩經諸篇分析又歧殊難摸索如氣勢例屬太陽而碩人小戎采芑車攻斯干皇矣韓奕閟宮諸篇更另註此二字何也情韻固屬本類而柏舟谷風伯兮葛生蒹葭黃鳥采薇杕杜諸篇又重註此二字何也趣味例屬少陽而簡兮太叔于田淸人還伐檀山有樞宛丘大東諸篇亦別註此二字何也義理實爲各類中所無柏舟淇奧蓼莪抑閟予

小子訪落敬之小毖諸篇忽加註此二字何也若謂此爲本類中隨分之子類則尙少太陰類之識度而義理一項爲旁出若謂此爲本類中隨舉之閒目則氣勢情韻趣味三者實皆上數類中原有之大綱凡此種種雖欲不謂之雜而不可得矣且不特此也如北山蕩嵩高蒸民江漢常武蒹葭諸篇四象中皆列諸少陰而余觀唐氏所選國文陰陽剛柔大義錄中列北山於太陰列蕩嵩高蒸民江漢常武於太陽列蒹葭於少陽則又何也夫曾氏唐氏皆所稱老於文者而唐氏又嘗服膺曾氏然且所見互歧不能悉合以爕之淺學安敢定其孰是而孰非哉蓋文章之妙之未易言也如是故吾以

爲論文至此實爲登峰造極超越尋常卽讀之者亦但當知其意而不必泥於形苟知其意雖窮盡天下皆可以此而推苟泥於形則一篇之中亦何能稱量各當仁者見仁知者見知要在人之自悟而已舉一隅而不能三反者乃鈍根之人耳故唐氏以是書不入韓昌黎張中丞傳後敘（原註陽剛之至美）歐陽永叔瀧岡阡表（原註陰柔之至美）遂疑爲未成之書似乎太拘足下疑其不入老泉衡論子瞻志林所見似亦未廣又足下云陽剛之美惟恢與奇而以子雲羽獵賦爲不甚恢奇又以賈誼晁錯楊惲韓愈而外多不能恢奇爲疑是也但四象所標太陽氣勢下隸有噴薄之勢跌宕之勢而恢詭之趣則隸於

少陽趣味之下之一是揆諸曾氏之意陽剛之美尙不得僅以詼奇兩字概之也足下又疑此書非曾公手定但弟則以爲此不過爲其一時興到之作故不能完善若竟以爲非其手定則不敢必耳燮於文字本無心得卽粗讀是書亦實未嘗深究姑就足下所詢率貢其愚不知高見以爲然否燮啟

白

答王景盤書十一

景盤我兄足下書來知足下近治通鑑獨舒已見能會其通而以其書不紹春秋爲疑所見誠是第我以爲惟其迹不紹春秋乃卽所以志春秋之志也春秋爲經而通鑑則史紹之有續經之嫌觀左氏以智伯事終而通鑑以智伯事始若隱以繼左氏者明不敢續春秋耳且三家分晉尤不特爲周室滅亡之朕兆亦爲秦人併吞六國之先聲而古今史上一絶大變局也其不起於獲麟而始於三晉者乃孔子詩錄無衣之旨吾因以知通鑑之所始卽春秋之所痛也唐風存無衣所以補春秋之所不及（是時晉未與諸侯之盟會魯史所無故春秋不得而書）通鑑始

三晉所以體春秋所隱傷凡古人著書託始必有深意如春秋之始隱公史記之始五帝通鑑之始三晉其識皆超越尋常未可輕議非若後世作史者之但求明備而已也硜硜之見自知固陋不敢深信還希有以進之入春以來甚碌碌諸事廢弛僅作數詩餘無所有視足下勇猛不勝愧羡燮頓首

答王景盤書十二

景盤我兄足下來書所論韓文佳處是矣竊謂吾輩讀古人之文知其美尤不可不知其病蘇子由曰韓愈工於文者也宛丘論昌黎原道亦曰愈者擇焉而不精語焉而不詳而健於言卽當時張籍答韓之書亦稱其撓氣害性苟悅於衆而多駁雜無實之説此數言者吾以爲皆有當也觀其上宰相諸書其文誠恣肆矣而其志殊卑鄙不足道其作贈太尉許國公神道碑姚姬傳氏謂觀宏本傳及李光顏傳載宏以絮間橈光顏事與誌正相反退之諛墓亦已甚矣夫文旣不足以傳信則其文便不足貴後世桐城一派往往一字之溢不

能遷就其文體雖似近弱要之其品節之高實超出於古人萬萬者也鄙人不揣愚陋頗思遠法昌黎之宏規近效桐城之嚴格惟志則如此恐其才有不逮耳賤恙一月有餘腦力大損不耐深思書不盡意變頓首

答王景盤書十三

日前手示所謂頗涉於新智之學者不知究係何種之學夫空文何補誠如君言故曰載之空言不如見之行事亦惟能見諸行事而後言迺可貴也然亭林謂孔子之述六經卽伊尹太公救民水火之心而今之注蟲魚命草木者皆不足以語此是孔子之空言卽可謂孔子之行事矣而我又有進焉則以爲人必眞有救民水火之心斯其言之見于行事者始爲有益苟非眞有救民水火之心而徒爲救民水火之言反不若注蟲魚命草木者之尚不失爲不願乎外之君子耳且今之世救國救民之言愈多而國與民之受其害者亦愈甚

蓋古之立言者非苟焉已也必先事乎方寸之地者純粹而流光而後文章之發乎外者斯高明而精實耳若道德之不知身心之不講而惟言論之是務此今日之文之所以日衰也此即足下之所謂不能厲心於學也不能厲心於學斯无所附麗矣非學有新與舊之分也而足下之所謂新智者何學乎不能了了姑書此以詢之爕啟白

答王景盤書十四

昨寄一箋旋奉手示具諗近狀至以爲慰足下欲以天下之學相爲商搉甚盛甚盛夫學問有時代之不同世異時遷亦不能不參酌適宜之學固也惟學而專以新舊立說亦不盡然夫品評人物本爲下走所不願茲以來信論及項城姑就項城言之以今日之中國而有帝制之發生則其思誠舊矣下走曾私有一聯輓之曰生不逢時一世英名付流水死能救國萬民歡笑動驚雷所謂生不逢時者卽思潮太舊之意也而其所以然者總由於不學耳維其不學故一切古來道德之說皆可不顧而徒以欺詐是崇而不知民之不可以終

欺也嚴侯官氏豈非世所稱新學之士乎卽彼所譯所著之書豈不誠善而籌安之舉其果不可以已乎抑豈講新學者所當有事乎亦見其惑矣故子孫之念重則朦蔽易生利祿之見多則知識亦闇學苟不能一空障礙惟至善之是從非謬戾卽趨媚耳夫所謂天下之學者吾知之曰誠曰公誠則明明則無所不化公則大大則無所不通人同此心心同此理豈古今而橫中外兩言盡之矣斯道也夫豈有新與舊之分哉足下以爲何如高燮頓首

答王景盤書十五

昨奉手書深資攻錯新知煥發其道大光因時立言固當如是不佞對於此論本極贊同當十五六年以前志盛氣銳非最新之書不觀至今檢其所作證以足下之言不幾如出一口自是以後業不加進而志氣益頹蓋迂謬之病日深反自覺曩日之學之無味故商兌會之設專以扶持國故交換舊聞爲宗旨也夫談文章之道于今日本爲至寥廓至寂寞之學而不佞爲尤甚蓋幷無所謂治安天下拯救斯民爲職志者則恐于斯道亦終未有濟也奈何奈何昔人有言一物不知儒者之恥而方今新智之學乃十九爲中國所無足下之

志願將欲舉中外古今而會通之誠歡誠忭若不佞則以力有所不逮是懼惟有望洋興歎而已耳燮拜啟

答王景盤書十六

音問久疏得示甚快足下讀易有味良深企羨弟未嘗通易不能進參一解然間因讀詩而略悟易旨蓋天下之理無窮則觸類而通者亦與之而無窮竊以爲易者聖人處世寡過之書其處世之學不外乎物來而順應寡過之學不外乎誠中而形外舉一隅而能三反此孔子所以善禮後之說也推此旨也則天下之理無莫而非易矣廣漠之見不知足下以爲然否弟是月杪曾與友人約爲京師之遊屆時定可與足下相見數年積愫當爲一傾先此奉佈高變頓首

答某君言三綱書

於報端得誦大教具徵舊學商量之盛意至爲感激三綱之說至今日已爲絕無足重本不待辨而鄙人所以斷斷論之者則以或者誤爲三綱之說始於孔子因此而有詆孔子之學爲專制者故不憚明白暢快以曉之也至若漢儒倡爲是說無論其責君責父責夫之意若何要之偏重而非對舉已大失人倫之精義後世所謂父有不慈子不可以不孝君有不義臣不可以不忠又臣罪當誅天王聖明等說雖由俗儒之謬不得不謂倡三綱者階之厲也三綱之說存則必至於有尊卑而無公論有名分而無是非中國數千年來專制之

原因實由於此此無可諱也若夫鄙人所詆者爲三綱五倫之說未嘗詆也鄙人所斥者爲漢儒若孔孟之言未嘗斥也而高明乃相提而並列焉此則非鄙人所當相質之旨矣

侍承殷渥聊述區區

答楊秋心書

惠書捧讀甚佩所論孔教云云心重語長有功世道風雨如晦雞鳴不已求之今日教育界中其毅然能爲是言者無幾人也自信教自由著爲約法而某某鉅子遂乃昌言廢孔廢孔之議興而孔教當立爲國教之說亦囂然起矣夫凡爲人類固皆不可以無教而吾國之教又莫善於孔子定孔子爲國教宜也第吾以爲孔子之教之昧於天下也久矣自漢以來人主往往推崇之者非眞知推崇也蓋欲假尊聖之名用孔子爲羈軛以牢籠天下耳其實歷代之所奉者不過專取其遷就君權之言以爲鞏固其專制之張本至其大同之義

則數千年來未嘗行焉乃者清運旣終共和建立欲昌明孔子之教以爲國教固莫宜於今日然而觀於今之提倡國教者吾惑焉置孔子至公至大之學不思所以闡發而光顯之徒於空名之是崇形式之是尚近見某君所爲孔教進行談有所謂著之教籍名爲教徒三四十家之村落得立孔堂云云一切外貌皆取法於他國之宗教則是以吾中國二千五百歲博深精切天覆地載莫不尊親之孔子以儕於天主耶穌之列也吾不敢知也雖然彼其所言蓋皆有激於廢孔之議而發其廢孔之議則由于著信教自由於約法而起也按泰西古國教禍最烈故其後世信教自由之律多著於條文至若我國堯舜以來聖人迭起教益詳備矣

惟孔子集其大成其所爲教乃至公至大雖有他教不妨並行原所不禁本不當復有信教自由之約法也故但使去其信教自由之約法則明定國教之説自可不立而孔子之教固自若也此根本之解決也我之所見如是足下以爲何如

弟燮敬啟

答胡石子書

石子先生執事二月一日久雨初霽密雲猶濃偶步田畔遇郵人來而惠書適至幷奉佳章觸手琳瑯溫香四溢卽於夕陽新柳間坐而讀之覺鳥語春風別有異境高吟數過藹然不知其寒氣之尙遒也以夔之不肖而先生愛我不啻掬衷懷而與之君詠蒹葭我歌伐木溯洄求慕有同心矣學術淪胥於今已極人心之患世道難言如此狂瀾泱非徒恃在上之政教所能變易竊嘗以爲欲挽回盡人之無學必先視乎一二人之有學此一二人者卽所謂讀書種也不可因盡人之無學而自喪其志者也繫微陽於碩果作風雨之雞鳴眞

吾輩之責矣想先生當以爲然耳近編南社稿得先生哀姊氏文一首語語沈痛令人欲淚不敏讀先生詩久矣夙知先生布襪青鞋一塵不染不敏之愛而敬之也亦久矣然而眞知篤好確信爲非今之人者自此文始也夫人惟有眞性情斯乃有眞學問亦惟有眞性情而後有眞文章吾讀其文令我懷想不置矣不敏前與先生書謂尊作有似王孟一流不過信筆及此原不足以概大集其實不敏學詩亦未嘗肯談家數曩者亞子亦謂不敏詩近韋蘇州豈知不敏竟未嘗一觀韋詩也自獲先生書於今二月以事冗未能作答數日前在滬濱擬一來吳門走訪適以他事不果今抵里後頗渴念

先生書此聊代握手變頓首四月三日

與姚石子書

來書并文均悉節易數處奉繳大抵我甥所作條理不紊類多清樸可喜其失也則在乎渙散有時或今人之氣太多耳夫文無他謬巧但試讀之而覺篇無閒段段無閒句句無閒字精光烱然無懈可擊者惟得於潔之一字而已而尤當事乎文之先者必遺棄世尚不願乎外胸次愈空洞則精誠愈充實及其至也則與古人之聲容芳臭有不謀而若相感召焉斯文之能事畢矣昌黎有言志乎古必遺乎今然則合乎今必將離乎古矣因偶見及此聊相爲言之變白

答姚石子書二

古今文章之體不一有說理之文有言情之文有狀物寫景之文數者之中以說理爲最難然自能者爲之皆可不磨耳非必其不宜說理也文不宜說理一言鄙人嘗聞諸唐先生蔚芝唐先生聞諸吳先生摯甫非必文章家皆云然要其說誠自有故不可以泥而視之也從古言理之最善者莫如六經矣六經之文皆天地間至理而其說無一不精無一入於理障後世之文則不然不言理則已苟言理者或失則浮或失則碎或失則腐要皆理之障也理入於障此理之所以不宜說也昔人論詩謂但當有理趣不當有理語爲文亦何嘗

不可以此意推矣夫道與理本非二致然載道云者非卽說理之謂也道在天下則事事物物無適而非道道在一身則學問修省又無莫而非道故道之足者文自工亦惟文之工者斯可以載道若必以道學之常談作文章之原本於此而卽爲載道焉其亦無以異於說理而入理障也哉燮頓首

答姚石子書三

來書謂實則文章不易說理耳若言不宜說理終屬不通其說似嫌太盡鄙意亦不如此也夫文不宜說理一言吳先生乃非自創實得之於曾文正文正之言曰欲發明義理則當法經說理窟及各語錄劄記欲學爲文則當掃蕩一副舊習赤地新立將前此所業蕩然若喪其所守乃始別有一番文境望溪所以不得入古人之閫奧者正爲兩下兼顧以致無可怡悅夫所謂掃蕩舊習者卽掃蕩其言理之說也所謂兩下兼顧無可怡悅者卽既稱爲文不宜說理也自來文章家甘苦自得之談固有難以喻於人人者而謂可執一以繩其

說之疵病也哉吾嘗謂古文自有體要其純粹者有四不可焉不可有語錄氣不可有告牘氣不可有報章氣不可有小說氣語錄氣迂氣也告牘氣官氣也報章氣時氣也小說氣諧氣也皆非古文之正鵠也而第一說實與上述云云爲近而其說則較圓矣君謂然乎燮頓首

吹萬樓文集卷七

吹萬樓文集卷八

金山高　燮寒隱

答黄晦聞書

晦聞先生閣下昨奉手教幷惠題寒隱圖詩捧讀之餘敬佩君子愛人以德之心感激靡已承以李習之言爲勉更證以王風君子陽陽足見賢者讀書見道心得殊多但弟之所見頗有不同請爲良友陳之按君子陽陽爲君子遭亂自傷之詩所云其樂只且解之者曰非所樂而樂焉知時事之不可爲矣又按此詩亦簡兮之類故其詞雖樂其心未嘗不哀考槃亦爲賢者窮處之詩其言曰獨寐寤言永矢弗諼鄭箋云

誓不忘君之惡則怨甚矣王肅云獨言先王之道長自誓不忘也則意較厚矣總之此詩不過君子遯世无悶隱居自樂耳本無一毫怨尤之意在其中若如鄭氏所云恐未能得詩人之旨否乎弟雖無狀竊以考槃之賢者爲比平昔爲詩非敢好作無聊語而懷抱異俗故搖筆便多厭世之慼耳若以爲出於歎老嗟卑也則非弟之所敢任也手此奉質仍希有以教我高燮頓首辛亥五月十六日

答黄晦聞書二

晦聞先生足下奉惠復敬佩箴規弟山居讀詩苦無師友可與質證今得賢者切實誘導風雨之誼何時可忘足下見時人爲詩怨老嗟卑未幾而出爲顯宦因欲堅我隱處之志而勉以無所用心甚厚甚厚又謂哀傷之甚則動其血氣血氣旣動則不能自節足下言之而驗諸我心誠有未能無動其血氣者又何其愛我之深也竊嘗以爲生今之世苟稍知學問出處之義先當明辨即農商樵漁以及百工賤役無不可爲惟官不可爲蓋天下無是非内外久矣無益於民生而徒自喪其所守君子不出也集傳解氓之蚩蚩曰一失其身而

萬事瓦裂夫士君子豈棄婦比哉吾已知之審矣足下其可無慮以時事之顛倒糜爛耳目具存未能無所聞覩故既自矢考槃之樂有時仍不免兔爰之傷蓋由於平日讀書無養氣之功慚愧無極要之卑固未嘗嗟羅網亦未嘗投也此中界限宜有分明足下以爲何如君子陽陽序曰閔周來書曰正以見君子熟視其禍而不肯救故爲可閔是也然既謂不肯救禍爲可閔則欲其出而救也明矣今則非其時也恃愛聊罄所懷伏維垂鑒粵中天熱珍攝爲宜燮頓首

與黃晦聞書

晦聞先生惠鑒闊別數年渴懷山積相思千里把晤無由頃得樸存先生函知台從蒞滬久不得我公近狀道力定增幾許世變驚心日益危急書生無用望而卻步惟與二三同志商量舊學討論文章以此因緣稍得佳趣而一事差堪爲故人告者則於當世旋渦中尚未入各種政黨故能立竿百尺俯仰自如我公濟岩人諒亦有同調否承招敘談極願趨晤刻因事絆尚未能來儻蒙不棄惠然顧我尤深感盼弟變啟

癸丑四月二十日

答吳澤庵書

澤庵先生執事惠書遠逮至累千言猥荷推獎非所敢任執事宏識過人而虛懷若谷論文眞諦已造至精不敏方佩之誦之恨相知之晚矣不敏蜷伏里閈偶藉文字聊以自娛來書云空山寂處啟迪無人則數千里外彼此同之執事矻矻專求窮年討索而不敏則東塗西抹人事間之歲月不居迄無成就良用慚愧以不敏之茫昧無學其安敢辱執事之問竊以爲言者心之聲也文者言之精也惟心之得於內者誠斯文之發於外者自油然而不可揜故眞意足者文自工古今所傳不可磨滅之文大抵皆有得於性情之地而無一毫

欺僞之習者也自宋以來凡人之言文者動曰昌黎昌黎而後人亦從而和之曰昌黎昌黎一若昌黎之文幾無可議者不特稱其文幷以稱其道夫昌黎惡足以知道哉即其文之眞者又何其少也然而世稱之惟恐其後者則皆以耳代目之說耳其文之稱於世者以原道爲之最而疵累雜出亦以原道爲最甚觀其言曰君者出令者也臣者行君之令而致之民者也民者出粟米麻絲作器皿通貨財以事其上否則誅者也嗚呼自斯言出而君與臣民之間但有名分而無是非矣其排斥二氏多不能中要莊生云聖人不死大盜不止此其言之有激苟稍有識者皆知之所謂正言若反者也而

昌黎必竭全力以辨之亦見其陋矣至其篇終乃竟欲火其書廬其居則雖至頑悍者不出此而謂儒者論學可若是其武斷哉亦徒見其謬妄而已彼旣嘗言楊墨行正道廢乃又謂孔子必用墨子墨子必用孔子其論佛骨也居然以闢邪距詖爲己任乃旋斥潮陽即與大顛往來及得孟簡書則又支離誕謾以文其說是可謂信道矣乎其上宰相書乞憐之不已乃至自比於盜賊管庫則又何耶然則謂昌黎之文能載道足以起衰而濟溺焉吾不信也特以文論文不可不謂之健者耳竊不自揆嘗擬選爲韓文去毒一編將世之推崇最甚者如原道原性三上宰相書與孟尙書書及一切諛墓

無實之作，刪削淨盡，則於昌黎之文未始無所裨益，而後之讀者亦不爲所誤焉。不敏懷此久矣，蓄而未發，喜執事之有同意，輒敢因來書所論一罄其衷。執事以爲何如？歐陽文不敏雖嘗好之深，愧未一致力，過許之處恐未有當。昔袁隨園人謂其詩似白香山，而隨園尚不自知，及取香山詩讀之，然後歎爲不謬，豈文之相似固有不必其相學者耶？湘鄉之文不敏亦所夙嗜，湘鄉雖謂私淑惜抱，然其所得則於昌黎爲獨深，必謂其爲震川之亞，亦似不必。因恃同志，并以奉質。高燮頓首

答吳澤庵書二

日者奉到手書如親名論執事推論昌黎開千古不敢開之口盡情抉摘鐵案如山雖昌黎復生不能置辨所論誠快夫昌黎者不過一文人而好名者耳故佛骨之諫書甫上而乞哀之謝表旋陳一則節義侃侃眞若言能見道一則勸以封禪不免逢君之惡要之原其本心則皆非也其諫迎佛骨也徒欲借此以博美名其乞哀上表也無非自眩其文章爾蓋其無實之名後世推崇過當固自無謂必謂其驕而且諂似乎小人之爲者吾以爲迹雖近是其心固不如此然亦未始非學之無實有以致之平恕之談不知高明以爲然否變頓

首

答吳澤庵書三

手書及繪賜墨梅並詩文大著均誦執事久以名下之文人兼擅騷壇之宏譽乃慊不自滿商推至於末學夔顧何人其奚足爲賢者益惟是平生賦性本不好諛於朋友之間苟有所見便竭誠相獻況夔與執事曾辱諸同志之列耶竊以爲足下詩學似遜畫學意雖眞而出之太易其眞可愛其易宜加藥也文善矣而少洗伐功故一篇之中往往有可節處蓋辭已達而言仍多則意轉汨矣附奉拙書用答佳畫并乞教正弟高夔白

答吳澤庵書四

奉手教誦之慚汗執事論詩以能直抒性情推翻家數爲善亦甚合不佞平昔所持之旨但性情固自有眞而下語必求其不苟家數原可獨立而好尙又豈必盡無此則爲不佞學詩二十年來區區一得之見願以質之高明者也不佞於書致力甚淺取法亦陋少時曾學顏平原苦未有得邇來偶得翁松禪書好之因一臨焉數月之間見者或疑是松禪也厥後厭其無所進更取劉石庵書橅之不數月見者又或疑是石庵也其後又厭焉乃復取平原帖寫之雖無所得然略知其用筆端重之理蓋劉翁二家固皆同出平原而取法彌近

者則其肖彌易也夫書法雖小道造其極亦須竭全力以赴若不佞則才質薄弱無意研求然而自是以後技不加進而嗜痂者已多求索於是解衣吮墨汗顏應之塗抹既紛變化亦雜擲筆起視亦自覺其體之不類執事斷爲合石庵松禪於一鑪誠謂巨眼惟謂其所養者至則未必然耳握翰神馳

起居珍重弟高燮啟白

答吳澤庵書五

正深馳念忽奉朵雲千里論文不啻一室再三捧誦欣躍莫名惟中及拙著宏奬過情不堪承受耳足下潛心柳州於茲數月積厚而發定多異采可觀如有近製尚希賜讀夫柳州之文善矣足下從事於此果深知篤好能通其神而合其莫固自可喜若猶未也而但因吳氏之論徒騖於韓柳之名欲取此以定一尊是無乃所見之太狹而有人之見者存乎以人之見者爲文則其過人也不遠矣竊嘗以爲文章之事其由於天賦者半由於人力者亦半以獨至之性情濟以不磨之學問則其文自可傳諸久遠固非必定於一尊然後可與

言文也凡世之以宗派之說相譁者皆鄙陋無當於理者也且仲倫氏之說亦安足取哉夫人之氣質既有剛柔之不同則其取法亦因之而各異相調相劑矯而克焉是在學者及其至也登峰造極原無軒輊之可分若必以歐曾爲易而韓柳爲難豈得謂之通論乎自其粗者言之則雖並世之士苟有志於學而能操筆爲文者無不可資爲我益自其精者言之則雖以古人之赫然在人耳目然眞足奉以爲法者不數數也故我以爲足下之師柳特尊誠所不必而屏韓若浼尤不必也夫文章者天下之公物也古人往矣千載遙遙其不學之也本非有所憎其學之也亦非有所愛但使衷諸我心

而以爲是焉可也昌黎之學術固多可議然以視夫柳州氣節則有間矣即以文論昌黎亦當在柳州之上然不佞亦嘗辭而闢之者蓋恐世之因其文而幷稱其道斯足爲學術患者非淺也我言有物焉我理有徵焉雖起昌黎於九原而折之其無辭焉若以其學之可議而即謂其文之宜並斥焉則不能服昌黎之心已總之我有耳目我有心思其闢之也由我其學之也亦由我無所用其意氣亦無所用其遷就廓然洞然俯仰自得遐想神會而我之文適與古人之文合須臾變化而我之文又與古人之文離其合也我惡乎知之其離也我亦惡乎知之我所知者我爲我之文而已矣其古人之

文之傳於今者無一而不可學亦無一而必當學韓乎柳乎文乎文乎其何必拘拘於是乎我之所論如是是則亟欲爲足下進一解者也狂放之談死罪死罪燮白

答吳澤庵書六

自文從去國不通音問已閱年餘超遞南雲匪日不念當時曾得足下海外來片以未署通信之處故無從寄答其後有貴處吳君屏之來信願入國學商兌會弟頗覺其懇懇並詢知爲足下同族殊敬異之因略悉足下旅居无恙至以爲慰近得屏之信知足下頃已返國而手教適至捧誦再四欣快奚如弟一載以來讀書不成蟠伏如舊實無足爲故人告者想足下壯游所得學問胸襟定當刮目亦有雄文鴻什增我孤陋者乎跂余望之矣屏之有志嚮道弟雖未識面亦已知之至就學之説弟意殊可不必蓋尊處去弟所居幾三千餘

里長途跋涉語言鮮通徒爲虛名獲益反淺況名師伊邇非待外求舍近圖遙良爲非計一事平生無齮齕但開風氣不爲師弟固服膺龔氏之言矣維知我者有以諒之燮頓首

答胡樸安書

一月十六日燮白樸安先生足下前承一再惠書未能作復僅以二律奉寄悉經達覽邇者復蒙賜箋商榷文字見解超凡讀之增快足下謂昌黎之文做作多而眞意轉鮮其譚道者悉門面語甚是甚是然其雄厚之氣固非易及至於淸之桐城派其說理之處頗見切實而行文則薄弱矣斯二者各有所長亦各有所短不可因其短而并沒其所長也若乃抑揚頓挫照應回互是乃文章之法之一固不能謂其不可無亦不得謂其不當有竊意文章自有法而法則至爲無定惟用法而能以眞誠貫注縝密無痕者必佳文也苟泥於法而

性情不至焉者斯爲下矣足下又謂幽深之理以顯豁之筆出之繁瑣之事以單簡之語括之文字上乘無過於此然以弟之愚昧則以爲是亦不可以概一切之文字耳夫修辭者必求其達纂言者必提其要此文家之正軌然古來仁人志士或生當不幸往往有一種難言之隱難盡之情則有其旨彌晦而其心彌苦者矣亦有其詞彌複而其味彌長者矣故善爲文者旨雖晦而令人重哀其晦詞雖複而能使人不厭其複此則非可以尋常論矣一得之見還以質之高明以爲然否書不盡意順頌起居著述餘閒更希見教

答胡樸安書二

樸安先生執事闊别數年馳思綦若忽奉手教喜可知也頗思有所論列而愁病無聊荒廢益甚致書來久矣懶未作答不知先生能不見罪否惶恐惶恐近悉大駕自閩返滬極擬一圖握手藉罄積懷而人事頻頻不獲即時趨晤願言結軫我勞如何國事紛紜亂靡有定根本不立禍將滔天變嘗私念以爲僞之一字足以喪盡人心而利之一字足以推翻世道苟循是無變則陸沈之憂正在朝夕故使他日而長此晦盲也則國其不國矣倘猶有蘇復之一日其必自革除此兩字始也先生爲學精實才質過人凡所見解皆屬顛撲不破

變差喜平日所論與先生多相脗合夫頌莽功德而至四十八萬人者則以僞先之也彼大師巨儒亦飾經術以助莽者則以利誘之也而劉揚之徒更不足道矣變於去夏曾代人作有贈敘一首亦皆發明此義所謂不幸言中蓋此時固猶是王莽謙恭之日耳今以寫上敢希覽之邇者亂事波靡漸及鄉閭大好山居致擾清夢蹉跎放雜志氣愈昏有負相期愈思君子讀曹丕與吳質書德不及之年與之齊之句益用自慚如蒙繼此而賜教焉尤所欣盼變頓首

答胡樸安書三

手教奉承尊論致誠之道當制外養中而以非禮勿視聽言動爲之準誠佩誠佩變嘗謂眞學問必從脚踏實地做起先生之學豈易得諸今之世哉惟弟之所見則以爲此事當由內而出不當由外而入誠于中者乃可以形於外若徒制於外勉强而爲之卽此勉强之一念則其中固已不誠矣來書有云彼外貌矜莊中心詭詐者果始終无間則詭詐之心必爲矜莊之貌所化竊以爲不然夫使矜莊而果出於誠也則固无所謂詭詐也其矜莊而出於不誠也所謂作僞心勞日拙其貌豈足以化其心哉來書又云與善人交如入芝蘭之

室久而不聞其香爲外可化中之明證以彼之外化我之中其說是也實則我之所以能化者原非由于外也必先中有所感而後默受其潛移耳而善人之所以能化我者亦非以其外也必肫肫祥善之氣有以迎人於不自覺若但恃外貌而欲以動人此不可得之數也故曰唯天下至誠爲能化又曰不誠无物誠之爲道其體甚實而其用甚神始於无妄而終於爲天下格要皆起於一心而非可以貌襲夫誠中形外與明心見性之談本有差別誠中形外者此儒者愼獨之學也明心見性者此佛氏頓悟之旨也先生之說以心不可見而必以見之於貌者以爲之教豈非篤論然心苟不誠貌亦

奚能自飾小人之爲不善見君子而後厭然雖消沮閉藏而肺肝如見此言外之不可以強揜也蓋不可揜者由於不誠以不誠處已則謂之自欺以不誠待人則謂之欺人自欺者喪我心欺人者喪我身此乃自古及今不易之理惟昧者不之悟耳哀哉偶有所觸因信筆及之不知先生以爲然否變頓首

答謝永思書

永思友兄足下辱手教殷然以文字相商搉至可佩紉所論八家語有獨到不肯隨人爲好惡可知其用力於文者深矣不佞創爲國學商兌會一年以來頗蒙海內積學君子俯收諸同志之列時以學問所得馳書切磋不佞甚爲欣快足下更身處歐化之旋渦乃能留心於國故歡迓之忱豈有涯涘承惠大著經已細讀練詞練句絶類柳州足下推重服膺洵不虛也抑走尚有一言奉質者吾人學文必先自具一規模氣象其蓄於内者既磊落而光明則發於外者自必昌明而博大足下前書所論柳州之文是矣然我以爲蒼松之勁峭

固無如旭日之熊熊也寒㵎之幽邃固無如大海之滔滔也
柳州之文精深雅潔誠不可及其竄斥以後操行愈貶損故
文思亦愈刻摯蓋以心與境相遭乃適成其爲柳州之文耳
走歷觀足下諸作擢華落實簡淨可喜然而有所不美者則
秋冬氣太多無磅礴浩瀚之象似不宜於青年蓬勃之時也
故柳州之文非不可學特學者不當從柳州入耳恃愛聊一
盡言不知卓見以爲然否燮啟

答謝永思書二

永思友兄足下春間寄來大著學文法兩冊委爲弁語緣八事紛繁久未報命頃始草草作就一序即以奉上前者來書稱許太過殊非克勝惟因足下之相愛故敢自附於直諒之末而不願以浮諛無實之言進也大著何嘗不善然而走不欲足下之即爲授梓蓋自有故夫以足下之力學數年後當自知之今姑不必預言耳足下來書有云中國之文學日衰以無法故也又云中國文章妙藪至有分寸非無法也特不定耳使亦以法訓導之安知教育之不普及耶吾以爲不然中國之文學何嘗不優於外國而所以能優於外國者乃正

以其法之無定耳使亦一一皆有定法苟知其法卽一一而可能者則中國文學乃眞衰矣且所謂教育普及云者其名詞來自日本意不過欲使人人略能識字人人有尋常知識而已若謂人人當知爲文之法吾以爲非特不能亦且不必故教育之普及與文學之消長初無關係者也狂瞽之言不知賢者亦有會心否六月十五日燮白

答謝永思書三

永思友兄足下上月三日奉手示會以不幸幼子病殤致心緒摧裂廢絶筆墨一月有餘裁答稽遲請勿爲罪來書雄辨滔滔盈紙累幅凡所教責敢不敬承大著決意刊布固亦甚善君以熱心我以冷眼不妨各抱所見走前書不欲足下即爲授梓原自有故但足下年少氣盛行世之心甚鋭走亦何容强爲阻止也鄙人於文原非主張無法者即就所作大著一序與前者一信可以見之而來書云云似尚多誤會其他不必深論姑摘其字句之顯著者如足下謂教育名詞不自今日始而豈知走前書則曰教育普及之名詞來自日本意

不過欲使人人略能識字人人有尋常之知識而已是我之所言爲教育普及之名詞非教育兩字之名詞也且走之此論實因足下前書之言而來而何以遽忘之耶又謂孟子得天下英才而教育之之教育與今日之教育初無差別是亦未達一間夫教育而曰得天下英才則非普及之教育可知而所謂普及之教育則其不盡能得天下英才又可知是孟子英才之教育與今日普及之教育正截然不同而我所謂使人人略能識字人人有尋常之知識云者適有合於今日社會上之宗旨原非有所輕視而發也且不特今日社會之宗旨如是卽足下之宗旨亦何嘗不如是故一則曰爲千百

學子計再則曰爲初學者道又比於孩提之童之啼泣乳食而曰責以五倫之義曉以立身之道恐孩提聞之盲無所覺是矣夫孩提之不堪責以五倫之義曉以立身之道者亦猶普通之學子不必教以古文義法耳若謂孩提之啼泣乳食亦當一一教之教之而有法則啼泣乳食亦能進化者足下亦知其無是理也或又謂啼泣乳食而無法則將幷啼泣乳食而退化焉亦無是理也足下之言曰彼西人之訓其子弟以法是故易於普及中國則不然此所以日漸退化也又曰西洋文學所以日昌中國文學所以日落者何也無法故也吾不知此所謂法者果爲彼國精深之法乎抑淺易之法乎

若謂精深之法當亦未易遽謀普及若但云淺易之法耳則由啼泣乳食以進於能識字能得有尋常之知識至矣似於文學無與也鄙人固陋誠不知西人訓子弟之法之果爲何若其昌其落均屬茫然要之普及教育之於文學固不得并爲一談者也然而今觀足下之論而吾又有惑焉足下之言曰教育者伸之可以宣國威縮之可以進學業廣之可以並海洋狹之可以屈肘腋挾其塞天地浩然之氣行其兼善天下之心此之謂教育普及嗚呼何其神妙不測也哉頑鈍如走誠不足以知之矣足下所著之學文法則既自云爲初學者道矣然吾觀書中所論實未必合於初學特文字冗俚不

能明顯此無可爲足下諱也乃欲以此而爲教育更以此而
冀其法之普及足下卽不自言之走亦知其不能也况足下
之論普及教育乃有如是宏闊者乎信如是也則宜若但有
伸之廣之不當更有縮之狹之是則字句亦有未安者耳足
下此論當係對鍼鄙人所作尊序中所稱包天地入無內並
日月感鬼神數言而發而豈知足下凡此云云乃適與所持
之宗旨有自相矛盾者耶足下之書以鄙人觀之亦殊少獨
見之處而足下乃曰一己學文之得不忍自秘走實未能深
信也且足下以弱齡好學爲此書時年纔十有九耳若云文
章之道已富於經驗是固何須强爲自飾質言之亦在不能

爲文之列耳今乃云曾以試諸青年頗略效是以遂之以冀不能爲文者作一助未免欺人太甚者乎足下自云嘗誦孟子矣又嘗學於師範矣其於教育之理知之最深而尊西抑中之見習之已熟如不佞則不知教育尤不解西學足下以此炫之固已望風生畏矣至於文章之事不佞雖愚謬亦嘗研究及此雖他日所造誠不敢企足下若第就今日區區閱歷所得尚有萬一之自信而顧以此相蒙過矣過矣總之足下欲自刻其書則逕刻可耳無所用其重規疊矩之辨也走曩者忠告之言既不足以見信於足下則風行海內定有其時走謹當拭目俟之矣足下此書自言曾歷二載而始克告

成則孤詣苦心原不可没惟不佞平生不好作媚人之談然亦不必爲强人之事聊以迂拙所及一一陳之統希爱鑒前寄來作文法自序一首經已讀過合行附繳竊謂學文者學爲作文也今既有學文法矣何必再有作文法且學文法所論已繁更益此書無乃太贅卽書中所陳之義亦與學文法無大差異此尤走之所不可解者也七月六日燮頓首

答謝永思書四

永思友兄足下昨覆長箋計正在途頃又出手示讀之有曰先生謂中國文字之優美正在其無法使有法而人人皆能則中國文學乃眞衰耳則修之爲此幾爲國學之罪人矣云云推足下之意豈不曰是書苟一旦出版則可以人人知法人人能文惟因鄙人主張無法故幾陷君於罪嘻談何容易夫足下之書雖至善乎然苟一出而人人可以知法人人可以能文以淺見度之似必無此理倘果有之我方尸祝之歡迎之不暇而何敢罪足下特恐其書之未能有裨於學者耳如眞未能有裨也則不佞人微言輕縱使極意揄揚亦不足

爲是書益否則大文出世紙貴洛陽無翼可飛不脛而走雖有大力無從遏之鄙言至迂其奚足爲是書損哉足下其可無慮且足下所述鄙人之言尚有不然者鄙人之言曰中國之文學何嘗不優於外國而所以能優於外國者乃正以其法之無定耳使亦一一皆有定法苟知其法郎一一而可能者則中國文學乃眞衰矣是我之所言爲法之無定而足下乃强謂之無法幸其言猶在可以覆按不然足下以罪坐人誰能置辨譬如斷獄豈得謂之信讞也哉盍三思之　夔白七月七日

答謝丞思書五

丞思友兄足下前者承詢史記列孔子於世家之意凡諸所疑王介甫氏嘗言之而所譏自亂其例者也是說也固不得謂其非然以史公之好奇卓識超越尋常要不當以常例例之者若但用常例則孔子既無尺土之柄置之列傳本無疑義史公豈不知之乃必列之世家者蓋有深意存乎其間夫仲尼之才帝王可也然不列于本紀者爲其失於僭耳仲尼之位非有侯伯之尊也然不列于傳者爲其無以別於人耳然於此而特立一類則有乖史例亦爲非是史公之列孔子於世家卽所以特立一類其史識實高出於尋常萬萬所謂

奇而不失於正者也何以明之觀其贊語而明之其曰孔子布衣傳十餘世學者宗之由是而言非世家固無以處也又曰自天子王侯中國言六藝者折衷于夫子可謂至聖云云則推尊極矣雖列之世家不啻升諸本紀之上者也此史公之特識也而介甫氏以多所牴牾責之淺之乎測史公矣鄙人之見如是不知足下以爲何如燮頓首

答謝永思書六

得手示欣悉足下近擬從事詩學辱荷下問敢不一貢其愚惟走學詩二十餘年雖頗有一二自得之處尚不能教人以從入之途大抵欲急進者當自近代以上溯之期深造者宜自上古以下及之由博而後約擇善而是從久之又久當能自尋門逕固非可以強言也況君性之所近又豈他人所能臆測者哉足下所閱之詩共有幾家此數家中以何家能覺其有味乞先見告請繼今以言如何高燮啟

答顧荃孫書

拙著蒙賜教益甚合儆會商兌之旨極所欽崇但僅述大略尚多引而未發如以孔子正名一言卽爲名分之義亦卽三綱之說又能正名分卽爲共和泯去名分卽爲專制云云正此片語單辭殊覺未得要領以弟之愚陋竊以爲正名云者乃名實之名而非名分之名夫名者實之賓正名也者正其是非之實耳若以名分爲言則當時出公已爲衞君矣孔子又何嘗不可仕尙安有所謂言不順而事不成哉彼子路者則但知有名分而不知是非之實者也足下乃以正名之言卽爲三綱之說不幾近於牽連附會者耶至若共和二字於

古未有攷徵惟一見於成周之世周召共和然證以今日之政體亦似不合今日之所稱共和意在至公至平無所偏倚與名分二字之義處於絕對之地位爲平民政治之極軌者也雖以今日之人心好尚而欲一蹴而幾於極盛之世原非易易固當賴夫立言積學之君子有以提倡道德講明公理則十年數十年之後冀一收夫移風易俗之效於萬一是則可喜也今乃曰能正名分卽爲共和則吾國名分之說之中人也數千年矣何以但見專制之熖之日長而共和誕降至今日而始聞呱呱墮地之聲也哉名分二字乃吾國相傳專制之政之精髓今乃曰泯去名分卽爲專制是又何說也然

足下之言未免出於武斷吾知足下之意則固不如是推闡而詳陳之其據理定當益卓倘荷不棄續賜評彈至爲大幸

弟夔敬白

答楊棣棠書

數日間三奉手翰摯懇之情溢於言表以弟之疎陋而不憚數千里馳書下問虛懷勤學槪可想矣諱之意所以崇敬周人以諱事神若泛用則不諱如穆王名滿後有王孫滿襄王名鄭諸侯亦有衛侯鄭是也禮稱三不諱而古之人偏好言諱此固事之不可解者大抵此風之行最著於漢而後世遂踵而不革唐韓愈氏已辨之孔安國曰讀書正言其音毋有所諱其說然矣彼史遷三蘇之儔重其家諱蓋亦泥於當時風尚不必法也夫人之欲傳其名也固願後人大書而特書之吾嘗竊怪世人之言輒曰避諱避諱故子孫爲祖父撰次

行狀之類往往曰諱某而不著其名固已大背乎臨文不諱之禮矣原諱之初所以崇敬耳謂不當直呼長者之名以近於不敬耳以諱事神者亦此意也豈謂竟欲避去而泯然不道者哉然此猶可說也若夫用之他處而幷避之則尤迂遠而不可通矣方今外國固有因其人之名而名其地者亦有因其父而子卽以父之名名爲第二者凡此之意我亦有取不知足下以爲然乎聖如堯舜禹湯至矣然詩書所載無有不直舉其名而未嘗損其德後世之君尊嚴幾不可侵犯而人遂莫能道其名則諱爲有益乎無益乎聖又如孔子至矣孔子父叔梁紇而春秋之書不避臧孫紇則諱果可泥乎哉

大著一首捧讀甚佩與不佞論學書所見略同尤爲快事斯文未墜吾道南行矣變啟白

吹萬樓文集　卷八　三八

答錢魯詹書

前辱惠書缺然久不報幸勿爲罪足下有志於文而敎務紛紜未能專一此實外境所限無可强也來書意極誠懇弟細繹其言猶多敷淺不類深造感足下下問之切故不敢不直言之夫文章之事當有其本離其本而爲之終無當也所謂本者變與王景盤書中言之頗詳卽與石子書雖有論及篇段字句但其意不專在是蓋尚有事乎文之先者數語足下不妨更參之且來書云云將所謂見解工夫强爲分析尤似未安足下果有志於文請先從讀書始若以文求文末矣徒以論文之文求之愈益遠矣狂率之談非足下竟不敢發維

亮之而已燮頓首

再答錢魯詹書

前覆寸箋語多率直足下愛我勿罪爲幸弟學業不加進而觀人之見自明殆所謂舍田芸田之類也竊以爲天下之事必先儲才而後可以言立法惟文亦然夫法者死物也才也者所以驅遣夫法者也法不備則不可以爲成才不具則不可以爲靈法依乎才而才生於學是故學愈勤者才愈大才愈大者用法愈變而愈無痕象之可求杜少陵詩曰讀書破萬卷下筆如有神夫文至於下筆有神至矣然而亦非無法者也亦從讀書中來也知此而爲文之道思過半矣我之所謂篇無閒段段無閒句句無閒字云者乃文章立法之事也

洗伐裁剪之能不過立法之事之一端而已不足據爲正軌者也前書所言意有未盡偶因所見聊續陳之　頓首

與傅鈍安書

鈍安先生閣下自聞湘中浩劫以來不佞伏處鄉隅私憂竊歎無日不念吾故人而末由問訊曾有懷人詩一絕曰滿地干戈雨又風衡湘路斷夢難通故人生死知無定看盡南來遍野鴻一昨忽得執事由滬寄來湘災紀略醴陵兵燹紀略各一冊知賢者猶在人間爲之欣躍三百及徐讀二書旣竟則又不禁痛哭大號喪氣數日安得亟與君握手唏嘘一吐其憤懣也弟碌碌無善狀去年一病腦力大衰即區區文字之末亦不能深思力索慚赧慚赧惟故山尚可安居差足幸耳變頓首

此書在歲丙寅而未記月日信筆所寫本不足存念拙詩稿自去年遭書劫同時散失有懷人絶句多首另錄爲一卷今均已無存不復記憶鈍安亦久作古人此書內所載一絶即當時懷人詩之一也故因此詩而存之讀故山尙可安居之語尤覺慨然矣己卯十月附識

吹萬樓文集卷八

珍本南社舊著叢刊·第一輯

吹萬樓文集

下

張夷 主編

高燮 著

上海大学出版社

吹萬樓文集卷九

金山高　燮寒隱

與唐蔚芝先生書

蔚老先生閣下四月間游錫曾趨訪先生於國學專修館適在上課晤王君慧言並參觀館中各教室令人穆然起仰止之思儆邑黃君公續辦學先覺又大慈善家也今歿後十餘年而稱誦之聲不衰其平生斥產爲公益事業幾二十餘萬金本已早合奬例然而不欲遽請者僉以君生前遺棄虛榮此恐不足以重君也今以邑中同人之公意擬爲黃君建立一碑樹之邑里更宜得當世能文有道之大君子如先生者

以爲之文庶足以傳世而行遠是以有前日之造謁王君轉述先生命允爲撰文同人不勝感幸惟此碑定名頗有商榷若但云某某人碑而不加名稱者如郭有道碑陳太邱碑曹成王碑之類攷之皆墓碑也其非墓碑而祇稱某某人碑者惟李翺之高愍女碑羅隱之梅先生碑其他則不多見大抵碑誌之屬墓碑及祠碑外則有紀功碑頌德碑去思碑殉難碑遺愛碑等然於今者黄君之碑皆不甚合同人之意擬名爲紀念碑惟紀念二字非古也應請先生再爲斟定或但稱某某人碑或即就紀念之意別易名稱俾臻典雅統希卓裁

高燮頓首壬戌六月十日

答馬小進書

小進先生足下：前奉長箋，久置未答，歉罪歉罪。足下學通中外，奮發有爲，迂陋如僕，方深傾倒，而來教殷殷，謙光可挹，宏獎溢量，愧不敢當。道德淪胥，於今已極，尊孔復古，盡屬虛文，倡之不誠，收效斯淺，欺僞相尙，誠如君言。第告朔餼羊，尼父所愛，慰情之舉，聊勝於無，大夫賢者，禮所當事，過情之激，亦足召爭。滄海横流，我儕不痛，而百年俗敝，難起一朝，欲挽頽波，責在方寸，爲己之學，安事叫囂。盛德如君，願與交勉。文章之美，末耳末耳，理至文生，斯語可信，中無所有，豈能强言。君見極真，奚容更贅。燮頓首。

答周破浪書

破浪友兄足下奉賜書情意懇款向道至矣不佞雖愚其敢默默以辜足下之盛意哉足下方年少刻自奮勵慨然有志於古如駿驥之逞長途瞬息千里何可當也顧乃書辭謙抑不憚遠求鄙陋之文過蒙垂採獎挹溢量當之悚惶竊念燮僻壤之迂生也既無當世聞人爲之師友業農累世亦無藏書足不出數百里見聞尤隘又以家事累人學遂未竟中年漸近始悔蹉跎而才質薄弱不耐深思是以西抹東塗一知半解雖所志頗奢而所得則殊有限耳商兑會之設不過藉文字爲喤引以求教益於通人非敢傲妄自封處已於誨人

之地然茍有一得之見而遇勤學好問之人則亦未嘗敢吝有傾囷倒廩而出之矣伏維愛鑒不盡欲言弟高燮頓首

答周破浪書二

破浪社兄足下前奉還雲拜事略一紙委撰令先曾祖妣傳以足下向道拳渥而亟亟於表彰先德爲事其意可敬安敢固辭因依據來文作爲一傳兹用寄上仍希有以裁之足下去變所居幾三千里無相知之素變又伏處草野非有名位之顯著學不合於時方爲當世所棄置足下乃遠道馳書致辭甚敬殷然欲得一言以爲重若可冀其信今而傳後者何足下所見有與流俗殊也夫流俗之所尚足下既不好之矣而以求諸鄙人之文然文之能垂久遠與否非人力所可爲而鄙人之文皆意得於古人無師法之相授其不足以垂久

遠也必矣況文章之業今皆視爲迂闊寂寞等諸芻狗矣安知後日之果有異於今者耶然則足下之所求與鄙人之所應爲兩失之而皆可笑者也燮啟白

答顧敬賢書

前奉手教蒙賜討論見解甚高務實避名本原獨得名論可佩我言陋矣第竊以爲惜名固非上乘而惜名乃非卽好名無其實而徒事其名者謂之好名有其名而仍顧其名者謂之惜名謂但當有其實不必顧其名可也謂一顧其名卽無事業之可爲焉此論恐難以責諸今之世耳不盡欲言弟燮頓首

答張蓬洲書

志例承指教感紉感紉議員一項尊意無非由運動而來雖云鄉舉里選實則名是實非其說甚是即弟亦未嘗無此致慨惟志也者志其一邑之典章制度也苟典章制度之所係則著之固不問其名實之是非也若因議員選舉之不善而并不列是項名目則亦太過且人物類中賢者立傳而不賢則否亦未嘗漫無褒貶於其間耳彼科舉中人豈必皆能副實雖由今思之似乎科舉之尚足以得人者然而世道日非每況愈下吾知苟科舉之法而復見於今日其怪狀亦豈亞於選舉者哉總之凡此所論與志例絕不相干無庸混而爲

一者也鄙見如是不知先生以爲有當否乎爕頓首

答張景留書

景留足下春暉課閱就於日前寄上想經收到曩者尙有尊稿一卷委爲加墨久未奉繳爲歉不佞平昔閱文其眼光有二若文而僅爲榮世也者則苟覺斐然可觀則獎譽惟恐不速如所評社課諸作是也至於以古相期思傳及於後便爾不敢輕許今尊稿鄭重謄寫定名文存其命意當在及遠故不佞亦不欲僅以觀社課之眼光觀之亦不欲輕加評點祇於題下用小圈識之本意以得三圈者爲上而此冊各文尙未及此足下方年少日進不已後之見前或更將自行删定者不佞讀之當擊節而儕於古作之林矣燮白

答張景留問詩書

來詩收到容病愈讀之承詢四者古詩平仄雖不能如律詩之一一指定卻不可隨意下字其聲韻之剛柔清濁亦有當爲選擇者尤不特在平仄間也起承轉合之名乃當時八股時代塾師課其初開筆之學徒作起講之法耳稍具才調者已不盡拘拘於此凡作律詩須有步驟有接拍固不待言而起承轉合之意自寓其中神而明之無往不合至有清詩人多不可勝紀以變之陋又不盡遍觀盧後王前安能斷定況變之詩學不足以論樊榭亦無可以論他人足下亦不必問誰爲第一但試擇其性之所近者自吟之而自詠之可已初

學爲詩必無未純熟各體而先學五絶之理蓋五絶固不易作而亦不必常作唐人中能此者固不乏人未可專指惟杜韓此體殊不見佳不必震於其名而學之耳已未十一月十四日燮白

答馬適齋書

上月杪曾覆一函寄舒蘭計已早登籤閣大稿久置案頭再三瀏覽以先生之虛懷下詢未嘗不欲一盡其愚第目眵心蓬未能有所獻替至深慚悚大抵尊作清白潔淨饒有風格所微不滿者則以篇中好用新字面耳硜硜之見以爲爲詩文詞於今日但當有新理想不當有新名詞苟一入新名詞便覺有傷雅馴而於詞爲尤甚非特流行之新名詞所不宜用卽陳腐之道學語亦不當用言宜曲而忌巧意宜眞而忌雕弟於詩詞本無心得惟近刪舊作頗自覺其病因卽舉以告諸執事有當與否殊難自信大稿中卽以鄙見所及粘注

一二仍希先生教之

答馬適齋書二

手教奉讀惜弟於詞學研究未深郎偶一學塡亦不過依照萬氏詞律擇其調之稍可意按者大略遵之如小兒之學步僅於字句間不差平仄而已至論陰陽清濁輕重高下之際尙不能一一辨之明晰惟有時於會心之處則覺詞與詩其神情意境寔大不相同不得僅以長短句之詩視之者也竊嘗以爲詞學之盛莫盛於宋欲窺全豹祇當於宋人中求之其餘但觀選本而已足至近代詞家其有集者當亦易覓宋詞之巨帙前有汲古閣本六十名家詞一書其原刻今頗不多見近海上博古齋用影印出售可購也邇來友人中工於

倚聲者爲錫山王君西神郡人則沈君逋翁講之尤精令人畏服閔君瑞之近亦樂此不疲若鍥而不舍我將三舍避之矣燮頓首

答張伯賢書

伯賢先生閣下歲杪接奉大教推獎之語愧不克當文敝道喪每況愈下今之所謂新文學往往讀之令人失笑而潮流所至如染疫癘吾不敢知吾爲此懼蓋今日文言未絕故尚能爲白話他日者將幷白話而不得也夫豈但優美之文學掃地無餘而已哉而其機已兆矣先生欲以說文九千餘字課今日之學子誠推本之論然識時之俊方欲舉尋常通用之字一切廢除而別用所謂新字者代之其不學年少之徒棄難就易如水之赴壑尚安能計及夫說文九千餘字哉故吾輩風雨雞鳴商量舊學聊以此自樂其樂則可若謂得一

二人之提倡而冀挽回今日之學風則非所望也不知先生其同此憤慨否大著墓志銘及家傳各一首均收到拜誦數過恍見先正法度眞文章老手也遲當錄入叢選以資規橅來書久矣因數月來奔走無定遂稽作答罪甚罪甚孿頓首

答張伯賢書二

伯賢先生辱手書幷賜大什欽佩之餘慚悚無地先尊嫂夫人以賢才淑德聿配名流勤儉持家兒孫繞膝雖未得克享遐齡不可謂非人生之福先生具安仁之妙筆遭奉倩之傷神言能傳遠足以不朽而乃不自撰次委及他人所謂家有隋珠而欲求寶於外者也今承大命謹依事略作爲家傳一篇另鈔奉上其不詳敘世系及生殁月日者以別有墓誌可無庸也仍維先生教正之弟夔頓首辛酉十一月初九日

答王傑士書

手示所論白話文辱承商搉當此潮流波靡之際頑鈍如不佞久在自然淘汰之列凡此簇簇生新之新文學豈容復有置喙之餘地顧足下虛懷猶持調和之說其論至爲平允自近數十年來學校趨勢其國文程度已遞降而遞下大抵皆然無可諱掩蓋始由高深而變爲淺近繼由淺近而入於俚俗至今日而逕欲以文言易爲白話亦漸勢使然矣故今日而以白話體爲提倡當然有合於普通教員及學子之心理亦其勢然也夫避難就易人之常情橫流滔滔誰能爲遏足下處教育之地位隨時勢而立言亦無足怪惟迂謬之見則

以爲同一白話也出之於能爲文章而具有學問之人與出之於庸夫俗子不學無術之人其程度懸矣可知同一白話也出之於能爲文言之人與出之於但能爲白話之人其程度又懸矣是故今日文言未熄而舉國競尚爲白話則雖曰白話而亦必有條理之可觀他日新文學普及止有白話更無文言以條理之則將并白話而亦不能成也是則可懼也來書久矣弟對於今日之新文學本抱各適其適之觀念故足下此書殊不欲置答繼思足下非他人般然之意實不可以負因略陳固陋如此而心中所欲言者不能盡其百一也何時顧我當爲君一罄之高燮頓首

答王傑士書二

傑士社兄足下前奉手書稽覆爲歉足下品學粹然用志篤實凡諸所論痛切不磨能言能行我見亦僅竊嘗謂耶氏戒律俱極淺顯然而人苟能禁絶不犯者卽至善矣固不必高語微妙也君所謂四不二宜者我佩之我亦可以一一身行之且平生自律者誠較此爲稍嚴密矣而用以律人則但能得四不二宜而我已敬之愛之惟恐其或後矣惟足下爲學問中人而非流俗中人故我於足下則有進焉夫學問之眞者謂其能不隨流俗爲轉移也不隨流俗爲轉移卽不趨時之謂也足下所謂沉湎於酗酒放恣於賭博徵逐於歌舞而

足下則無一有焉此豈易能哉然足下生樸素之鄉交繩墨之友耳濡目染皆以沈湎縱恣徵逐者爲非故足下亦能眞知灼見矯然有異於衆宜也設足下出而與豪貴相狎習與政客爲周旋彼固以沈湎縱恣徵逐爲酬酢場中當爲之事不特不以爲非而已也我知足下處此雖未必是之然見解則必有異乎今所云矣何以知其然也蓋曩者足下來書固以順時勢所趨爲職志者也夫旣以順時勢所趨爲職志則所謂酗酒賭博歌舞皆其小焉者耳何爲而不可哉抑吾嘗疑之古者每以隨波逐流爲惡名以同乎流俗合乎污世爲鄉愿而方今則幾以順應潮流四字爲天經地義之正理古

者以障川挽瀾及不肯隨人腳跟學人言語爲美談而方今則不合時尙者人將目爲無用可知古人之所不齒者卽今人之所共稱今之所謂通人皆古之所謂敗類而已我嘗謂今之世乃洪水猛獸之世邪說妖言盈天下他姑不具論祇順應潮流四字充其量便足以亡國滅學而有餘其狡者吾無責焉而一二端謹好學之士亦相與助其勢而張其焰此可爲痛哭者耳然以我之料足下所謂隨波逐流者則固知其爲惡名也所謂順應潮流者雖未及遽認爲天經地義亦必以爲遵時之道之固當如是也然足下試思之曰隨波逐流曰順應潮流二者豈有異乎故他日之能開物成務而立

濟世之功者，殆必非順應潮流之鄙夫，而爲逆流不惑之君子，可斷言也。人亦有言：識時務者是爲俊傑。今則識時之俊滔滔皆是也，欲求一不識時者而不可得，欲求一逆流而邁者則更不可得。夫安得而不淪胥以日即於敗亡者哉？鄙人之懷抱斯慨，亦已久矣。若舉而言諸人，其必爲人所唾罵而欲殺也決矣。非足下，亦不敢發也。仍希有以教之。高燮頓首

十二年一月十四日

答王傑士書三

前奉惠復乃知不佞前書之料足下猶未能至盡足下於順應潮流四字非特認爲遵時之道所宜然直以爲天經地義之當如是也既如是則不佞自可以無言惟紬繹再四覺書中所論又有不盡如此者足下之意以爲修身自律可以不應潮流至於教育與政治則不得不順潮流於是而我有惑焉古人以修身齊家治國平天下一貫言之自律即修身治國平天下即政治教也者即教之修身教之政治也然則若修身若教育與政治實不可分爲兩橛者也而足下以屬於修身自律者則曰移風易俗曰挽回迷亂之人心夫所謂移

也易也挽回也非逆流而行之謂乎而足下之所謂風俗人心者又何物乎豈於政治教育絶不相干而此所謂風俗人心乃專以供足下之自律而有待於移之易之挽回之乎此不佞所未解者一也足下之言曰今之教育與昔之爲學大有逕庭意若謂昔之爲學可以不順潮流今之教育則不得不順潮流是矣兹先以昔之爲學言之足下不嘗以政治之當順應潮流乎假使昔之人學優而仕固學而及於政治矣是亦當逕庭於今乎更以今之教育言之足下不嘗以修身之不當順應潮流乎假使今之教育而亦不可以不修身者是亦當逕庭於古乎此不佞所未解者二也足下以爲昔之

爲學惟士而已士固可以不順潮流今之小學教育則農工商賈下逮輿夫走卒無不包之惟農工商賈及輿夫走卒故不得不順應潮流則試問足下今者之地位爲士乎爲農工商賈及輿夫走卒乎若足下爲士何反斷斷於順應潮流爲哉此不佞所未解者三也而足下曰所謂士農工商者乃就所教者言之非就教之者言之也然教之白話豈遂能爲士農工賈乎抑白話者不過爲教育之新流行品而士農工賈之教仍別有在而無須乎白話乎此不佞所未解者四也足下又曰今之小學卒業文理有所未通若白話則固有閒矣意蓋謂白話之無待乎文理也則我又有說焉夫白話之能

通順者何遽不須夫文理若但曰白話則苟非暗啞誰不能之人即未受教育亦不過不通而止耳安在其并不通而不得哉更安在其并白話而不能哉此不佞所未解者五也足下又曰今之小學爲期祇四年科目六七種而入學者又罔分貧富文理之不能通何足怪然文理之能通與否於貧富之分不分無與豈富者當令其通而貧者獨不當令其通乎足下既知普及教育之遍於士農工賈輿夫走卒故不必求深而不得不歸於簡易乃必於小學四年之中特注重其六七種所學非所用之科目而以不通文理爲無足怪安在其能簡易也然我非教育家未敢與足下論教育惟足下必以

不通文理者示之鵠此不佞所未解者六也足下又繼之曰守先生者不可謂非逆潮流者恐在小學校中亦未見其能人人教之通順也此言尤爲奇橫而難測夫守先生何人足下固未明言以鄙意度之殆卽足下曩年來書稱貴校改用白話文葉守仁先生不然之以爲自文言入白話易自白話入文言難文言通矣未有不能白話者云云是也而足下之意則不以守先生之說爲然故至今尙思有以折之而忽發爲是論歟然而以我觀之守先生之說實不可易足下雖欲折之而烏可折也夫文理之能通與否在受教者之自得若夫教之者豈不望其人人能通其不能人人通者勢也固未

可遽謂其無能也今足下既以不通爲立教之鵠矣何又以未見人人通順爲誚哉此不佞所未解者七也就我邑而論如守先生者其道德之純美教育之卓有經驗宜若無可非乃新進如足下謙挹又如足下竟不惜舉邑之先覺而嘲之笑之何哉則以其逆潮流也然則足下殆眞視順應潮流爲天經地義者耶此不佞所未解者八矣夫易稱窮變通久其理甚精與今之所謂順應潮流未可并爲一說然卽是而論吾國文化今方爲域外所崇仰而國中不學之妄人乃反自斥文言爲無用正思竭力而革去之此可謂之不窮而變今學校中之習白話者但能口操那個什麼數言便自詡爲愛

國好學如足下亦且以不通文理爲無足怪然則是可謂變則不通非變則通也夫旣以順應潮流爲職志則安所往而不順應卽以教育言之今日曰國民教育則羣而譁之曰國民教育他日曰義務教育則從而鬨之曰義務教育今日謂學校當廢考試則頓然而廢考試矣他日謂學校須同男女則欣然而同男女矣其是非之若何姑不具論總之黠者主之盲者附之而已是之謂雖變而不久蓋順應潮流之與窮變通久於義絕無當也足下又以夏尚忠商尚質周尚文潮流之所激盪雖聖王莫能與抗尤爲不合夫尚忠尚質尚文誰尚之卽聖王尚之也自尚之而自抗之本無此理今足下

之逐流也方以夏商周之聖王自處未知聖王之所尙亦若是乎否乎夫共和之不可復爲專制民治之不可返爲君主是也然足下亦知由君主而爲民治由專制而爲共和之歷史之精神乎要皆爲當時具熱心毅力能逆流而行之君子前仆後繼百折不回鼓之以文章拚之以鐵血而後得者乎雖不佞在當時固伏處不出然文字之見於海內外爲他人所指目曾岌岌而可危者哉雖至今日竊見夫人心世道每下而愈況方自悔爲當時所不料然豈庸夫奴隸之見之比哉若夫揚西抑中之見本爲不佞所未知而期期以二十世紀等新名詞爲口頭禪尤爲不佞之所深恥是故謂之不化

誠不化矣謂之執一我亦無辭也惟有下拜登受而已矣近日爲河工事忙甚匆匆裁荅恕不及修詞吾會以商兌爲宗旨而足下來信適觸發其平日之積感故伸紙疾書不覺已盡十餘紙足下倘以爲尚有一言之可取請俟稍暇更當罄論之蓋胸中所欲言者尚多也夔頓首癸亥元月二十三日

答王傑士書四

昨自張返接奉教言俊傑識時足下可謂名赴其實安得不佩惟仁者見仁智者見智足下論順應潮流而以孔孟之尊周及言仁義爲之證似矣然試問當孔子之時諸侯豈尚知有周室者乎在孟子之時士風誰肯復言仁義者乎則是孔子之尊周與孟子之言仁義正孔孟之拂逆潮流而非孔孟之順應也故孔子所如不合而孟子乃欲制梃以撻秦楚之堅甲利兵其迂頑亦可見矣吾讀史至西漢之季頌莽功德者達四十七萬八及有明之季浙撫潘汝楨爲魏奄建立生祠一時諸方效之幾遍天下其稱頌之詞有民心依歸即天

心向順等語凡此皆可謂順應潮流而無愧者也使漢季之四十七萬人與明季之諸方效順輩而生於今日其不肯逆流而趨蓋可知矣至於其他之論吾於前二書言之詳矣且恐終不足爲足下益故不復云燮頓首癸亥三月十九日

答王傑士書五

傑士姻大兄足下手書承詢學詩之旨問道於盲慚媿安能置答夫詩以道性情足下性情厚則詩之本原已具以言乎成就則視乎功力之淺深而非可幾於一蹴若夫從入之途鄙意似宜由古詩入不當由近體入也唐人萬首絕句選固佳其實宜先之以漢魏繼之以唐人之專集又繼之以宋元明清而逵於近代雖未遽求其至而大略源流亦不可不知也林和靖一高人耳其詩在宋人中未必遽爲上乘亦可讀可不讀耳至於詞之爲學實與詩有不同者若不佞雖亦偶一爲之然於其聲音節奏之微茫然不知也來示承以弟謂

詩詞不可並進若證以弟平昔所言亦稍有差異總之弟不能爲詞則亦不敢輕與人談詞學耳燮頓首

與柯逸雲書

逸丈先生惠鑒尊稿謬加論列乃丈不以爲狂妄而手示獎許益滋慚汗陸君子平之作頃出細讀一過覺其意境風格殘無一不絕俗超塵令人拜倒惟變鈍根人也以鈍根人之眼光觀詩必句句求其可解卽不能解之於口者亦須能會之於心此則爲我平昔論詩硜硜獨抱之見不敢跂高深不敢問派別然亦不敢以質諸聰穎之士者蓋自知其固陋之不足道也變年弱冠時亦嘗喜爲空洞綿邈之言旣而自覺其少眞摯之處遂變而不爲其實我之詩則屢有改變因一時之嗜好而轉移之非必空靈之果遜於眞實也卽如丈之

詩本爲眞實一路眞實太過每多拙滯故變所選錄尊詩必求眞實中用筆空靈者子平之詩本極空靈而空靈稍過或失之寥廓故我所選錄子平之詩必求其切實可解者若變之詩雖始由空靈而入於眞實近復由眞實而又力求其空靈要之用力不專學無成就空靈眞實各有其病而乃肆口評論夫丈與陸君之作亦大惑矣不知丈得毋笑我乎子平作除選錄外仍當留此徐玩不欲寄還也高變頓首

答蔡竹銘書

前奉教言久稽作答殊以爲歉近曾一游武林略挹湖山之勝迄未有詩篇也一昨又得手示均經拜悉馨吾先生曾有信來其旨趣與公最近宜其結合之殷也今又讀其所作大刋序文所論亦與公爲近大致探本於自然而喜爲眞率然我以爲有區別焉自然而眞卽爲佳文自然而率則品斯下矣今之風尚競言澀體避熟就生自闢戶牖譬如咀橄回味得甘此境固自不惡而學者往往專求其澀則謬矣眞率美名也自然極詣也然我以爲文之至者其情必眞而情之眞者其文必不率故論詩文者眞乃不必言而率則宜去若專

以眞率爲宗則淺矣弟平昔爲詩文每易流於自然然而我之所論決不以自然爲尙者防其率也尤防其導人以不學也此意我歷之深知之審願以質之先生及馨吾先生以爲如何郭君百忍將印詩文此究嫌太早公爲之編改則可若付印則似宜稍遲弟於郭君今既有同社之雅故敢直言弟燮頓首

答謝玉岑書

出門多日，昨返舍，得尊寄長箋，捧誦再三，令人狂喜。辱承藻飾，慚汗奚如。以不佞之迂頑無狀，偶弄筆墨，聊以自娛。近復以體弱事冗，未遑誦讀。兒女婚嫁，雜沓而至。年增學退，終恐篤老而無成。尊論今世所謂新文學之推測，誠是誠佩。竊謂吾國今日文學之厄，乃文學之士自厄之，非此輩能厄之也。譬之吾身，苟正氣充實，則雖有邪魔，皆不足以爲病。若奄奄不自振者，則燥濕所侵，風露所襲，便足以死之而有餘矣。彼淺鄙謬妄之徒，其安能厄我文學哉！蓋亦視乎吾人之能自力與否耳。足下文辭斐美，正當英年，而克勵於學，乃不佞所求之而不可得者而今者文學不亡之朕兆亦於此可見矣承賜令舅錢先生名山三集感謝感謝其初集前金君松岑贈我一部已得稍窺其學今又得此喜可知矣弟於錢先生雖未獲識而識其友金君松岑劉君脊生因知錢先生爲今之古人也今劉君已成宿草讀錢先生集中聞脊生成病之作不覺愴然矣大著華藻紛披讀之目眩至爲企羨敢望多寄數篇俾得盡快誦燮頓首

答龐馨吾書

馨吾先生惠鑒：弟前在杭留一通箋啟，旋至滬上，忽蹶傷足，一月而始能行，今將三月而猶跛。近次第得手教并大著，讀之殊快。所以久不作覆者，實因廢嬾而鮮興會耳。承見賜之長歌，極豪情勝概之致，惟弟所作李君壽詩殊不足稱，而此種隨筆所寫之絕句尤不足稱，而諸絕中支離語體云云更覺出言太盡，他日若編詩集，皆當在不存之列，先生安用賞之？弟曩日作詩，皆近疏爽一路，既而自嫌其出之太易，而力爲矯正，然仍不免時時流露，如拙句諸絕是也。近人有喜爲澀體，遂成一時風尚。夫澀而如咀橄，則回甘之味誠不可忘澀而近於枯燥則嚼蠟矣惟澀固不可而易則將流於滑此則爲我邇年爲詩所痛戒并願與執事共去斯病也如見贈之什詩非不佳而其病殆同於弟所作壽李君諸詩卽他作亦稍似過於流利若以嚴格繩之皆非其至耳未識尊見以爲然乎弟學無所得而好直言恃先生之愛我遂自忘其妄死罪死罪弟爕頓首乙丑十二月初一日

與梅冷生書

昨見尊致姚生石子書駭悉薛君儲石作古之耗爲之歎息於邑者累日薛君於弟素非相識歲丙辰薛君來書廣徵壽親之言詞意甚殷弟乃作詩應之其後遂惠然入國學商兌會弟雖未嘗一與握手而氣誼甚合薛君求爲其先尊公銘墓之文一諾數年未有以應至七月初旬始克脫稿薛君亦有信來言已劖石以待因即寫清於十六日交郵寄去乃寄去後旬日猶未得復又旬日仍無書來方深訝以爲病不謂其竟至於此也可勝痛哉閣下書謂薛君歿於九月廿六日而弟所寄文猶前十日計當及見惟閣下書稱薛君以十五

夜始病計得弟信時薛君或已病亟未知其果得覩我文否
乎薛君之求弟文也幾將三年弟以因循未能下筆今文成
而薛君或竟不得見即見亦未能泐石而立於其先人之墓
上弟之負薛君多矣閣下與薛君交有素當能悉其病中一
切情形尚希有以示我爲幸薛君年少志雄著述盈篋閣下
擬爲刊布遺文以謀不朽其用心之厚眞古之人哉燮頓首
庚申十月二十四日

答饒純鈎書

純鈎先生執事秋間接奉惠教時以江浙風雲波及敝邑倉皇奔走不遑甯居數月以來亂靡有定緬懷通德企羨奚如竊謂學術之壞匪伊朝夕盲趨謬論日益怪誕滔天之禍有由來矣執事奮志天南中流一柱學能救國其道斯宏瀛社之立厥功甚偉以君卓爾大雅不羣持以毅力定多興起氣求聲應無患無人弟創商兌會於今十有三年獨抱孤懷不隨時尚其志同道合者天壤間祇落落數人蓋此寂寞之業要惟知者知之不知者固無庸強求耳未審足下以爲然否近又奉手示並承寄賜大著潮州西湖山志快閲一過既喜

其編輯之精審尤令人神往於蓮花玉笥間也佩感曷極附奉合家歡圖書後一紙亦欲使足下一悉弟之家世又知小人之有母也而賜以一言則榮幸無既匆復並謝順頌年禧

弟高燮頓首甲子十二月廿七日

答孫益庵書

益庵先生執事春初冷香之集與先生有同席之雅而不克暢聆宏論至今引以爲憾日前忽奉翰箋并賜示尊閱國學叢選大文一首適當小兒婚期酬應紛繁未及細讀然私幸得大君子之不棄奉教有緣欣快不可名狀事後數日即出尊書觀之更歎古人之誼能復見於今日方欲馳函作答而續教又至捧誦之餘曷勝歉悚以先生學問之篤美乃不鄙愚陋手書殷然一再惠逮即旨趣容有不同亦甚願與爲商搉況不入仕途不爭意見不問黨派此落落數大端變固與先生之旨趣自有同焉者耶夫人心之邪慝足貽世道之憂

夔尤未嘗不同具斯慨惟大文中所述關於清室云云此則夔與先生各有主張可聽諸千秋以後之論今姑可不辨各存其說可也竊先生之論皆乃心清室者而以不如此遽可謂小人謂乖謬謂喪心病狂幷可坐以仇父公妻之罪無乃未公允乎至及拙文與葉君書中他日編輯清史數語此則誠爲當時信筆不加審檢之失微先生言幾不自覺矣蓋夔立言之意不過云他日尚明定史例而已其編輯清史四字實爲衍文今已乙去先生之示謂界畫無分全乖義例云者誠然誠然由是而知拙著中爲我之所不自覺而須待糾正者必多倘望先生有以指斥之也夔頓首甲子十二月十日

與馮蒿叟先生書

蒿叟先生道丈鈞鑒立春日手諭謹已拜承竊嘗謂辦振之舉自昔爲難昔時之振大抵水旱凶荒耳水旱凶荒天災也天災則無可如何也而自古明君每有遇災而懼側身修行者與振災之意有息息相符耳若夫刀兵則人禍也人禍者由人造之則當創鉅痛深之後必思一方懲其亂首一方恤其災民故懲亂之與振災亦相符也若今者則不然他省姑不論哀我江蘇之民在仁人君子方以赤子之顛連視之而所謂萬衆託望之某巨室乃竟以螻蟻之微賤棄之無所謂是非無所謂順逆無所謂賞罰更無所謂利害不惜私一人

而殘其千百萬之生命養癰噬臍不足喻其險循是以往眞不至於民無噍類不止也如是則奚能振夫振者所以求治也所以蘇我民也乃振之也不已而與亂也亦不已我恐振者涓滴而亂者滔天將不久而仍歸於胥溺而已矣雖曰能振亦不過殘喘之苟延耳非衽席之攜登也吾丈以鉅人名德夙抱痌瘝其勤恤民命之懷迭奉教言昭然若揭前者丈與王丹老一電如朝陽之鳴鳳如火宅之蓮花今一凶去矣而貪狠猶橫以我蘇人之可欺而益肆其吞噬小民畏懦懾若寒蟬苟非大年碩望爲全國所欽仰如吾丈者出而大聲疾呼請去此貐吾知正氣所臨雖頑如今之秉國當必有所

動拯生民於塗炭賴九鼎之一言功德豈有涯涘證以魏君
跋丈奏稿稱丈不畏彊禦聞災必救之言今丈雖老矣亦當
挺然而起惻然而願爲我蘇數百萬災民作根本之圖矣變
蠹魚也結習未除詩書自樂雖有憤世之心雅不欲出之于
口今以禍至之無日我民之行無死所方疾首蹙額而無可
告訴適感於丈賜教有兵災賡續而來振之則絀于力不振
又疚于心之數言不覺伸紙狂書不能自遏然非得如吾丈
之仁慈惻怛亦不敢發也惟丈有以憐愛之鈞體夜瀨不安
敢希節勞養攝肅復不盡敬頌善安鄉後學高燮再拜乙丑
元月二十四日

答林石廬書

石廬尊兄先生足下日前接奉手畢更拜大著金石書志之賜遵即寄上拙編國學叢選請教擬隨寄謝函而適患瘧疾致稽裁復歉罪歉罪頃始出大著讀之其探討之勤搜羅之富直是前無古人不覺驚絶弟寡聞孤陋嘗謂吾郡王述庵侍郎金石萃編於此學已極宏博今覯此書安得不爲咋舌矧足下年事方强此後狂臚正無涯涘誦尊序知海内名家藏庋金石之籍盡入高齋而敝邑錢氏之書亦與其列感歎之餘又竊幸物之能得所也欣羨無極閒嘗語二三同志方今國内之書浩如煙海凡嗜書之士其勢既不能一概盡羅

則於博收之中自宜有專精之擇苟認定一類而訪求之則物聚所好必能得世所難得之書而發特異之采如足下之所志是也弟不敏曩者治經偶及於詩因之常留意詩類之書隨時收購所積漸多久之遂成嗜好近歲以來搜求益力森森插架者將及八九百種然書愈多而愈不能讀所謂玩物喪志者也而年已逾艾腦力就衰僅寫得目錄頗思加以提要人事卒卒久不克就以視足下篤好而有力能藏而能讀精刊鉅製必傳無疑如不佞者殆不足道耳國學叢選之輯聊以自娛無當學術今則并區區文字亦且無成言之可愧何足以當奬飾哉手復鳴謝高燮頓首

與涂九衢書

九衢縣長吾兄閣下敬肅者敝邑先哲顧尙之先生爲清嘉道間樸學大師著書盈篋曠代無儔清史曾有列傳先生故居在邑之錢圩鎭水木明瑟人傑地靈當時實爲人文淵藪自有清之季至於近歲先正之遺風日遠無禮無學浸以成俗而錢圩一隅幾幾淪於匪窟先生之墓在距鎭不遠之横塘濱久已蓬蒿沒人知者絕少弟等慨焉傷之以爲此亦一邑之羞也茲者幸逢我兄來長敝邑崇儒重道卓著循聲弟因念本邑前歲成立有文獻委員會弟等徒尸其名從未有興起學者之事查是月十五日卽夏曆十月十八日爲先生

卒後之七十週年弟釐者嘗爲題碣刻石立諸墓上而未有典禮令擬卽於是日由會邀集邑中人士爲謁墓之舉敢乞台駕蒞臨主祭以誌欽崇蓋表墓式廬本古者賢有司之責好賢如執事定所樂聞矧邑中文獻之事莫此爲大倘因此而人民咸知景仰先哲格其非心則剝復之機諒當不遠轉移頑梗功在使君矣手頌政綏弟高爕頓首二十一年十一月七日

吹萬樓文集卷九

吹萬樓文集卷十

贈何茂如旅長由松江移任上海序代

金山高　燮時若

自世道衰而人皆以詐僞相尙其始常發於黠者强者之一人而人能受其欺也於是相率以黠者爲之師而欺人之術日益甚卒之其欺益甚而其售益難蓋我能欺人而人亦能欺我而欺之之術乃窮也爲儒之說者曰仁義焉曰道德焉而豈知所謂仁義與道德者何物乎爲官之說者曰國利焉曰民福焉而豈知所謂國利與民福者何物乎爲民之說者曰視人如己焉曰大公無私焉而豈知所謂視人如己與大

公無私者何物乎聖賢其面目而盜賊其心胸其外爲鳳麟而其內爲魑魅則詐僞之習之遍於國中也久矣然則挽之之道當如之何夫亦曰誠而已矣天下之事惟拙乃能勝詐惟樸乃能勝僞是故一誠可以動三軍一誠可以格萬類梗塞也而一誠可以通機巧也而一誠可以破誠之爲道其神明者哉旅長平陰何茂如先生以民國二年秋由甯率師來駐松江時亂事初平軍民之間交相疑忌先生至卽集官與紳與商而告之曰凡事無論大小往往因隔膜而生意見因意見而生衝突苟能相見以誠防微杜漸烏有疑忌之慮哉是吾與君等之責也吾姿質甚駑下然自十七歲從軍以來

治兵二十餘年奔走數千餘里所至之處從無惡聲者蓋吾
之所恃祇一誠字耳嗚呼先生之自述所歷殆得其道矣乎
蓋吾松崗崗之垠之遽能消除其疑忌之心而泯然於南北
之見者其由於先生至誠相感之功爲不少也我聞先生當
光復時在漢口漢陽督戰迭著勳勞南京之戰尤出奇制勝
乃及親其人則温温若無能者其任事也每黎明起必分往
各團營於保國保民之故申儆而講明莫不剴切詳盡聽者
爲之動容其御下也每微服出巡見有軍人違法之舉輒痛
加懲創然或遇兵士有受傷疾病者則又必親自慰問料理
湯藥受者至於感泣故屬吏下卒咸畏之若嚴師而愛之若

慈母焉先生駐松二年情意周浹余時與接談韝刀褶袴間若忘其爲軍人也者今將移任上海邦人士聞之咸有依戀可憐之色余乃推本至誠之效以證諸先生之言更以先生用誠之親得諸聞見者述之以附於贈言之義於以見至誠至樸之道實足以治兵足以化民成俗而有餘者也民國四年七月

顧復齋先生七秩雙慶序

天下難得之日每久處而若忘不及之境則相形而始見然後知親年之可貴惟有大福者乃克長享其樂也今年六月三日爲我外舅顧太史復齋先生七秩誕辰外姑陸宜人亦年七十四矣先生以道德文章羣推碩果巍然二老並臻大年於是親戚皆謀致其禱祝之誼而先生曰余生旬有一日而母逝洎乎就傅遂作鮮民故余生之日非可賀之日也堅不許閉門焉變以長者命不敢違乃往未稱慶而退則不覺聆先生之言觸我感也憶自光緒戊戌娶我妻兩家婚嫁皆居季時變已失怙三年而我妻庭闈皆康健每歸甯則見其

與兄姊四五人更迭娛侍和怡一堂輒自私歎永夜寒燈喁喁相語未嘗不羨我妻也然我毋素慈惠朝夕晤就常至移晷自以爲天倫之樂以視我妻雖白有間誠不多遜乃不數年而此樂竟不可得惟我妻獨膺其盛焉則因而益羨我妻夫家庭可娛之事往往習焉不察耳先生年登古稀髮已秃鬚盡白矣而精神不少減宜人患病久至不良於行然一室危坐神明湛然今則顔日童貌日加豐皆可卜遐齡之未艾妻兄荃孫少受庭訓於讀書娛親之外事無鉅細悉可不問殆天下之至樂也吾聞先生垂髫孤露而持家接物已若成人年十六應童子試學使李公筱湖見先生文大奇之遂以

第一人入泮先生自少卽喜爲古文辭博覽諸史兼治先儒義理書故自舉孝廉成進士入詞林皆有聲於時荃孫以通敏之資一秉家學爲文亦充然有根柢而孩提爛漫之眞發於天性此所謂得天獨厚宜其多福者耶而受之者或忘之惟他人視焉則以爲雖神仙不能易矣人生所處之境其相去何其遠哉至若先生令蜀中以名儒爲循吏歷官三年政聲卓著去蜀後民爲立清德碑以誌謳思辭官歸田卽堅臥不出曩年朝廷開經濟特科大吏以先生薦力辭不就嘗書東坡語曰北牖已安陶令榻西風幸免庾公塵可以見先生之志矣先生早年常授徒於外宜人綜理家政無劇易必躬

先生家貧宜人嘗質奩以助公車之費其後先生家居宜人則事雖至微必關白而後行非知禮者安能若是凡此先生與宜人之嘉行昭然在人耳目姑不詳述但述燮所以私羨而不可得者以寄荃孫俾於携子承歡時獻之即以爲荃孫賀更晉爲長者壽焉倘亦先生及宜人所頷而許之乎宣統二年庚戌六月高燮謹序

王海颿先生七旬雙壽序

余往歲遊武林得交丁君不識展庵昆季招飲於湖上之西泠印社集者數十人同攝一影其中年齒最尊者爲餘杭王海颿先生先生貌温而學粹德盛而言謙鬚鬢蒼然而精神內斂與余始相識握手歡然若忘其爲年長以倍也者時先生館丁氏教授及於數世年已六十有八矣逮余歸自武林嘗集定盦句懷之所謂厚重虛懷見古風人才畢竟恃宗工眞不啻爲先生詠也自是以後余每與丁君書必詢問先生安否而先生亦時時以詩文見示越歲之秋更寄所爲自述詩一百四十韻余讀之未嘗不想見先生豪興不減曩時云

近得丁君展庵書言今年二月二日實爲先生初度之辰德配魏夫人與先生齊年壽皆七秩矣以變辱先生引爲道義文字之交命獻一言以祝雖老竊維古之壽者蓋有道焉必其能致力於敬恪和易之常使眞誠不外溢則天旣全而壽自永固非專習導引服食丹砂者所得而知之也先生以家世名儒課徒自給窮年矻矻學行卓然清光緒間嘗佐沈叔湄文宗衡文於閩繼應徐季和文宗之聘爲臨川願學堂山長鼓勵士氣不遺餘力後隨樊介軒提學校試江蘇退而復任教授自民國以來長君渡出爲昌化縣知事次亦各就省中校學務而先生誨人不倦儉約而亨吟詠蕭然老而彌健

其家人請盍少舒先生則曰爲人宜惜分陰我藉以自課也嗚呼此所謂有道者也此先生之所以克臻大年也抑我聞天柱之山道書稱爲五十七福地而苕溪之水瀠洄激宕瀰漫而無盡我遊武林而至西溪西溪地鄰餘杭境山脈幽邃意去先生所居定復不遠我因以思先生生山水區往來於明湖苕溪間俯仰優游康甯好德殆所謂宜錫之福者耶他日游屐所經更當叩長者之堂而侑一觴焉丁巳孟春金山高燮拜序

丁母魏太夫人七秩壽序

杭州丁氏以藏書之富著稱於世當時最負重望者有竹舟松生兩先生文獻東南網羅殆盡即世所稱八千卷樓者是也余生也晚不獲見兩先生歲乙卯遊杭州而識竹舟先生之孫三在以布二君皆樸素工詩一見如舊即導遊西溪之風木庵風木庵者兩先生廬墓之所距庵里許地爲梅花泉有塚焉則兩君先人修甫先生之詩塚也余心識之兩君更爲余言修甫先生有遺詩名小槐簃稿今藏於家尚未付梓余因以知兩君之詩學類皆得諸當日趨庭之訓其代有傳人宜也近得盛先生鳳翔王先生海颿等寄其所爲丁母魏

太夫人徽文啟讀之而知兩君之所學固不特有得於庭訓而已其太夫人亦賢明耽吟詠丹鉛不去手當修甫先生在時伉儷之間唱酬無虚日太夫人生丈夫子六幼年修甫先生館京師太夫人以一身兼父師職日課之暇更授以唐人詩必至成誦乃已然後歎詩書之澤積之深而流之遠文學彬彬一門風雅固非可以幸致者矣今年十一月二十一日爲太夫人七秩設帨之辰令子上左昆仲謀所以稱觴上壽以博親歡而屬一言於余余維太夫人年屆古稀神明强固詩禮淑德遠近所宗惟子若孫多才濟濟今三在雖不幸早世而有子曰鈺亦年少能詩克承家學文獻之傳正未有艾

太夫人顧之亦可以殺其哀思矣嘗攷西湖名蹟自粤難以
後多爲丁氏所興葺數十年來已漸就荒廢自入民國湖山
氣象又迴乎不侔矣太夫人以道韞之才華享少君之壽考
頤養天和優游俯仰我知此後春秋佳日有攜其子與猶子
奉板輿而爲綵衣之舞於六橋三竺間者非他人必上左昆
仲侍太夫人遊也湖上南山有煙霞洞修甫先生在時嘗手
逐其向塑之錢神而易以東坡像風雅之士多快之太夫人
遊此其亦可以興懷而賦詩矣共和六年歲在彊圉大荒落
辜月金山高爕拜序

張蓬洲四十壽序

余識華亭張君蓬洲二十餘年矣其初識也在雲間之寓廬有賈者以古帖一帙求售適張君來支兩手於桌凝神靜觀意態卓爾時余年未弱冠軀幹猶小竊窺其間不敢置一語郎君亦以少年覩余也後二年君來謁顧貞獻先生於素心簃余復與相見席間諗其談吐舉止余亦心疑其數十歲人矣蓋余之於君交本甚淺故彼此都未訊及年歲自是十餘年音問既疏丰采罕接歲庚戌君之喆嗣本良結文社於里中君特來書屬任評閱余偶一應君則大好之更時時命本良學文於余本良好學甚嘗取余所作及評列佳卷輒背誦

不差一字如是數年學大進一日者本良寫有他人題詠詩數十首見示中一詩不署姓字余驚訝以爲善詢之乃君所作也由是而余始知君之學余創國學商兌會君與本良復後先入會去年夏君以四十述懷四律索和蓋君纔長余一歲耳由是而余乃始知君之年余雖伏處里閈乎以文字因緣而結交幾遍海內誰信相識已逾二十年相隔不過十餘里迺有積學好古之士如君者至今日而始克深知焉則君之不求聞於世與余之交遊不足以盡夫咫尺之間也皆可見已甚矣余之謬也余既以一詩奉壽又爲代徵和章得若干首本良更以壽序爲請予諾之久未有以應風雨懷人日

長春暮因思念君乃書此以寄君君試讀之亦能恍然憶及二十餘年前凝神觀帖時乎余年今亦四十自撫頭顱鬢絲未白方將攜兒子躍馬出昌平居庸以一覽雄關之勝余之嬉游不學與昔無殊惟軀幹加長耳使今日而君仍以少年視余是眞余之所深快而欲求不得者也丁巳三月金山高燮序

贈邑侯懷寧詹公去任序

金山之爲邑其西毗連於浙之平湖而瀕於海海之爲界汪洋浩渺非可以就而指也但有衕焉則證之於海塘塘之分也則有碑視其碑而斷以海之界則劃然而無疑矣然而海之捕魚者乃有强而無弱有爭而無讓有侵佔而無限制非一日矣我金山之民弱弱則漁海之利被侵漁海之利被侵而我邑海岸之界址因而汲汲不可保惟我邑侯懷寧詹公篆九之宰我邑也匪斂其迹而吏剔其奸士戢其囂張而農甦於垂斃至今三年誦聲作矣會金平漁民以捕漁界限訟之官江浙大吏各檄兩縣往勘之而平湖所漁乃及於老鴉

灘而老鴉灘實接金山塘在界碑東幾一千數百步至此平湖遂無詞而其漁民乃轉籍我大吏力迫侯割棄此灘以畀平邑侯據理陳述不可得乃奮然曰我爲邑宰有守土責矧此灘可割則邑境皆可割矣我官可去此灘不可去也卒疾呼爭之而撤任之命旋下邑人以侯方爲上官所倚重其爭之也非其過乃竟因而去也皆爲之憤慨作爲詩文聯語塞國門而祖餞者無虛日某乃起而言曰邑人士今之祖餞而來者視其色皆有不豫然其果爲侯惜乎抑爲我民而惜乎如爲侯惜也者則侯之此去全邑榮之志乘傳之侯之名當與一邑而共留也無用惜也如爲我民而惜也者則侯所欲

舉之事卽邑人所欲舉之事然邑人所欲舉之事無盡而侯終有去之之一日則但得後來者能以侯之心爲心猶之侯也亦無用惜也余於是乃卽以上所稱者爲侯賀以下所稱者兼以慰邑人士之惓惓而已於其行也姑與之痛飲民國七年十二月高爕序

陳脊安六十壽序

國家之崇教育所以養人材也自舉世相尚以不學而黠者乃倡爲順應潮流之說以取媚於年少浮淺之徒而教育之旨愈謬教育之名愈多貪官勢豪因假此以行其横征暴斂之術此大亂之階世變非細故也吾金山之興教育也二十餘年矣當時主其事者大抵皆學優而品粹故能得人信仰未幾而推廣及於全邑論者以陳先生脊安之功爲多先生少聰穎有神童之目年十四入邑庠次年食餼逾冠登拔萃朝考一等以小京官用旋以父憂歸便絶意仕進時值庚子以後清廷鋭志更新而先生之德望爲羣人士所重故邑中

次第立學無不推先生爲之主而學者尤翕然宗之然先生性恬淡而教育之事日繁新進者品類稍稍雜先生即遜謝遠引日常以書畫自娛如是者數年而反顧邑中學風之壞遂猖狂恣肆而不可收拾曩歲畝捐事起民怨沸騰先生則大憤爰集同志力爭而呼籲之一呼不效則再呼再呼不效則三四十百而未肯已卒以除其暴戾之徵而折貪汙之燄者人方謂先生平時沖和謙抑而無忤於物雖老矣與之言每羞澀如婦人好女而無所可否今者之事顧慷慨激昂久而不變其度疑若非先生意而豈知有剛鯁不撓之節者乃能具拔俗之致有馨逸忘世之情者乃能持特立之操而又

何疑乎先生哉今年四月五日爲先生六秩初度之辰其同爲呼籲之列者皆謀合詞爲壽而屬文於余余爲略述先生之行而推論其所以爲壽者實由於毅然不屈之正性而其正性之堅定則由於退然無所營求先生年六十而望之猶如四十許人夫豈無所得而然者我是以願詔我言以警邑之人俾有所動而翻然知悔焉則斯民之幸而學風其庶幾有復醇之望也夫

歷代兵書目錄

十二

朱氏姊趙夫人七十壽序

凡人世之福祥壽耉其處順安常者往往一遇困阨則悲憫愁苦百事灰冷豈知造物者每視其人之德當摧傷憔悴而不以淡其爲善之志則久而久之必當降予厥慶誕登遐齡此不必徼福祉既臻而始知之也但觀其於拂鬱之際能勉自忍抑力肩鉅任而措之有餘裕識者早有以知其後福之難量而有長生久視之道矣若我姊氏朱母趙夫人有足稱焉夫人浙之平湖人爲同邑慰農朱公之繼室慰農公原配高氏我仲姊也仲姊適朱未一年而殁在余生之先一歲故不及見至余丱角時見趙夫人來卽知爲我姊不知其爲他

姪姊也自是數十年姊歲時必一至事我嗣母如母我嗣母視之亦不啻己女也朱氏家素封自慰農公更以儉約自韜晦積益厚姊佐之以好施安詳惻怛一家融融然生丈夫子炳文煥章次第補博士弟子員皆有聲庠序女子子二亦皆賢孝能知禮遠近無不稱羨之者逮慰農公以歲己酉二月卒纔十有四日煥章亦卒去其配張氏之卒未久也更以二女次字我兄子均長適葛氏者亦先後没於家當是時姊之痛可知也夫以平昔久安娛樂乃不數年間變故疊發爲人之所難堪而姊於憂愁困苦之中仍持之以鎮定撫煥章所出一孫而教養之益廓其爲善之量凡各處災振暨貧乏之無

所告者求之無不應時炳文方年壯綽厲奮發捐貲興學爲數甚鉅姊更奬勉之不之吝也豈知歲丁巳炳文一病又没配徐氏已前没繼配徐氏閱二年亦没遺一子三女皆幼姊更爲手撫之時則姊年已六十餘矣摧折之慘者懷可想然姊之含痛而能鎭定也如故間嘗自念曰使天道有知我者婦尙當撫諸孫男女以成立也則益力於爲善而勞瘁其躬以整飭夫内外者亦更以無倦時以形家言所居宅不吉其避之便余乃謂姊盍至我家乎姊欣然諾遂留司計者於宅而自攜諸孫來余因割舍之半居之卽延男女師分教諸孫讀而師皆名德碩學故五年之中諸孫遽已文行斐然親戚

皆爲刮目而姊之撫教諸孫也一如其教子寓嚴正於慈愛故但覺其可戀而未覺其可畏其式於一家也寓明察於寬大於世俗一切樗蒲諸戲屏之惟恐或後故不特諸孫輩不一染即賓客之嗜此者亦不敢以姊居我家便行之於宅以內也姊雖身居我家然於此數年間擇地以葬兩世之柩逵十八築石梁及五六座於宅則改建而聿新之整暇以雍容指揮而若定於是宏宇突起輪奐裔皇而朱氏自數世以來鬱而不宣之氣亦從此昌矣歲甲子之秋江浙亂事作余與姊兩家同避地居滬上者數月迨事平而姊乃歸於里今年正月姊爲孫維坤成室而長次二女孫亦以次受聘九月二

日爲姊七秩設帨之辰先期孫維坤維垣等咸進而言曰我祖母半生來辛苦悲傷以督教孫輩俾孫輩得有今日祖母之賜於孫輩者眞天覆地載莫能盡矣孫輩願以祖母誕日邀賓張樂共獻一觴以爲老人壽不許則又進而言曰祖母之德宏矣溥矣孫等願徵文於賢豪顯貴以傳示於後世更揚譽於當時庶其可乎亦不許則又進而言曰高氏祖舅爲我祖母平生最信重之人且知祖母最諗又夙老於文孫等將丐其一言以娛我祖母而訓孫等矣許之維坤維垣遂退而踵我門以請余曰固也微爾言我亦將削筆而爲之矣於是爲推本其所以能致福祥壽耇之原而敘之如此且有以

知姊之慈懷恆德葆其本真定能至八十九十而未艾也抑吾嘗讀詩至風雨如晦雞鳴不已解之者曰亂世則思君子不改其度焉若以一家言則逆運之來皆亂世也能忍抑而無所動者皆不改其度也又讀詩至彼君子女謂之尹吉夫以女而稱之爲君子乃世之所引以爲榮若姊者殆眞詩人所思之君子也已而余尤有望於維坤維垣者爲能無惑於盲談無趨於俗尚本其世德讀書爲善俾全其學於亂世以有合於詩人不改其度之義也是亦姊之所以不願得他人言而願得余一言之意也夫中華民國十有六年歲次丁卯中秋日弟高燮謹序

錢毋謝太夫人八秩壽序

歲庚午武進錢君家驤來宰我邑當下車之始卽巡視邑之南鄙與余相晤於張堰先是宰我邑者鮮有能厲精圖治致匪盜常出没於濱海間取人萑苻之事時有所聞而伏莽益蠢蠢思大舉會君至不數日遂有張堰全市擄劫至數十人之巨禍張堰離縣治遠君甫得報而盜已遠颺且當時邑宰又無指揮軍警之權君則大憤扼腕頓足如負重戚而市之居民以受創深頗憾及君君亟引咎去余聞之獨竊歎我里中民視之短以爲十餘年來國家置宰如弈棋而我邑邑宰眞能關心民瘼撫字如傷者實未有如君懷此私意不欲語

人逮君既旋省任省中臨時軍法會審事而其後我邑所獲盜皆得置諸典仍以君之力爲多今君復出宰青浦二年以來考績遂爲全省冠余又自念昔日我里民之短視而我早深信君爲好官果不謬也去歲之冬余薄遊滬上君忽來訪余寓廬握手言笑愔愔道家世甚悉余乃始知君即爲我友名山先生之介弟而君之母謝太夫人爲我及門謝君玉岑之祖姑母名山先生以鉅儒名德譽望重當世凡今常鎮間能文好學之士大抵皆名山先生弟子而玉岑爲其女夫亦受業焉錢謝世世爲姻戚余嘗讀其譜集知兩姓聯好代不絶書且皆有卓行可表今又得君所述知之尤詳矣太夫人

爲處士謝公玉階之女而錢公儒珍之德配玉階公殉洪楊之難時太夫人尚幼隨母避亂極顚沛流離之苦事平歸而母亦旋卒乃依兄嫂以居者八載年十九歸於錢逮事其舅兆琴公兆琴公以文雄於時執經造廬者踵至而家貧如洗外無應門之僮內無執爨之婢太夫人轉側扶持有逾子女自兆琴公捐館舍而家益困儒珍公益肆於學赴試無貲太夫人則幷日而食傾箱篋以佐之既而儒珍公又卒太夫人拷荼茹苦幾無以自存遺孤家鳳家麟家驤既長能以筆耨奉甘旨境稍稍裕及家驤遊學歸國任職法曹旋出宰治民迎養官舍太夫人康彊猶昔神明不衰既時時以勤政恤民

詔家璽而家驤則更稱道慈訓以語於余余悚然躍起曰有是哉吾固知君之有異俗吏而未知平日涵濡於母教之深也今年夏曆八月一日實爲太夫人八秩設帨之辰君於是乞余一言以爲親壽夫余之言何足重哉惟庋君於數年前而君之政聲今乃播於鄰邑而余昔日之言遂得誇示於人也因假此文以一發之當能博太夫人之歡顏也夫乙亥三月朔世小姪金山高燮序

吹萬樓文集卷十

吹萬樓文集卷十一

金山高　燮吹萬

陳臥子先生傳

陳先生子龍字臥子一字人中又字懋中號軼符晚年自號大樽先世潁川人宋中葉有仕於康王幕府者從渡江遂爲華亭人按先生父所聞及先生皆入青浦學應爲青浦人國史列傳及年譜皆云華亭人當係稱松江爲華亭也自入有明累世業農高祖綬輕財長厚里黨號爲大人曾祖鉞任俠喜擊劍會島夷入犯率二百人與角擒馘甚衆當事欲官之辭不受祖善謨方正重然諾皆隱德未耀父所聞始舉進士爲工部郎中有廉直聲毋韓夫人夢龍降於室蜿蜒

有光而生先生因以爲名云先生幼尙氣節嫉惡出於天性天啟四年逆奄矯旨逮治周忠介公順昌吳民憤怒羣擊緹騎至死時道路洶洶以爲四方響應將有漢末討董卓之舉先生遂陰結少年數輩詗伺利便久之寂然乃益歎恨則縛芻爲人書奄名射之長老罔不詈其童騃取赤族而先生不顧也年十四文名已籍甚公卿間侍父病暇輒爲文以獻父閱之每擊節曰兒爲我七發也所交多當世賢豪長者當復社名盛先生與同郡夏彝仲徐闇公周勒卣彭燕又等結幾社以應之詩文瑋麗和者日衆所治文辭率限日程課一時如顧緯南宋轅文宋子建宋尙木李舒章張受先張天如楊

維斗徐九一萬年少諸人與切劘道義揚扢文章遠近交稱
而先生之名益顯舉崇禎十年進士出漳浦黄石齋之門先
生平生所君宗也漳浦贈言有云愛物若騶虞指佞如屈軼
先生既取以爲號更榜之座右焉崇禎初即位誅逆奄登賢
俊天下想望太平至是而烏程當國搆害忠良朝野側目張
受先天如均遭譏訐事數年未解黄石齋亦論謫嚴譴先生
雖新進以素知名賢士大夫多就議者相對蒿目深謀危行
宵人方眈眈目爲黨魁而先生乃以此時專事著述成平露
堂集白雲草又偕闇公尙木網羅名公巨卿之文有關世務
國政者爲皇朝經世文編五百卷又重編故相徐文定公農

政全書刪其繁蕪補其缺略粲然備矣十三年就選得紹興推官攝諸暨縣事諸暨向多盜久被水災奸民因之遂肆剽掠先生計獲其渠誅之境賴以治當是時暨邑苦饑五載矣又大雪旬餘不止山路斷絕哀號遍地而先生初至即與邑人議積儲以爲積於官則多弊不若藏於民間乃置籍令富室各量力書所積之數遇米貴則減價以糶歲稔則聽自便至是先生徒步雪中遍踵富室求發粟富室皆感動多樂輸以充拯者先生則躡芒屩策短笻馳驅林麓中累月不休是以郡中雲擾而獨暨邑帖然大吏以爲能遂屬先生專司賑事先生以暨邑例行於郡費官帑及富室所助米七萬五千

有奇全活者不下十餘萬人先生尤聽訟明決故官齋蕭然庭清如水無事常手不離書浙中士子以先生夙有文望遠來師事西泠十子皆出先生門故國初稱西泠派者即雲間派也十五年先生攝紹興府事適閩浙山賊爲寇嘯聚於栝州遂昌之西鄉山險箐密官兵進討久失利撫按奏其事崇禎帝震怒中丞董象恆初受節帝面諭限五月撲滅象恆至立召先生詢方略即屬監護諸將率兵千人並收東義壯士百餘人爲衞直抵遂昌檄厲士卒於溽暑瘴霧中奮力死鬭奪其一寨斬首數百賊西走所棲益峻不可攻先生令凡近賊巢五十里内民家牛羊米粟皆遠徙賊乏食勢屈遂出降

十六年闖賊既破承德左兵暴掠東南恫急先生以郡少火器聘精西學者陳博士于階造大小礮數百尊築敵臺修城郛爰固國關郡以無患冢宰鄭三俊端嚴清亮人也舉先生天下廉卓第一是年冬獻賊入袁吉京軍久缺餉大司農高弘圖大司馬史可法告急之檄交至而各郡糧運稽阻先生默念根本坐困一悅巾而呼大事去矣乃親督新舊米七萬餘石入倉時則各郡尙無升斗至者史公見之幾欲下拜曰非子事將不濟遂與高公同論薦焉許都者東陽諸生富家好客多結納豪悍先生素知之嘗語當路此等人用之可得其死力不用亦能爲變人無應者東陽令姚孫棐貪縱虐民

以傭亂斂財坐都萬金都之免不得有奸民假中貴人招兵
者於都無涉也事發令文致之因以索賄不滿所欲持之急
適都者葬母其客會者萬人或告備兵使者王雄曰都反矣雄
遽遣使收捕因發憤聚兵以誅貪吏爲名民怨毒深多從之
旬日之間聚衆數萬連陷東陽義烏浦江圍金華全浙大震
時董參恆坐事被逮代者未至巡按左光先以撫標兵千人
命先生爲監軍討之賊以二千人據山阻溪爲營夜則多列
燈火於林莽間莫測其衆先生遣別將從間道繞出賊後焚
其巢賊遂奔潰斬首五百餘生擒賊將馮龍友等百餘人所
失邑以次恢復都收餘卒退保南巖遣使乞降先生以事重

不許及各路兵會王雄謂先生曰賊聚糧據險非曠日持久不能克我兵萬餘止五日糧奈何賊若悔禍因而撫之哉兵救民計之上也先生曰受降如受敵誠僞未可知某與都有舊請往察之遂單騎往責之曰汝向以豪傑自負當爲國家出死力今何故反都泣下爲愬東陽令且曰自知罪重願束身歸命先生曰汝罪已無生理惟有自縛見王公表誠信幸得不誅當率衆從江北勦寇自贖耳都慨然曰苟明我以激反又能爲國家用雖死無恨乃挾都夜半至雄營先馳入告以故雄召都諭以不死復挾都走山中遣散其衆以二百人降及抵省而巡按竟斬都等六十餘人於江滸先生爭之不

能得事既平先生以功授兵科給事中命甫下而有甲申三月之變初先生見闖寇勢日亟將逼京師上書史忠正公欲其間道密請太子從津門入海南發而三吳則集水師萬人乘南風直抵碣石奉迎之史公深然其說乃事未及行京師忽陷宏光帝監國南都召以原官補用隨命巡視京營先生入即上疏言防江之策莫急水師海舟之議更不容緩請專委兵部主事何剛募練從之又言自古中興之主無不身先士卒故能光復舊物未有身居宮闈優游處順而可以戡定禍亂者也今入國門再旬矣人情泄沓不異昇平從無有哭神州之陸沈念中原之榛莽者臣瞻拜諸陵依依北望不知

十二陵尙能無恙否而先帝先后之梓宮何在興言及此陛下宜嘗膽臥薪宵衣旰食而羣工庶尹亦宜砥礪鋒鍔奮發志意以報仇雪恥是務庶中原可收而舊京可復也又上備邊三要及經略襄陽布置兩淮之策皆當時至計先生居言路五十日諫疏凡三十餘上帝不能用而羣小側目思中傷之會馬阮專政引用邪黨諸君子多被彈射先生知時事不可爲以葬親乞歸隨以大母年老陳情侍養許之遂不復出明年乙酉南都失守淸兵長驅而下圍松江先生與夏考功等數人集衆從江南副總兵吳志葵都督黃蜚起兵結營泖湖間軍號振武而所募多市人不習戰又餉無所辦城遂破

考功自沈於松塘口先生念大母高夫人年九十不忍割變
服遁爲僧居嘉禾之水月庵名信衷字瓢粟號潁川明逸扁
舟往來吳越間時晤十數知交相對欷歔不能自勝及唐魯
兩王稱監國於閩浙閩中遙授先生兵部左侍郎左都御史
浙中授兵部尚書節制七省漕務促赴之命間從海舶而至
先生以大母衰病未能絕裾明年大母卒殯葳事將決策間
道往而邏禁密不果行先是考功嘗飛書檄聯絡士大夫共
舉義旗而吏部尚書嘉興徐石麒左通政嘉定侯峒曾進士
嘉定黃淳耀職方吳江吳易職方監軍嘉善錢栴嘉定知縣
錢默崑山知縣楊永言總兵黃南陽編修朱天麟江陰黃毓

祉孝廉丹陽葛麟行人宜興盧象觀編修休甯金聲總督華亭沈猶龍舍人李待問武選平湖倪長玗御史長洲李模西儒上海潘國光總兵嘉定蔣若來等次第如雲蒸林萃而起顧兵多烏合類皆不能持久其中以吳易軍稱勁旅三泖五湖相爲犄角聲威甚盛及松郡破吳易軍亦敗於長蕩易潰圍出復連攻嘉善吳江與蘇郡兵戰於汾湖斬獲過當易先生舊交也請命於先生先生爲馳蠟帛間行入越以捷聞監國封易爲長興伯而先生亦拜浙直視師之命長興開幕府登壇誓師請先生臨其軍先生私語其門人王澐曰長興一世人豪也然闞其意殊輕敵而幕客多浮薄士師衆而不整

其將爲長蕩之續乎無何而浙閩之師皆潰長興竟爲游騎所執先生之言不幸而中於是先生志不欲生乃奉大母旅櫬歸葬富林廬居哀吟屏絶人事更捐地葬夏考功於莘村爲書數千言焚其墓自道平生志行及所以不即引决之故詞極悲痛而先生與考功二人之交誼讀之亦可以考見矣其書曰同郡友人草土遺民陳子龍再拜遺書故殉節吏部考功郎贈左庶子謚文忠夏君彝仲自足下長逝遂已歷期每一念至心焉如割而不孝瑣尾遁荒寄命鋒鏑復負大痛煢煢墮廬遥望家山如在異域既不能修朋友之服哭寢門之下若荀爽之於仲弓巨卿之於元伯又以文翰蕪落意志

危惑楚招秦贖未遑綴染自分旦夕溘死握手泉路無用修辭以飾冥漠而卒卒覩息遂志無期足下臨殉手疏見訣不責以偕亡而有所敦勉一載於茲遺會闕阻曾無毫髮以獲死所竊恐良友必含憤於首陽之側矣悲夫悲夫神理不昧幽明何殊足下雖死凜然英爽僕即偷生不忘溝壑豈渝生平之旦旦遂自棄君子不一舒憤懣剖肝腎乎足下長僕實周一星追憶曩時僕纔過志學僅解操觚而足下薦州里隨計吏已十餘載忘年結納過美其談茂我枝葉使厠上流自此以來麗絺日密善善同清惡惡同污一義必共討析一文必共欣賞翱翔必齊其羽翮風雨必均其燥溼以至連鑣上

京策名王府二十年閒夷險非一　形雖異氣義同孔懷僕年
少氣盛血肉憤躁語言輕脫負正平誕傲之資而兼嵇生好
盡之累每爲流俗所疾動成瘡痏足下匡救彌縫解諷支拒
曲蓋其短闡詡其長至於醉飽之失偶軼規繩愛憎之間或
違衡量未嘗不殷勤責善期於敦復洎足下握符閩表僕則
備員會稽相去二千餘里歲月之間郵傳不絕互相警勗立
德立功自謂百年可共相保砥鋒礪鍔少展尺寸以附臨風
之翰垂聲丹青何圖輿蓋崩摧萬事塗炭嗟乎僕雖交滿天
下安得義兼師友如足下者哉昔匠石輟巧於郢人伯牙絕
絃於鍾期惠施死而漆園寢其說子皮沒而子產無與爲善

誠悲夫斷金之不易而知音之難遇也假令日月復朗冠履再造僕將收召魂魄激昂衢路試其鉛刀漑之釜鬵亦無典型師資切礪不倦如足下者爲之左提右挈相扶共獎以成德業僕雖後死更何所望哉已矣已矣荼酷柰何足下孝友淳至内行淵潔性好人倫有林宗鑒藻之奇而多士元長養之意文章通博吐言成論而見童稱一言之合貴於球璧名高顧俊一世龍門而求得末士一行之善馨若椒蘭見人之貧則推解拯之聞人之厄則匍匐救之産同顔郭而賓客盈坐若鄭當時介嚴偃室而抵掌是非如杜周甫其治民也則有公綽之廉宓賤之仁巫馬之勤季路之斷崇教化厚風俗

幾於戶封刑措焉是以百里之內仰以爲神四境之外願以爲君近世以來沈潛高明體周於數斟酌不窮如足下者蓋亦尠矣倘得際明時遇英辟立鼎鉉之間處鈞毘之任必能贊巍巍之功鴻緝熙之治而運當百六聖賢莫度邦國殄瘁良臣受難天實爲之尚何言耶自神祖倦勤海內士大夫陷於黨議紛拏糾結不可消解僕與足下雖年輩在後而耆德碩彥每每屬目引爲氣類然足下平居時與僕言僉人險夫妨賢醜正爲國蠹賊固無足論獨諸君子風規英邁牆宇凝整病在好同嫉異眞僞罔分故道廣道峻各有其患又不求可仗之人講救時之略以濟當世之急而坐論節槩專別流

昂恐後世議成敗者將與小人㕣謗我與若倘一旦在人主左右必當秉至公渙羣小以報君父利生民爲本始爲不負所學其立意較然不欺如此而阿嚀嗜之徒疾之如仇指爲黨魁且謂我輩日夜指畫睥睨非刺短長以居重公卿間故自解褐以來遑辛蟄以肆其噤害者數矣而明聖在上諸正人旅進旅退直道而伸我二人浮沈簿領内外無間僕亦幸免失墜以干時僇一日天子大計吏命太宰鄭公舉天下郡邑賢能吏十人而僕與足下裒然爲之首足下又以宰輔面對論薦先帝爲書名御屏僕既量移留銓而先帝録蘇韋微勞拔置侍從天下以二人且大用而天傾地覆曾不踰時

至尊罹鼎湖之痛京邑有黍離之悲丁此迍災已顧隕滅隨
以舊都再建東南有君自謂晉宋之業可成溫陶之績可繼
足下累蒳南齊調護羣帥僕亦揮扇江滸呼集艅艎及僕應
召趨朝足下擢領藻鏡是時羣賢彙升志存光復未幾而虹
蜺揚輝僭神煬竈蕣言讒說繹絡交會僕以直言取憎時宰
亟賦遂初得遂烏烏足下既堅臥不出而負塗之輩青蠅橫
飛巧爲謠啄嗣復告密繁興大獄數起幾相鍛鍊嗟乎世事
如此亦孔亟矣乃處累卵之危而憤睚眦之怨忘門庭之寇
而仇同室之人不知此輩何恨於國必欲空其善類而大命
隨之卒之土崩魚爛棟折壓焉而貪緣賣國者或再登華膴

獨令數君子與國共盡耳易戒亂邦詩稱罔極豈不信哉足下自閩中奉諱歸見世難交作卜築山阿慨然有終焉之志及聞都門失守先帝升遐痛深裂眦顧語僕若一旦詔下郡國當以學宮之壁水爲汨羅前輩有出語稍不倫者足下庭叱之幾於怒駡足下生平温雅不失色於僕隷而臨義壯烈如此固知死志決矣北兵渡江列郡茅靡舊交故帥受旨移書遝其詭詞妄爲招誘僕作遣臣莫能躡跡而足下則見其禪將答書數百言責以大義矢以靡他至各郡義兵起同志之士紛紛建旗鼓足下斷其不可恃次第得徐冢宰徐詹事候納言諸公死問語僕曰事勢不可爲惟有守正不屈以從

諸君子而已嗟乎事當橫流以身殉難者多矣或迫於勢地計無復之又或激發乘一時之氣豈若足下素所蓄積舍命不渝如履常蹈和者哉上報九廟下存三綱太史公以屈子與日月爭光又云死有重於泰山若足下可當之矣更復何恨足下臨沒移書於僕勉以棄家全身庶幾得一當足下死不忘忠款款之意豈獨爲鄙人存亡計耶今荏苒數月矣上之不能伏歐刀赴清流速自引決留皎皎之身以上先人邱隴次之不能重胝跋涉南走閩越西奔滇蜀痛哭於北滿之庭以幾幸宗廟之復血食下之不能客遊下邳結納滄海持長挾短以懷縱橫之計而乃竄處菰蘆之下棲伏枋榆之間

往來緇羽混跡屠沽若全無肺腑者僕卽大不肖靦然面目如禽獸焉而異日固有一死其何以見足下庶幾足下知我心矣僕門祚衰薄五世一子少失怙恃育於大母報劉之志已非一日奉詔歸養計終親年嬰難以來驚悸憂虞老病侵尋日以益甚欲扶攜遠遁崎嶇山海之間勢不能也絕裾而行乎子然靡依自非豺狼其能忍之所以徘徊君親之間交戰而不能自決也悲夫悲夫老親以八十之年流離野死忠孝大節兩置塗地僕眞非人哉自慈親見背痛深罔極藁窀麤畢日思芒屩南奔荷一殳之任分身隕首猶生之年而邏絡忽嚴津梁頓絕時無文范會稽甲盾復爾崩離自此山河

間隔聲問益渺子胥乞食田文鳴雞每懷古人良用媿悼至於平林下江無益先聲徒滋民怨此僕所以束手而躊躇仰天泣血而不能自止也常思上負國家生成之恩下負良友責望之冒終夜不寢當食輒歎竊不自量以爲崩城隕霜不絕於天義徒逸民不乏於世夫趙有程嬰智有豫子楚士一哭而無衣賦韓臣棄家而素書出何則精誠之至事有會合也彼千乘之國一家之臣而尚有如此之士豈天下萬里養士三百年遺民數百萬而遂無一人乎以彼所爲槩可睹矣僕雖懦弱安敢甯處三冬之際苟完塋域將鶉衣洗足自託汗漫齊魯文學之儒燕趙奇節之士荆楚感激之徒庶幾得

一人焉倘天下滔滔民望已絶便當鑿坏待期歸死邱墓足下其肯營一室於夜臺之側以俟我乎足下生爲萬夫之望沒爲千古之人紱策加榮琬琰不朽且屑子負荷旣擅龍鳳之文復堅戴履之志偉元可期王頍非遠死而有知豈有遺恨至如僕者觸藩脫輻百行無基旣失如蘭誰與啟迪數夕之間必相見夢或歡笑如平時或憂戚若急難卒未正告以後事開發以徑遂豈人鬼道殊事理蒙昧巳不可問耶抑僕志懈行污永見棄於節士耶悲夫痛矣古人有云死者復生可以無悔又云要之死日然後是非乃定僕敢不勉旃以羞死友足下聰明忠毅九垓之内誰不昭著僕微志未能上徹

其所以重費叵言再瀆神靈之前者既以自誓又瞻冀我友不忘生平默牖其衷也百年奄忽相見非遥隕涕陳詞煩寃

何已自先生報夏考功書明年丁亥而吳勝兆之事起勝兆以降將授松江提督頗著威信招來草澤當長興軍敗後湖泖之間降者麕至勝兆皆爲撫用巡撫土國寶惡之勝兆不自安長洲諸生戴之儁爲其客說以反正結舟山島帥黄斌卿爲外援之儁嘗識先生勝兆因遣微服叩門謁見具述意指先生言海上虛聲寡信事必無濟固請先生義不忍拒乃曰汝等善爲之亦不汝阻也既而斌卿兵久不至謀遂洩勝兆爲其下檻致南都並執之儁等十餘人殺之獄詞連先生

國寶方欲乘此盡除三吳知名之士大索先生先生走匿嘉定侯岐曾僕劉馴家數日既又謀道崑入吳門遠走越尚欲有所爲奈道路盡梗不得達留其壻顧天逵所而國寶遣兵捕之益急既被獲先生踞坐不屈神色自若訊者問以何官先生曰我崇禎朝兵科給事中也曰若何故反先生曰謂我反者非也我無兵曰若受魯王官官七省總督非反而何先生笑曰先朝有七省總漕無七省總督也魯府命我總督義師我有三年喪未之受也曰若督七省人人知之何辯爲先生曰總督七省應死總督義師不應死耶是固無容辯矣曰叛黨何在先生曰文天祥止有一人訊者指曰髮何爲者先

生曰我惟留此以見先帝於地下耳訊者雜然大笑先生作色怒叉詰之先生瞑目不答乃引去縶之舟命卒守之將解南京至跨塘橋索斷躍入水中先生死年四十時五月十三日守卒見先生投水大驚令善泅者入水索良久始出即舟次殊元棄屍於水翌日其門人王澐徐桓鑒及輿人吳酉潛覓先生屍具斂蓋棺畢而王澐更易緇衣走金陵求其首不得或曰先生首曾懸諸松西門樓上數夜有書佐葉思劬賄邏卒以他級易之得葬富林焉先生豹目蜷髮瞳上視輿人吳酉故學傳神技先生死酉屢夢見之因私祝曰公誠欲某圖像耶是某之素志也遂殫思竟日曰得之矣操筆立就無

不神肖後乃不復夢云先生門人考功子夏内史完淳年十七曾參先生及長興伯帷幄勝兆之役亦預其謀先生死完淳作細林野哭詩弔之曰細林山上夜烏啼細林山下秋草齊有客扁舟不繫纜乘風直下松江西卻憶當年細林客孟公四海文章伯昔日曾來訪白雲落葉滿山尋不得始知孟公湖海人荒臺古月水粼粼相逢對哭天下事酒酣睥睨意氣親去歲平陵鼓聲死與公同渡吳江水今年夢斷九峰雲旌旗猶映暮山紫瀟灑秦庭淚已揮髣髴聊城矢更飛黃鵠欲舉六翮折茫茫四海將安歸天地跼蹐日月促氣如長虹葬魚腹腸斷當年國士恩翦紙招魂爲公哭烈皇乘雲御六

龍攀髯控馭先文忠君臣地下會相見淚灑閶闔生悲風我欲歸來振羽翼誰知一舉入羅弋家世堪憐趙氏孤到今竟作田横客嗚呼撫膺一聲江雲開身在羅網且莫哀公乎公乎爲我築室傍夜臺霜寒月苦行當來閱四月完淳亦被執大駡不屈死而囦匿先生死者侯岐曾一門顧咸正天逵天遴張寬夏之旭也先生所著詩文有岳起堂稿壬申文選陳李倡和集屬玉堂稿平露堂集白雲草三子新詩湘眞閣稿焚餘草及其他零星文字嘉慶八年刻於青浦何氏爲陳忠裕公全集三十卷又有安雅堂稿十五卷宣統元年印於寒隱社二年重印增入兵垣奏議二卷農政全書久行於世皇

明經世文編當時已刊今傳者甚少先生夫人張子婦丁孫婦張皆以節見王澐有三世苦節傳妾蔡氏薄氏沈氏邵雲章哭先生詩云殺身有妾甘膏斧未審甘膏斧者誰氏不能考子嶷孫錫瓚皆早卒曾孫世貴世貴生二子南儒文穆文穆早夭南儒一子日藻又早夭陳氏之後遂絕先生玄孫女之子金山諸生王錫鑽澐之玄孫也乾隆丁未青浦知縣孫鳳鳴因先生墓無人祭掃請以錫鑽次子後昆嗣日藻爲先生後世守其祀

高燮曰余嘗適松江拜陳夏二公祠二公者先生及夏考功彝仲也已輒尋先生故宅遺蹟於普照寺之西人無有知者

不可得又嘗泛舟毛竹港先生得屍處也聽水聲與蘆葦聲相答（先生屍得於毛竹港蘆葦間）每於邑淒愴不知涕之何從矣試立雲間第一橋上（即跨塘橋）以南望金陵西瞻閩浙更試作徵聲讀內史細林野哭詩忽風起水湧彷彿若有自湖泖而來者其殆先生之魂乎余亦將放聲一哭之

吹萬樓文集卷十一

顧貞獻先生私謚議

先師復齋顧公既卒郡人走相哀告皆悵然無所依嗒然若有失也僉曰是宜有私謚哲嗣保圻聞而辭曰以先人平生虛懷而不願乎外務實而不求其名今茲所爲恐非先人所樂受也則謹對曰私謚與賜謚異賜謚之典猶是王言之獨斷私謚之舉出於人心之同然且是舉也非以榮逝者乃以風後學是奚可辭或曰私謚非古也肇於康惠實始衰周是矣然蒙以爲事苟悅衆情而勸來者雖古之所無奚不當爲今之所有况黔婁名賢何妨取則三代之季去古非遥世衰道微倘可藉人心觀感之誠爲維繫世風之計乎是則蒙等

區區之意也謹按先師之學堅定不易自明而誠不由師承不立宗派洞見事理如燭照數計而温然不矜深察幾微常反躬用力而介然自守出而作宰本所學以爲治纔及三年循聲大著洎乎勇退而精研默修至老彌篤蓋幾乎遯世不見知而不悔氣象斯可謂純粹潔白聰明淡泊之君子矣慨自古風久替學術陵夷邪僻非爲囂然不靖生民之亂未有已時當今之世欲求如先師之超然卓立毫髮無遺憾誠哉難能不可及也昔周公作謚春秋太史小喪賜謚小史卿大夫之喪賜謚後世皆循其制而間有損益顧賜謚之法類多未當自古以來以無實而得上謚者何可勝數蓋在上之定

議不得爲在下之是非也久矣而若王仲淹孟東野死後門人朋友爲著私謚君子韙之攷謚法淸白守節曰貞聰明睿智曰獻今援此例議謚先師曰貞獻先生邦人士皆曰其可

夫先師以道德文章無愧往哲死而易名不其當乎謹議

顧貞獻先生行狀

維我外舅顧公之卒今五年矣其季女婿高燮既爲搜輯遺集若干卷付梓復念公之行事未嘗表著於世而生時謙挹不肯自道燮生也晚又不克獲知其詳爰釐裒取一二見聞所及並摭其爲學大旨不揣譾陋略爲論次以備史家之采擇冀以垂諸不朽焉公諱蓮字子愛號香遠既而自號復齋系出陳黃門侍郎野王後世居松江華亭當明中葉有爲吉州學正諱汝紳者自亭林遷浦南之張蕩公之九世祖也至高祖諱問遂自張蕩遷松江府城曾祖鳳池祖上林皆以公貴贈如其官父夔字卿裳清道光丙戌進士翰林院庶吉士

山西靈石縣知縣母吳氏張氏王氏皆清贈宜人公之未生也靈石公以從子元文爲嗣既娶而早卒有婦曰胡賢而知書禮及公生句有一日而母王宜人歿胡撫育之至於成立公十歲而孤胡爲延師教之讀早晚塾散每自課之偶輟則涕泣譙讓無少貸以故公自少刻苦於學性復穎敏年十六應童子試臨川李筱湖學使聯琇見公文大奇之勉望甚至遂以第一人入泮旋食餼於庠登同治丁卯鄉舉光緒庚辰成進士改翰林院庶吉士散館署四川隆昌縣知縣旋授梁山縣知縣梁山轄地廣遠四境多盜號稱難治公至即以端士習除民害爲己任義不苟取法不輕徇日坐堂皇無須臾

之暇而盜風以息邑以乂安然期年之間鬢髮盡白矣時易
公佩紳以名儒碩德開藩蜀中雅重公不以屬吏相待將予
舉擢爲郡守公微聞之乃曰我治一邑朝夕兢兢心力已瘁
民猶未能遍受其福況重以郡之繁劇乎且祿仕本非我志
彼宦途夷險不可知人豈盡易公類哉思謝病去以年歲格
於例恐不得請遂納貲爲員外郎遽解組歸田里歸後二年
梁山人思之爲立清德之碑以誌遺愛公既里居壹意於陶
鑄後進爲事從游者甚衆主講松江雲間求忠金山柘湖大
觀青浦顔安各書院士論翕然宗之先後纂修華亭縣志及
松江府續志公於是以文章重望一時郡之賢士大夫銘誌

之作皆出其手邦彥圖者爲乾隆年間徐瑤圃先生所繪有明鄉先哲之遺像也向藏郡學明倫堂之右閣遭亂散佚公與陳先生士翹閔先生萃祥等蒐討數載復得舊本爲重摹刻石於閣中由是而有明一代雲間俊偉傑出之才之蔚爲國光者咸得景其人而仰其貌豈非足以風示來學而爲鄉邦文獻之鉅觀者哉吾郡自昔稱文章淵藪泖峰鍾毓代有傳人然風雅雖盛而卓然以古文名者絶少勝清之初青浦王述庵侍郎居高位而崇文學節概皎然其後婁縣姚春木先生得桐城惜抱氏之傳以布衣起閭巷南匯張嘯山先生多聞博學罔藉而興著述盈笥無愧作者至公而用力益深

韜晦益甚而其文益不可揜殆所謂道足而文工者耶公嘗
早年自述謂氣質偏弱情志易流童時好爲涉獵繼從上海
陳莘農先生游好閱儒先語錄及史書於古人文酷嗜三魏
集因而喜論古今成敗授室以後婦翁陸蓉初先生負詩名
耳目所染遂亦好之庚申辛酉之交轉徙窮愁耽玩益甚而
史傳古文之好爲之一變壬戌僦居海上聞故鄉人有捷南
宮者心羨之癸甲之際迺更以帖括爲事而詩歌駢文之好
又爲一變凡此皆爲公少時致其友自訟之言可知平居省
察無時或怠故其後自從政以迄家居二十餘年常窮探極
索怡然渙然既自得於中猶望道如未之見而卒之公之所

就義理充積由明而誠德厚流光言益可貴又豈所謂君子之道之闇然日章者耶要之公之平生固當以有功鄉邦文獻稱而又不可僅以有功鄉邦文獻稱不可不以文稱而又不可徒以文稱也戊戌以來清廷鋭意圖治詔開經濟特科大吏以公薦公見官邪之日甚時事之必不可爲堅臥力辭笑謝而不出嘗書東坡句云北牖巳安陶令榻西風幸免庾公塵蓋公之志巳定於學優出仕之時以故比及三年循聲隆起即急流勇退而無所疑慮者也公雖伏處晏如然於地方徭役城鄉水利諸事無不留心考核瞭如指掌偶膺董任則人皆帖然頌德萬口一致而其保全善類嫉惡如仇又皆

有神而無迹苟遇秕政之關於民生疾苦者則必起爲主白
不激不隨悉合事理其建議之稿動至盈寸羣以爲非公固
莫與屬也郡邑長吏有以事諮訪公必視其來意之誠否而
應之各當人或以疑難決於公者公必爲之料量周至洞見
底蘊事後常絲毫不踰其範人是以愈服公之神公長不滿
六尺而狀貌嚴峻就之溫然久而愈可愛慕敝衣麤糲自奉
甚儉終年早起危坐手邸鈔讀之往往歎息不置早有以知
清祚之將亡也已公以宣統二年庚戌九月二十四日感疾
卒距生於道光二十一年辛丑六月三日春秋七十公素無
疾歲戊申公預書遺命自知三年之內不能久存以速葬不

許作佛事不當求人撰銘誌爲言嗚呼公之用心深矣公卒後郡人士爲上私謚曰貞獻先生配外姑陸宜人寶山恩貢生諱文鏈公女子一保圻優貢生女六長適金山黄慰曾次適同邑蔡勤恪次適歸安鄭錫興次字青浦徐正康未嫁而殁次適同邑張祖蔭季適金山高燮孫一驄孫女五以翌年辛亥二月甲申葬於婁縣四十一保一區下四圖𡋯圩父塋北新阡公所著書有四裔志華亭鄉土志稿藏於家遺文零落燮爲編次成素心簃集六卷已刻外集四卷皆爲公牘文字未刻竊以公具博通閎達之才爲精實沉默之學遭時多故遯世无悶及其卒也更以不求銘誌詔其後嗣以期埋名

於終古今其嗣亦既遵而行焉則紀載盛德以託之於當代立言君子豈非我輩之責哉至公之治梁山也聞其事甚多可述惟顚末未悉不能傳信不敢遂以影響之言以蒙後世故皆不著中華民國四年乙卯十一月謹狀

沈思齊先生私謚記

思齊先生諱惟賢華亭沈氏其卒也年七十有五然先生負重名於世幾六十年世之讀其書或道其治績者皆疑爲古人久矣始先生年十五補博士弟子員翌年以第五名舉於鄉博極羣書而尤究心於史地之學所著兩漢匈奴表晉五胡表唐書西域傳注等風行海内爲老師宿儒所傾倒及其出膺民牧歷官新城石門嘉興桐鄉仁和錢塘等縣事所至嚴於戢匪仁於撫字每能平鉅變於俄傾弭大患於未來人皆驚以爲神大府亦倚之如左右手遇勢迫無所措檄先生往輒不費一兵不戮一人而事定其後舉爲省會議員被選

議長旋入都爲民請命復被選爲參議院議員先生每倡一議無不至窓至公條理精確南朔翕協若鼓桴迨見時事日非歸耕隴畝一犂鋤雨擔糞灌蔬若忘其曾現宰官身者亦可以見先生之襟懷矣曩歲遭逢國難避地滬濱猶復研精覃思垂老不倦論文講藝片詞無苟而先生夙稟異姿雖病不臥入冬嗽久喘不能言余走視之但見其便旋室中而已先生更念亂事方長首邱無望有柩在鄉遠莫之致從容語人不能就木惟有木就其言至妙家人會意遽急足往運艱難達滬則先生再病而劇忽焉怛化已臨殯期友朋會弔相與驚歎咸謂自近以來政治才學卓越輩流能勤勞於民

而敏達於事理者今先生歿不復有是人矣因議易名爲勤敏先生詢諸人人咸稱克允遂謚之而屬余著於篇民國二十九年庚辰四月十五日金山高燮記

吹萬樓文集卷十一終

吹萬樓文集卷十二

金山高　燮吹萬

何烈婦傳

烈婦姓馮氏，世爲金山人。父諱光煥，國學生。妣氏何。烈婦生於光緒己亥，年二十四嫁同邑廩生何汝謨。臥飃爲繼室，以順以孝，以宜其家。其姑愛如己女。臥飃宿患咯血疾，婚不數月疾作，烈婦奉侍湯藥，一夜數起，中雖惶悖，外常怡悅，冀夫寬懷而病易痊也。而臥飃顧忽忽不樂，間以吉語自遣，時復背人咽泣，卒莫能解。臥飃性沈摯篤伉儷，病日亟，見其婦輒相對哭，哭必慟。時烈婦娠十月矣，一日臥飃呼婦語曰：爾善自愛幸得男我無恨矣又月餘生女家人紿之入其室而賀焉曰男也臥飄察其僞亦不詰問强笑而已不一日而氣絶嗚呼慘哉烈婦聞之誓不欲生時甫免身病甚匍匐往慟絶復蘇者屢矣家人百方勸之不得死烈婦嫁前二年父母相繼殁未葬也烈婦密謂人曰待父母葬吾即死耳歲庚子冬歸送父母葬既葴事陰覓死家人覺而阻之不得死未一月所生女又殤越三日烈婦竟無疾死時光緒辛丑正月二十三日夜年二十七去臥飄殁七閲月耳烈婦死後家人開其篋失金環二視其屍則指甲色青腹驟脹乃知其吞金環死矣聞者皆雨泣初烈婦自夫殁哭不絶聲與之語不甚答死

之日則挽其姑絮絮語不止因請爲夫立後且曰不願郎死而其自母家歸也將出門顧謂諸兄曰吾足不履此矣至是果然舅邑諸生鳴鼎姑高氏例得附書

高夔曰烈婦之母余之從母也其姑爲余之伯姊而臥飄與余爲丱角交長余三歲學相同志相得也痛其殁哭之以詩深怪善人無後以爲其人必不可死由今思之余之陋甚矣方今海內喪亂橫死者動以萬計其中豈皆非善人哉而臥飄猶得全歸牀笫又得烈婦奇節偉行以傳於後則臥飄可以死矣

何臥颿家傳

余作何烈婦傳持以視其夫兄汝楷汝楷道其尊人命更請爲臥颿立傳余維烈婦以浩然一往之氣獨行不懼以死其夫則臥颿雖死猶不死已於烈婦傳論及之而烈婦所以能爲夫死甘之如飴亦必臥颿之賢有以感之則傳烈婦足矣何待再述雖然何氏爲金山巨族親戚論者皆謂臥颿賢而力學傳之以式一族宜也況余於臥颿知之深不有以表之後世將誰考焉臥颿居家兢兢克孝雍穆和易未嘗有失父母有不快事則先意慰解百計娛悅待其兄與諸妹及族之諸父昆弟皆盡其道故其歿也父母兄諸妹哭之慟弔其喪

者皆謂非直一家之不幸乃舉族之不幸其接人謙光可挹吶吶不出一語顧性好酒時一室獨飲大醉倦極余嘗規其非保身之道欣然謝不爲忤也年二十一讀於余家時臥飃已補縣學生志銳而學未富由是奮自刻勵益購書勤讀積四年得書千餘卷年二十五籲於庠是歲娶烈婦先是四年臥飃患病幾危旋愈至是復病病歲餘而殁臥飃與婦同年生殁時年二十六臥飃前室馬氏亦以孝聞婚未一年病殁臥飃雖未有卓越非常之行觀其再娶皆賢其內行之修可知苟天假之年充其學之所至更未可量自臥飃去我家朋從輩相與砥礪者益鮮余之學日以蕪廢不能自振故爲傳

以策余之怠兼以塞其父母之悲臥飄諱某父某母氏某詳

烈婦傳中

先本生生母事略

先母俞太孺人浙之平湖人生咸豐三年癸丑四月二日同治丁卯來歸我先府君時吾曾大母大母皆在堂先母奉侍唯謹曾大母大母皆愛之事嫡母何太孺人卑屈盡禮無異事先府君生子煌燮二人女子子二人先母皆自乳哺而吾家故儉約嫡母治家嚴故先母於撫育諸子之餘內而絲纊紡織衣履縫紉外而酒漿烹飪井汲澣濯無不親也無不勤也而先母體素弱性尤畏敬每夙興心常恐晏則汗出沾背自是至晚年黎明汗出如故先人而起亦如故變生而嗣先叔父爲後有嗣母所生姊與先母所生二姊年相若幼相嬉

遊先母待之常踰於己女遇有餅餌分啖必豐彼而嗇此蓋推愛變之情而更憐其無父之苦是以夔姊亦呼先母以母而視同己母也先府君生平不享珍羞之奉而晚年肴核常思適口先母則從容和製承意而進黽勉曲盡必虔必潔或隆冬朝夕捧匜奉飱器易冷者溫之味易洩者覆之雖園蔬常羞乎非經先母手調者府君爲之不甘也先母自奉甚薄食必粗陋一饌之精一果之美必以食子若孫早歲不御紈綺至老衣裙巾帨補綴殆徧好施與而不喜齋僧佞佛疾病不欲預謀後事故其殁也篋中無新製衣親戚見者皆稱歎泣下不置先母年五十餘而孫男女及外孫男女十餘人往

往羅列環侍旁觀豔羡相與頌祝先母則顧謂煌燮曰吾見世俗人子多以親之初度延賓設酒食以爲慶徒戕物命無絲毫之益及貧民是陷親於罪戾也吾甚惡之吾壽即至百齡亦不許汝曹爲此無益之舉吾於歲冬必購施棉衣數十襲苟閱十年而倍蓰其數以壽我或更助他善舉則實惠不旣多乎先母以勞致咯血病八年矣去歲暑夜露坐水閣上閣毁墮焉燮方讀書聞聲狂奔大呼求救時月黑水滿不辨墮者何人及救起始知先母不覺驚痛號哭會有天幸得無恙方以爲從此慶更生延大壽矣不意纔閱九月至宣統二年庚戌二月二十八日竟以舊疾終於內寢享年五十有八

先母病久不能任家政退居宅之後室然精神雖減而起居言笑未甚憊也煌夔二人日必三四至當夕陽返照牆壁間夔課兒讀畢或牽率以往先母必煨栗待諸孫之至出而分餉以爲娛今距先母之亡踰月輒哽咽默坐對卷不能成誦惘惘作癡想冀先母之仍在後室也時或信步往乃室則依然音容遠隔不禁忍淚徬徨吞聲而出誰知無母之人乃不堪見夕陽將下時也悲夫痛哉庚戌四月降服子夔泣述

沈節母傳

節母姓時氏有清金山縣之呂巷人爲同邑沈耀琨妻歸沈六年而耀琨病瘵家貧也節母則質衣典飾百計謀已其疾更刲股和藥以進卒不效時節母年二十八無子有女三人皆幼節母痛不欲生絶粒者三日數女牽衣環泣節母哀之乃復進食忽一日鄰居不戒於火延沈氏室垂及耀琨殯所節母急不能聲則伏柩大號會天反風火旋滅柩得無恙人以爲節母所感云然自是貧益甚爐餘數楹幾不能庇風雨而節母忍苦棲息終歲課女紅以易米母女四人相依爲命晏如也乃未幾而長幼二女復相繼殤遺次女許字葉氏未

及嫁而洪楊難作節母亟攜走避亂兵至及諸河隨衆中爭渡倉卒與女相失覓不得乃嗚嗚哭於路兵又迫人促之行轉輾至松江有顧氏婦者憐而邀與居一夜又訛傳亂且至顧氏婦呼節母逃節母曰吾前以有女故逃今失女悔不死尚安逃哉而其女自與母失後途遇葉氏翁遂攜歸與子成婚轉徙流離音問隔絕者數載及難平始訪得節母迎歸奉養凡四年而節母歿時同治十年八月二十九日也後四十一年爲中華民國元年其外孫葉秉常述節母事略徵余爲傳

民史氏曰節母以煢煢赤貧備嘗離亂而不可奪志與尋常

守節有不同者矣觀其割股救夫伏柩滅火此豈人之所易能者哉然吾意生當患難之交處乎僻陋之地其堅貞苦行苟無人焉爲之記載則人微時遠湮没而不彰者當不知凡幾也若節毋者猶爲幸耳

周節婦傳

節婦姓敖氏年十八而室於周夫名耀史粵之開平人力農自給節婦佐之雞鳴而起斗轉而息無倦容越二年而生子尚功又一年而夫死節婦則大痛不飲亦不食或以撫孤責之遂矢守志然家四壁立無以爲生節婦乃勤力紡織以事農桑節縮衣食以專其心於鞠育者垂十餘年而其子漸長然貧不能教之讀邑故瀕海時中外甫通商貧者多渡海以傭於異國尚功年十五卽命典質田園隨衆以往其初所得值甚微纔乃稍稍裕然後回國娶妻養母而節婦至此始有生人之樂焉以清光緒二十一年歿年七十一自節婦歿後

其曾孫張帆能讀書好學冀有以表彰先人苦志乃詢節婦之事於其大母爲述之以請余爲文又言節婦治家嚴而有恩故其大母往往至今稱之不衰云

高燮曰節婦之行似無卓絕殊特者然使氏而生於富貴士大夫之家飽食煖衣讀書明理則撫孤守志以盡其年誠何足異令氏乃一農家婦耳非有名譽之心存於中亦非有豔好之見動於外且貧困甚是所謂救死不贍奚暇事禮義者也而顧能茹痛勞力動合大節至五十年之久而不渝則其堅貞獨至之性果有非夫人所易及者耶是可傳已

林保三先生家傳

先生諱鑑字保三金山縣之朱涇人考墉國學生妣氏某生子三人先生其仲也性沈摯讀書能爲文章林氏故以勤樸裕其家先生自補縣學生即佐國學君治家政而家益起長兄早世與弟同居至老未嘗析爨弟之子雲者爲國學君所鍾愛國學君將歿呼先生指雲而命爲長後且曰善視之他日能光我門者其此子乎先生謹受命即爲手撫親愛倍於己子爲延名師教之讀而雲果英敏好學每一藝出長老輒爲驚異先生爲色然喜也乃雲年十九忽以疾夭先生則大戚攢胸慟哭不復自聊謂此後將何以對我父與我兄抑鬱

久之浸以成疾越二年竟卒時淸同治庚午八月某日也年五十七娶某氏子一某

高燮曰先生蓋孝慈人也余讀先生所爲哭姪文眞痛無修飾哀溢於言矣先生有丐裝小影一幅爲粵難後命工圖以儆其後人者也先生之孫棠嘗持以見示其色溫藹可親年五十餘髮禿且白矣旣又具狀請爲傳事多可述皆不著著其尤不可及者

顧敬賢家傳

君諱增輝字敬賢華亭縣之亭林鎮人世爲望族稱亭林顧氏余先聘妻兄也余年十七而聘於顧逾二年而聘妻歿外姑周恭人以傷女故月餘亦卒余竊哀之由是歲必一至其家以相存問當是時外舅怡生先生有二子長即君次增耀字松石皆勤樸謹飭而皆善於余二人者皆好飲余每往必温酒而談輒娓娓窮深夜不倦顧飲雖多未嘗至醉飲罷則拂拭几案伺察門戶莫不躬親温然而和肅然而靜父子兄弟一室融融整潔有序若世俗囂張奢侈諸習一切無所染余於親戚鄉黨間誠僅見之矣乃未幾而松石早世遺二子

皆幼外舅則大戚先是君已出爲其伯父祚卿先生後以諸生入浙江法政學校既畢業署桐廬縣縣丞未及一年興賢育才政聲頗著然君以喪弟故不願久仕遽告歸歸則上奉二親下撫子姪舉家事之内外巨細悉一人任之兩家老人俱喜慰即君亦自以仰事俯育爲平居之至樂也君體素健步履端重善啖無疾病今年正月余造君家信宿而返君且約顧山盧久之不至乃馳書詢之知君方患病已少間矣越數日忽聞增劇余即日往問比午至則君已於先一時死矣傷哉時共和六年丁巳閏二月初七日也年四十三娶何氏子一義猷女三長適金山何聿堅次未字幼字奉賢孫熾昌

子家謙

高夔曰余敘亥君傳畢而不覺深痛焉蓋自君之妹亡而君之母君之弟二十餘年閒相繼而殁者並君而四焉強健賢明豈果足恃哉抑君嘗爲余言人生數十寒暑耳離合之緣亦當前定以吾輩之相聚歲得數日而止耳即以終世計之寧復有幾嗟乎以君之休休而乃怯於中者耶使余早知其如此悔不與君把臂而日痛飲也

雲泉翁家傳

余少時聞華亭顧泰雲先生以儒雅宿學教授鄉里稍長而識先生知先生門下有朱君秉彝先生所器異也其後先生卒余於是始交秉彝秉彝誠樸而多學十餘年來相契益密每與余論儒道合一通於養生之理輒亹亹窮日夜不倦去年秋秉彝以其尊人雲泉翁狀示余余乃知秉彝之所以能得良師而學有根柢者皆由於翁督教之力爲多也翁姓朱氏字壽祥雲泉其字世居金山松隱曾祖恒山祖坤培父繼勳母蔣氏吴氏家貧年十歲就外傅讀而困愈甚乃時出捕魚以供其父母甘旨猶不繼乃棄書事賈數年境稍稍裕而

翁性好善喜周人急夥友中有病者則爲之進飲食洗汙穢貧無告者向之乞哀則立罄所有與之而巳則雖朝食不夕食或數食不舉火而不顧也翁雖習於市肆乎然仍好讀書益尊敬士人自遭粤難家室蕩然方鳩集未遑而見里中胡春波先生寠苦無所歸招之至飲食之歲餘胡先生病將歿謂翁曰君存心厚他日必有以讀書起家者時翁尚未有子越五年而生秉彝秉彝之幼也翁教之嚴日則遣之從師讀而夜必自課之凡世俗所謂樗蒲飲博諸戲皆不與近繼復先後令從顧冠仙顧泰雲兩先生遊未幾補博士弟子員翁乃顧而喜語秉彝毋一得自封秉彝則謹受教而學益進旋

食餼於庠而翁已不及見以清光緒十六年辛卯六月二十日歿年六十有三娶陸氏繼娶陳氏子二長即秉彝次春生女二適毛適姚抑秉彝又爲余言翁早歲喪母方母病革時呼翁而告之深以鴉片之害之易於染人爲戒翁泣諾且曰誓願絕一切煙矣其後居肆與人接酬應之間或不免破戒一日憶及以爲有負死母遂立起自責屏之終身嗚呼此微事耳然即此一念乃君子不欺之學爲儒者之所難而乃得之於賈人是宜其後嗣之賢而可以詔諸來葉已

韓佩青家傳

余友華亭韓君綺章有同母兄曰組章字瓶笙號佩青隨庵先生之子也歿二十年矣忽見夢於其弟以傳後之文爲託綺章因以乞於余且告之曰先兄爲我父長子嗣伯父後性慧生五歲而母氏卒哀毀若成人歲時祭祀則必覓其母生前所嗜之物以薦平居每念及母必爲之淚涔涔下兄既失母則移其所以事母者以事先王母至恭至孝能得其歡心我父早歲方負笈青浦陳蓮芳徵君之門不常返里兄則日在家讀書不少輟我父偶歸兄必持書侍側求爲講解後我父娶繼母兄事之無異所生年十三下筆爲文斐然可觀苟

里中有文社之舉雖風雨必往值書院有課爲之尤勤往往深夜一鐙咿唔達旦人之見之者無不嘖嘖相稱也年十五先王母棄養兄哭之一如喪母明年我父疾兄日夜侍湯藥幸甫瘥乃旋遭其嗣父喪繼復助我父經營先大母之葬神力交瘁而力學無間因而病遽殤年纔十七我父痛之甚且以兄之承大宗也不可以無後乃循俗爲冥配姚氏以成人禮合葬焉後綺章生子銜華乃立以爲嗣余曰嗟乎凡此所言皆成人且難者也今之篤所親而能勤於業者寡矣假使佩青而在吾知其必有異於人而乃年未及弱冠以死其可哀也夫其安可無傳也夫

高孝懿先生傳

有自稱不肖孤高文彬文海以書達余又附其邑人王蘊登蘊章等所爲私謚議及詩篇事略求文以傳其先人孝懿先生者爲詞哀懇且曰幸勿以非素識而屏之則不特諸孤終身弗敢忘而世世子孫亦將銜感於無既矣余讀而歎之則謹按先生名汝璞字韞甫晚號老愚世爲無錫人忠憲公之兄諱附鳳十一世孫也道誼相傳世有令德祖鶴田考光照均以耆儒負鄉望先生幼有至性六歲喪母即哀慟如成人同母兄弟二人怡怡善處見者恆引爲兒女勗既而兄弟皆早世先生內隱深痛久之則移其所以事母者以事繼母又

移其所以愛同母兄弟者以愛其弟若妹孝友敦睦化於門內弱冠後授徒於家師道尊嚴不苟言笑及課畢入侍親側則遽改其態姁姁若嬰兒如是者數十年如一日先生不習科舉業而致力於忠憲公主靜之學克己躬行悉心探討間習書畫以涵泳情性人有所委勿輕諾諾必誠謹將事曾任邑中同仁堂育嬰事實心考核凡歷五年赤子之賴以全活者甚衆與人交穆然愛敬家固儒素歲常不給先生則布衣蔬食處之晏如體素羸疾病無虛歲而先生能自攝養至年六十三乃卒實民國六年丁巳八月日也疾革以二語自輓曰到死保全遺體平生未有愧心嗚呼此古之聖賢豪傑之

所難而先生能言之而能行之其眞足以繼忠憲之傳者矣吾不圖於今世猶得聞先生其人者

高燮曰余得文彬文海書後二月適往遊無錫羨其山水清美宜生哲人歸經海上晤其邑人吾友王蘊章因就詢先生之爲人蘊章曰吾表兄也嘗昕夕相聚者十餘年知之最諗凡諸所述皆足信也余遂次其大略而傳之如此且爲吾高氏式焉

卷二十三 呂氏家塾讀詩記

楊燮堂先生家傳

先生姓楊氏諱廷彥字燮堂江蘇丹徒人本生父明運明運有兄曰明遠早世無子乃以先生後焉明遠贅於丹陽吉氏吉翁以翰林出宰山東之歷城明遠既歿吉翁招先生往署中教之讀卽穎敏好學甫成童而四書五經皆已畢業所作詩文亦淸新可誦年十四回籍應童子試試輒冠其曹是歲補博士弟子員年十六食餼於庠屢赴省試不售歲戊午復入闈忽夢母氏至含淚盈盈顏色滲澹醒而大驚遂未終卷出星夜奔歸抵家而母氏吉孺人歿已數日矣先生則大痛伏地哀號幾以身殉自是乃不再應鄉舉閉門教授終其身

以禱咸豐八年三月二十日卒年四十七配朱孺人生子載和繼配包孺人歸一年而生子載坤又一年而寡孺人赤手撫孤至於成立守節五十年年八十而歿子長已前歿孫二

鴻年鴻書

高燮曰余於往歲得交鴻年鴻年乃述其先大父母事略寄余請爲傳其意甚懇惟詞冗不能舉其文因爲删節而存其要者著於此抑鴻年又言先生性剛正當讀書歷城時有婢女挑之不爲動或邀赴妓席輒不往人多以迂夫子稱之嗚呼其迂不可及哉

劉君道生家傳

君姓劉氏諱鳳岡又諱克本字道生浙江鎮海人性沈默不苟言笑幼喪母稍長奉其父世釗先生命出求外傳習舉業旋補增廣生數年歸里復肆志於勾股測量旁及天文輿地諸學恆於夜闌人靜時挑鐙獨坐研求有得乃已否則雖至天明不肯少睡君之學由是大進當淸光緒十六七年閒詔各省繪集輿圖觀察宗公湘文聞君名招置幕下命總其事時各郡咸以圖進其繪不如法者君手爲更定或有譌誤則爲之親歷覆勘雖披荆陟嶺手足胼胝而不以爲苦凡前後二閱寒暑而全省之圖始克告成會江西有募善繪圖者大

吏僉議以君應君以父母年老不願遠離即日辭宗公歸至光緒二十年日本犯旅順沿海戒嚴巨盜乘機猝發摽掠民船巡撫廖公壽豐建議設立漁團以資防堵而統之者難其人宗公以君所議江海形勢巡洋捕盜諸策上諸廖公廖公深以爲然即日馳使往聘君既至抵掌而談所論皆中時弊廖公益器重之遂任君爲漁團總理君乃自督率不辭勞瘁卒使雜處之衆氣聯誠合共爲一心一夫遘難萬衆聚而相救盜氛因之以息二十三年廖公以甯台礦務委君復卓著成效保奬縣丞又閱數年廖公退歸林下君先以父憂去職至是遂優游鄉里間無意作出山計矣有杭人某者冒君名

受縣丞職於蘇省君聞一笑置之竟不與較其後科舉既廢君與二三故友倡設啟緒公學於里中迨鄉自治成立君被舉爲議員不就以宣統三年閏六月二十七日遘疾卒距生於咸豐八年七月二十日年五十有四娶鄭氏繼娶陳氏生子鈞好學能文章入南社及國學商兌會皆有聲女子二長適同邑周氏次未字

高燮曰余之交鈞在去年三月鈞自其家遠來赴南社之集與余相識於滬上一見甚歡時余方道滬遊武林郎別去未幾鈞書至則述其尊君狀示余請爲傳然余與君固生無一日之雅雖有言不能意注而神赴也久之未有應而鈞之請

益堅乃據狀而傳之如此即以告其後之人俾知夫君之有學有爲而又蕭然無所慕於外皆足示爲法式者也

許雄伸家傳

君姓許氏諱寶廉字樹人一字文石雄伸其別號也爲漢大儒叔重先生之後清初有字雲岑者居吳江之蘆墟鎮遂爲吳江人少習舉子業慕經世之學體孱而讀書勤奮自經史而外旁及漢宋諸儒之訓詁義理六代三唐之文詞皆能窮究而會其通幼失母育於大母高氏鍾愛之戒其毋過勞則夜必假寐俟大母睡熟潛起默誦以爲常年三十二始補縣學生然非其志也父諱廷楨早卒祖諱承烈以齒德重於里社凡邑中劇務皆董理焉維君佐之事無不舉性尤好義嘗歲暮赴縣納糧見令方坐堂皇縶一人而爲敲扑刑者問之

則貧而逋賦不及二十金即探囊代輸之其人感泣圖報伏
地請姓氏君一笑遣之不以告家居課子甚嚴拂曉即呼之
起至夜深始許就臥或勸止之君則曰人惟能堅苦者乃能
卓絶勞之甚而無怨責之過而不離庶可以入德而成恕道
爾其爲裕後之謀而足爲子孫深遠之訓有如此者卒時年

三十三

高燮曰余知交遍海内嘗歎吳江爲多才蓋以爲地當川澤
之匯宜誕人文之盛近得君之二子豫曾觀曾先以圖啟請
爲壽母之詩其詞斐美又吳江之秀矣既觀曾復寄君行略
且曰先君以年不展德逾壯而奄棄今金先生天翮既爲銘

幽之文其家傳之作敢以俟諸先生余讀之起敬然後知觀
曾等文行修飭年少而能著聲於時爲有自也金君爲誌銘
不載其教子事余故補而傳之

談少琴先生傳

余竊不自揆嘗創爲學社以商論國故而海內能文飭行有志之士聞聲相應馳書納交或有以傳其先人更惻然其詞而來請者則微論素識或非素識亦時許爲之數年以來凡交友上世之有名德碩望者往往見於余文矣海鹽談君文灯爲吾黨之秀然與余固不相習也去年春君遭其尊人少琴先生之喪未幾忽以書抵余縷述哀痛並寄事略求爲傳余讀之竟喟然而歎曰先生眞古之人哉余家距海鹽不過百里而乃有篤學長厚不爲聲聞如先生者余不克仰瞻其丰采於生前今始得詳聞其行誼於生後是可憾也案先生

諱庭梧少琴其字祖諱某有隱德父諱某字綠琴母氏朱生二子先生其長也自幼穎特端重言動不苟讀書具神解綠琴公喜曰此子他日必亢吾宗當洪楊之難先生方九歲隨侍父母轉徙流離而至上海時談氏之戚馮梅築先生以醫知名偶呼先生與語若有默契亂定後於力攻文藝外兼習醫年十九以第一人補博士弟子員偶爲親朋治疾即沈痼無不應手起當是時先生雖年少而邑中耆宿之以醫名者莫不以畏友視之矣其後食廩餼登鄉舉自經史百家以至律歷五行堪輿之學無不窺其於醫也亦手披目覽未嘗一日輟而口則從未自言其爲人治疾必竭思盡慮逾於身受

問有疑難則遍檢方書至廢寢食而不之覺或羣醫束手得先生治之而霍然者然視其方則至平至廉絕無表異人是以服先生之神先生讀書既多故所爲詩文謹嚴典重不落凡響然先生不欲以文字自命而好致其力於實驗每與人話桑麻卜晴雨逆億之無毫髮爽於桑與穀直之低昂尤能預料不差時日然其市物也從未較値家儲桑穀恒不待其直之貴先期售之或問君既知之何不稍須先生則曰知之而操奇計贏將爲造物所忌耳人是以服先生之仁自鄉舉後大挑一等籤分直隸而先生以時事多棘不願仕進然學求致用固平生之志邑之古蕩河大工也年久就湮先生出

而董理疏濬閱三年而告成民皆頌德而先生以爲此吾人當爲之事何德爲人是以服先生之識高而才裕也於共和九年庚申三月二十日以疾卒年六十有八配王夫人子長文烜光緒癸卯舉人皆前卒次郎文炷

高子曰余於今年春薄遊澉川過海鹽而始識文炷文炷清樸好學而善爲古文蓋自足以不朽其先人者然文炷之好余其以文就商於余月必三四至今一見後而好之之情益勤其欲得余文也亦益急余故爲次其行如此抑余至海鹽問先生於海鹽之人無不知也亦無不以爲善人也然則若先生者夫豈待於余文而傳者哉

查肯堂傳

癸亥五月三十日晚吾友海鹽談文灯馳書言查君肯堂以二十六日被酒自教育會出是夜不歸於其家明月始迹之乃得諸去家不遠之懷德橋下蓋酒後兩溼致失足墮水溺而死矣年三十有九悲夫君諱美璠肯堂其字也考藎卿先生以才高學富名於時著有寄廡樓詩二卷君嘗請序於余刻諸海鹽先哲遺書中君天性純篤生十一歲而孤得其妣氏徐太君之訓能自奮於學弱冠補博士弟子員事其母猶作孺子色家貧授徒於里賴修脯所入以供甘旨曩者嘗應滬上商務書館之聘數年以母老辭歸終其孝養君與談君

交最善歲辛酉春余游海鹽談君邀君至一見相得其誠懇愛摯之意望而知爲君子人也其後君書來輒自稱弟子且時寄其文求是正余則何敢然感君甚無不率我臆更直道得失以告焉間嘗謂文章者根於性情者也以君性情之厚本旣立矣而於文章又能深至而篤好則他日成就之大可決也而孰意君竟死於非命耶憶與君同飲談君家酒罷談君出家藏圖冊索余題句至夜半君與談君送之門外時月色滿街人影照地上步行過市橋三四然後登舟以臥今二年耳我不知所謂懷德橋者爲余所曾行否又豈知今日者君之死所卽在酒餘市橋間當時此景恍惚可想而此樂則

渺不可得矣余爲君傳能不淒然淚下也哉

吹萬樓文集卷十二

吹萬樓文集卷十三

金山高　燮吹萬

何孝女傳

何孝女名愛文字景秋其祖母余伯氏姊生二子次汝模已前歿汝模妻馮以殉夫死余曾爲作傳所稱何烈婦者也長汝楷即孝女父汝楷前娶孫氏生孝女繼娶張氏生男女各一人而體弱不能任撫育汝楷又多病夫婦相憐奄奄終歲舉家事之鉅細繁瑣壹委孝女孝女因求治家之法於祖母稟白維謹雖勞苦不辭故一家之中内而顧復弟妹爕溼親嘗外而酬應高卑經紀出納其祖母暨父母倚之左右手不

啻也入學二年便能作短簡書札更以餘暇習刺繡精好出儕輩上而性顧沈默未嘗𢇁微自矜以表異於衆去年三月汝楷病漸劇余往視之則知孝女侍疾憂危食銳減衣不解帶者三四旬矣未𢇁而汝楷歿余弔其喪且以慰我姊至則姊方號哭出孝女侍於側柴立嗒喪神色非人我姊乃指而言曰我老人命蹇年六十餘而吾二子俱先我而死回憶曩者次子之變吾一病𢇁殆綿歷數載始克告痊今時遠痛哀而吾長子又死且吾焉知吾子死而吾孫女亦將不保也吾之心碎矣言至此即哽咽不能成聲余亦無以爲慰則相與泣下姊復忍淚言曰當吾子之病危也吾孫女勺飲不入呼

天無靈則背人刲臂肉以進卒不效血淋漓溼衵間猶痛哭不輟困頓之餘繼以哀愴疾遂交作而謂此煢煢羸弱之軀尚復能久支也耶既而數月果聞孝女病日亟又數月竟死矣傷哉時民國二年癸丑十月某日也年十九死之日宗黨親戚莫不交口歔欷歎爲賢孝無異聲云

高燮曰昔何烈婦之死也距夫歿爲七閱月今孝女之死距父歿亦七閱月一家之中前後十四年而婦死其夫女死其父得二人焉且死之期亦同可不謂之奇乎何氏固大族食指無慮數百而正氣所鍾恒在女子亦足榮矣然人徒見孝女之刲臂救父爲可敬而豈知平日之兢兢服勞無動辭色

久而不倦尤難能不可及哉

湯恭人家傳

恭人湯氏諱乃勤華亭人年二十一適同邑張君伯賢逮事舅者二十年事繼姑者二十有七年以賢孝稱舅姑有子三仲早世季年幼析産則讓其肥饒而取其瘠敗謂伯賢以君之才能自食其力若仲季者皆可念也性耐勞苦終日勤動無所倦平居不一妄費雖敗敝寸絲未嘗輕棄而遇人困乏周恤惟恐或後逢賓祭則豐腆有加焉伯賢早歲登鄉舉旋游幕浙中官外務部復久居京師自入民國以大吏之推薦更需次河南不常厥居未遑里處其仰事俯育酬高應卑搘拄門戶張氏及湯氏兩家婚嫁喪葬諸大事一一皆有賴於恭

人而伯賢得於其間遊覽山川嘯歌自樂以增進其文章而絕不知有内顧憂者恭人力也以共和十年年五十七卒高燮曰余於華亭獲交文學之士二人曰馬君超羣張君孔瑛孔瑛伯賢名也二人者皆遠遊而其家皆居松江之包家橋又先後皆喪其妻其妻復有賢德而先後皆來督文於余伯賢之言曰吾妻固無驚世之行而吾所爲事略實未敢有一字之欺則余之述此更安敢有所益乎然而賢已

方氏姊傳略

仲姊長余六歲於兄則少四歲於姚氏姊則少一歲始仲姊之生當我母連舉二女故先君子與嫡母及我母皆不甚親之然仲姊漸長性純孝能聽於無聲靜穆寡言容止端謹復能自刻苦我嫡母素嚴飭於子女不少寬假而仲姊之誠懇篤摯亦不覺其愛之深焉先君子之卒也仲姊痛哭連日嘔血達數斗幾不勝喪年二十六適平湖方紹渠爲繼室時去先君子棄養纔年餘拜别先靈涕泣上道其情哀慕舉家爲之惻然既適方未逾月忽中奇疾抑鬱甚陰覓死左右覺而守之來告遂迎以歸歸則爲百方求治久之病良已明年冬

舉一子名星煥生甫匝月而姊遽病毋往視之漸瘳時值余娶婦毋歸未幾又往則姊病未愈余就而問焉信宿將返意不忍執姊手而泣姊曰弟毋然歸哉恐弟婦望矣蓋以余方新婚也歲將暮方氏以急足至知姊病遂不起余大駭亟與兄及姚氏姊往至則見吾毋神色慘變痛方失聲乃不暇哭姊而又匆遽無以慰毋我兄弟數人者皆相對不知所云既送姊入殮即奉毋歸時戊戌除夕也歸而毋心恆不樂疽發背俞數月而潰瀕於危矣卒獲更生然在牀不能行歷三年始愈而姊所生子星煥已四歲姊夫續娶室娟也我毋念仲姊祇此子長於方必無教因挾以來自任撫育稍長則令入

學至星煥年十三而我母見背其後更就學吳門海上皆能勤奮自飭既畢中學業年二十一歸而娶婦又二年忽罹瘵疾生一女旋殤而星煥於翌年辛酉四月亦歿我仲姊竟無後摧折之慘猶幸我母之不及見傷哉

高燮曰久矣夫方氏之無人也入其室鬼氣沈沈然非日暮不聞聲息蓋衰颯之象已見矣夫以仲姊之賢星煥之好學然皆不永其年以卒豈所謂人異其族是爲不祥者耶今我長姊又亡矣姚甥痛念母氏述其行頗詳余亦爲文而哭因憶我仲姊之逝至今二十三年方氏甥又不幸早世將誰念之而誰述之哉余是以追溯一二傳之如此益感愴不能已

云

姚昭明傳

姚甥石子於去年十一月二十五日殤其子昭明先是四日其幼女通明猝以疾殤而昭明及其次女文明亦驟病又二日文明復殤昭明病加甚舉家惶迫不知所爲求治者踵接於道醫巫之屬盈門塞戶時天寒冰阻余方臥疾不能走視越一日乃力疾往則見吾姊及吾甥夫婦皆慘怛無人色昭明病已不救不逾時亦殤嗚呼酷哉石子娶於王曾舉數男皆不育惟昭明生而方頤廣額體碩而聲宏及漸長益端好有禮嘗吾姊甯家時挈其孫來雜羣兒中魁梧奇偉翹然出儕輩上余輒爲歎異我家去姚氏四五里余月一二至昭明

自家塾出不待其父母之教應對肅穆一如成人我姊每顧而樂之余亦亟贊謂此子他日必將大有造也閱三國志自比於關壯繆塾師爲講史事至古人忠義軒昂之處未嘗不感慨奮發如躬蹈之自國家迫於外侮而愛國之聲騰播於莘莘學子之口風氣所被而昭明亦約里中幼年諸子號兒童救國團爲手定團章則先之以不賭博不吸煙然之爲不用外貨扼要數條切中時弊而絶無虚嗐浮僞之意雜於其間此爲當今識時之俊所不能行不能言者不謂此子能見及此豈眞天賦之稟果有異於常兒者耶宜石子之痛之深而欲索余一言以不死其子者也抑吾聞其師課昭明讀論

語至朝聞道夕死可矣及孟子生我所欲也義亦我所欲也二者不可得兼舍生而取義者也數語則大感動出而口講指畫呶呶不倦病既亟仍背誦而講明之至不能言始已嗟乎吾聞是說吾爲淚涔涔下矣昭明殤於共和八年己未距生於清季宣統二年庚戌某月某日年十歲

高夔曰余於曩年殤幼子曰豐豐之殤纔七歲耳而余之子尚有四與石子之殤昭明其境不同然回憶豐之溫厚而可愛似亦必不若昭明其能聽講故事而卽欲學古人也同其讀書專心壹志病而猶讀也亦同故余敘昭明不覺悵觸當時影事而心滋戚也然則以余之哀豐者而例以石子之哀

昭明其情可知矣雖然夫賢而天者此天之弄人耳惟人定可以勝天是在石子之有以自克也夫

德明小傳

德明余從姪堅之子也堅性聰穎年未弱冠畢業於鄉之高等小學既娶妻陳氏生子德明先是堅嘗染惡疾歷數年竟卒陳氏痛不欲生時德明方三歲見其母哭則亦哭止則亦止陳氏憐之遂强抑哀思守志撫孤至德明年九歲所命從讀皆名師先後如葉溉潤朱退庵顧遜叟諸先生無不稱其慧陳氏賢而知書謂是兒無父尤不可失教而多逸故日必俟其由家塾出更涕泣而自課之其得在外嬉游者晨夕之間無幾時也余每閱數日當夕陽將落時往往自山莊步行至老宅視羣兒共戲場圃德明遠見余至必含笑迎而上朗

聲噩手呼叔祖余喜摩其頂心念其母訓之曰乂是兒之能
卒教也去年冬其母甯家於陳攜是兒俱往其舅氏某妾人
也居常好蓄凶器以爲玩弄幾致殺人者屢矣會其時松滬
間亂事麤定敗卒多棄其鎗械每爲無賴子所拾某因以賤
值購得之則大喜摩挲終日不去手一日方攜鎗實彈以鳴
得意適德明在旁亦未之見正口講指劃間手忽觸鎗機機
發正中德明彈洞胸而入由背部腰際出大呼猝倒其母聞
聲急趨視則德明已臥血泊中氣已絶矣乃抱尸大哭卽日
載之歸時甲子十月十二日也而某於斯時頗機警遂以德
明好弄致誤撥鎗械以自喪其命來告嗟乎人苟非眞欲自

殺者猶有誤發鎗機以誤中己身而彈痕乃洞胸直下者乎
雖愚者知其妄矣陳氏旣以德明尸歸卽誓不與其弟相見
自念從今以後決無復生理乃以頭觸柱至流血不死不食
十餘日又不死然而病不能興矣
家史氏曰陳氏之生也其痛有甚於死也而德明之死人第
知其好弄而自傷其命卽知之亦無肯言之者則其死之痛
猶有異於陳氏之生德明雖死目不瞑矣嗚呼我是以述而
正之

節婦陳氏傳

余草德明傳言其母陳氏之生也其痛有甚於死夫生而尤痛於死酷矣而豈知卽痛於死之生而亦有不可能者耶始陳氏自德明慘殤後既求死不得而出於生則其生也固夫人而知其痛於死也當德明未殤之先數年陳氏以痛夫故患乳癰久而不肯治勢將潰矣醫者謂是病也潰則必死非一割無生理陳氏念撫孤未成立此身猶未可遽死也則忍死割之絕而復蘇逾月而竟愈乃愈不一年而遽遭德明之禍陳氏既痛德明之被殺於其弟也其夫之因以無後也我生之無以對人也而陳氏之死必矣然百方求死而卒不得

死既立其夫兄之子鑑爲嗣而鑑極婉順事其嗣母不啻己母終日不離其側而陳氏又不得不忍痛而生矣初陳氏所患癌既愈至此乃復作而陳氏則念癌再發固必死苟假我數年者則當爲嗣子聘一媳爲德明擇一冥配而合葬之則我事畢矣是以轉側在牀百方求生而卒不得生至距德明之死十閱月而亦死時乙丑七月初十日也年三十夫壻爲余從兄吟槐公季子先七年已歿

家史氏曰陳氏之死也死於病死於德明之慘殤實死於其弟之一擊也天下固多可悲可痛之事而陳氏所值更爲人所難堪乃至始而求死不能終而求生又不得也豈非天哉

先節孝李太孺人行述

不孝才朽行薄年逾五十文質無所底雖差足誇示於人者則以上有老母太孺人康強壽考孫曾繞膝慈顏悅喜故雖世亂孔亟而窮鄉伏處讀書養親彌覺可樂自今以往其安可得耶太孺人姓李氏邑之育浦塘人為外祖芷楣公次女年二十六來歸我先考恭甫府君為繼室事我曾祖妣錢太宜人祖妣莫太宜人皆能得歡及府君先娶妣俞太孺人先二年歿遺女一太孺人撫之如己出後長姊字馮氏仲姊適朱氏皆早卒我家累世力農自曾祖鳳翔公以儀行仁著聲里黨先祖樓公發憤力學而早世有子四我本生考

近齋府君最長且才內外事悉身任之先府君居季因得專其力以攻舉業遂於有清同治七年補縣學生員當是時科舉階級之制爲世所重視我高氏之由耕而讀名列膠序者自先府君始也乃不二年而府君遽卽世實太孺人來歸之一歲而未有嗣時以重闈在堂遺孤在腹須臾忍死痛可知矣自府君卒後七月而先姊生懸不孝名以待者垂八年而我本生妣俞太孺人始生不孝我本生考因命爲府君後焉逮光緒十五年先姊適平湖吳氏時不孝年十二卽走依太孺人日則往家塾讀夜則一燈熒然與太孺人同室而臥晨起則與太孺人據案一角而食其一角則貍奴據之率以爲

常太孺人既端嚴而匡飭不孝亦幼不好弄母子相處煢煢
凄苦一家二口闃然若無人也如是者又十年太孺人爲不
孝娶婦明年不孝應試入邑庠又四年太孺人壽臻六十不
孝乃具狀於友之官於京部者得奏請旌表節孝如例於是
太孺人茹荼守志已三十有三年矣維時不孝暨先姊各有
男四人太孺人方屏退家政優游飴弄而先姊遽以翌年生
第五男後病卒太孺人自遭此變形神交瘁莫可解慰其後
年遠痛衰不孝諸子已次第畢婚今且有孫及六人矣太孺
人顧而樂之顏加豐碩不孝每回憶當時據案一餔以侍太
孺人飯僅三十年間而太孺人之後遂增至二十餘人此則

不孝所私爲欣幸而一家之中尙能率太儒人之教無染及時好者此尤爲太孺人所時時稱道於他人引以爲慰者也歲癸亥太孺人年屆八秩家人謀爲稱觴之舉太孺人不之許曰我以苦節例得建坊然徒爲一人之榮而於人無益我其移建坊資而築石梁乎不孝謹受命於是乎有獎稼橋之建會是年不孝任邑中河工事旣竣更爲募建河塘石橋一十六座而不孝謹體親志自任其八意卽爲親壽八秩之誌當遞晉而至於大齊也太孺人聞之喜曰汝能如此眞足以爲我壽矣明年秋江浙鬨亂事作風鶴之警及於閭巷越明年未已不孝乃侍奉避滬上時太孺人年八十二矣猶能步

行各市場與孫輩觀劇終日無倦容在滬攝一影見之者皆以爲六十許人居月餘始返不孝竊又慶幸以爲太孺人老而彌健壽當靡有涯也我家素湫隘自兒輩各長大後至人滿不能容乃於老屋之東百餘步別起宅一所名閑閑山莊遷焉而太孺人居老屋久又樂靜適故不欲俱來不孝見太孺人健好如壯盛而兩宅相距近定省又甚便故未之强及今十有一年不孝未嘗遠出苟非疾病未嘗有旬月之或離太孺人側也每歲元旦不孝率兒孫妻女媳輩至太孺人前跪拜稱賀往往濟蹌滿一屋太孺人出果餌分餉諸孫無不歡躍而進者不孝自念平生本不羨榮利而獨於當此之際

能獲慈顔之一笑竊以爲天下之至榮雖南面王無以易此乃自二三年來太孺人時患胃病肌容稍稍減新歲嚴寒或擁被卧不出體漸衰矣既而多方求治胃病良愈而衰象日益呈耳重聽甚不孝等與太孺人語每作大聲聞於别室或有一言之訛蔓延至不可究詰時亦用以爲笑然不孝至此已爽然默念娱親之日月恐不可長恃矣今年春不孝請諸太孺人謂兒當添築數楹於山莊屋後地曠而菁密願母之來居也太孺人欣然諾不孝則大喜退而相度粗定急鳩工庀材督策無一日之暇至三閲月而告成不孝題爲慈竹長春之室卽於五月十日迎太孺人以來始太孺人在老屋數

月間目中時見鬼物老者幼者男者女者立者坐者衣之華
麗者鐙之光明者漸行而漸近常歷歷指示於人謂不孝往
則鬼鐙息鬼影滅矣自太孺人來山莊不孝詢之則云已不
復見惟是時雖眠食無恙日中猶能扶持行於外然神識衰
微不類曩昔其情狀屢變詳不孝所爲侍疾日記中至七月
末勢已瀕危而醫者察其脈如無病者果三日而復蘇又二
日仍離牀起命人扶持行如故然神識愈昧言語錯亂動止
失其故常卽家人親戚至前曾不之識惟於不孝雖遠望能
辨豈知至重九之晨又昏瞀不省然猶能進飲食察其脈仍
無恙至十二日神色漸敗十三日晚醫者察其脈漸漸微延

至亥刻遂棄不孝等而長逝矣痛哉痛哉距生於有淸道光二十四年六月二十九日享壽八十有五歲子一即不孝燮娶華亭顧氏孫四人圭垣鈞埏娶嚴娶蔡娶金娶姚曾孫八人錚鍔鉞鈉爲圭出鑾鏞爲垣出鍩爲埏出銑爲鈞出鍩之生在太孺人歿後之十有六日銑之生又後五日孫女二莊適亭林顧氏馨未字曾孫女四人鍈鐶爲垣出釧爲鈞出錦爲埏出俱幼伏念太孺人之歸先府君甫逾年而稱未亡人歲月遙遙藐孤未立其堅貞荼苦之操當時不孝未生雖不克知然少聞於我先本生考者謂太孺人嚴霜勵節正氣凛然實足爲高氏生色有非尋常所可及者理當有以昌其後

乃不孝無狀不能博斯世之功名顯達致太孺人守志至於五十九年之久未得因不孝而邀一日之寵光又以太孺人厭囂樂靜之故致咫尺相距不能迎之於康健平安之日馴至老病日篤始得晨昏奉侍而依膝下者纔四月有餘焉此則不孝所爲泣血攢心而痛悔者也尚望當代耆道名儒立言君子有以矜太孺人之節行錫之宏文而垂不朽不以不孝人微德薄而見屏焉則當匍匐受賜感泣不忘者也棘人

高燮稽顙謹述

朱小岳先生家傳

民國二十一年壬申正月二十一日及門朱生硯英之尊人小岳先生以疾卒於滬寓時滬北方被日人侵犯亂事孔亟人民相率逃避莫敢留先生任江灣元豫醬園經理終歲坐鎮不去職至是江灣適當戰區鎗彈飛落如雨下先生仍未欲遠離乃出居租界以待禍止未幾園燬則大慟疾作遽逝年五十有六先是余延硯英來鄉課幼女有成約而未至聞其在家望父久不歸方惶急無所措既又聞硯英以父病劇隻身冒險顛撲至滬上則先生已於先一日殁矣家之人無一在側也悲夫先生諱士鵬浙江之海鹽人生而穎異自幼

以孝聞十歲喪母哀毀如成人爲邑名儒查藎卿先生弟子查先生以大器目之年十七補博士弟子員歷掌蔚文書院及邑中徐氏滬上陳氏教席者先後凡七年無不循循善誘造就甚盛一日登露臺圮墜焉折其足幾死逾二載始愈晃時事日非無意進取遂棄儒就賈時民國元年也先生方正而摯厚平生一介不苟取而友朋戚屬以緩急告者則傾囊無吝色既入商謹於職務經營擘畫業以大贏至今二十餘年忠誠勤勉人任其逸而已任其勞滬與海鹽交通迅速然先生視事至重每年惟春秋祭祀一返家而已嗚呼此豈能求之於今人哉先生娶沈氏爲文節公女姪生子孔陽女

子子硯英宗進卓瑛而硯英最長嘗受業於談君文炟兼師事余學行超越倫輩述其父行事求爲傳余固未識先生然素聞於談生心企爲長者久矣故不辭而敘次如右

高子曰此所謂以死勤事者耶使先生而爲仕者其必能任天下之重無疑也抑我聞先生之生也考悟齋翁夢岳武穆蒞降而生先生故錫名士鵬而以小岳爲字今硯英狀中未之及蓋以先生終老於商未有軍民之寄恐嫌於夸也然武穆之所以爲武穆者亦曰能盡我忠以報國耳若先生之勤於其職效死而勿去雖事業不同而其志甯有異歟

朱遯叟生傳

今海內之言詩者莫不以遯叟爲詩人矣，即余之交遯叟也亦以詩。自近數年來，各地詩社林立，莫不願得遯叟片詞以爲一社光寵。遯叟雖老矣，然求之者無不應，應則遯叟之詩必矯然異於他作，由是人之於遯叟無不以詩人目之。而遯叟之爲詩亦益勤，而豈知遯叟非詩人也。遯叟姓朱氏，名家駒，始祖明賢公清初自浙烏程遷江蘇奉賢之泰日橋，遂爲奉賢人。曾祖晚香公諱春培，邑庠生；祖黼山公諱鴻儒，恩貢生，著有愛吾廬詩存；考史枚公諱士璋，邑庠生，己丑重游泮水，著讀月樓詩存、格言隨筆。史枚公生子五人，叟居季，三者皆早世叟以有淸咸豐丁巳六月十日生同治癸酉游邑庠已卯登賢書五與計偕薦而未售戊戌以後卽不復與試邑之肇文文游兩書院聘叟主講席者九年士論翕然宗之清季興學任爲勸學所長諮議局成立復被選爲議員自入民國續爲第一屆省會議員凡邑有大政治非得叟不舉其時復被推爲民政長則力卻焉己未江蘇開通志局總纂馮夢華先生聘叟爲分纂員奉邑議修志乘邑令賴公聘叟主纂修叟性恬退與其兄友愛最篤卽世所稱粥叟徵君者是也徵君今年七十有三而叟亦七十矣同財讓析推食互餐風雨聯牀伯歌季舞雖蘇家軾轍無以過之徵君之子一叟之

子四徵君之孫三叟之孫亦三皆雍睦賢孝聞譽隆起築兩廉亭於宅畔叟與徵君嘗吟詠其間徵君淸癯鶴立意態閒雅叟則頷髭上連兩鬢蒙茸頒白神采奕然晚年尤喜早起每當天氣晴明則必閒步亭前以觀日出聽曉蛙時鳥之鳴聲以爲樂有時更雜兒童中作柔輭舞蹈見之者皆疑爲天上人謂非人間所有也高子曰余以叟爲非詩人毋乃非叟之意乎吾聞叟之於詩日有常課積稿至數千百首其所寄余詩藏於篋中者亦不下數百首何其好之不厭也然余少時固甯知叟爲詩人哉但聞其有慷慨經世名而文采行誼爲時引重今變亂亟矣叟方斂其槎枒芒角之氣於和平溫

厚中而以詩自晦然而悲憫惻怛之懷仍時時流露於不自知也蓋惟能有事於詩之外者而叟豈詩人者哉

何孺人家傳

孺人金山之五區人爲何公灝卿諱鳴鍔季女以清光緒二十四年戊戌年十九適華亭顧君尚發逮事祖舅與舅姑顧氏世居亭林本華亭巨族而孺人能以賢婦見稱時其舅方薄宦於浙之新昌隨侍數百里外歲甲辰返里遭祖舅之喪中値匪亂轉徙流離事舅者十有六年事姑者且逾三十年孺人仰事俯育自晨夕問安歲時祭祀以及課子授書衣履裁製鹽米烹飪無不躬親而孺人則從容整暇未嘗自言其勞家固不豐又食指繁而僕役鮮然入其室案無纖塵賓客之應無不周園蔬之治無不潔近歲以來孺人諸子皆卓然

有以自立學行才能出儕輩上遠甚論者以為此非由於學校之教而得於母教為獨多也丁丑七月滬戰事作至十月而風鶴之警日迫時長子義方奉母家居因亟請他避孺人執不可曰他日亂事未可知庭有井乃我歸骨所也至初三日日軍陷金山衛長驅而進翌日遂及亭林義方復泣白事急矣請暫避哀懇而後許乃附鄰居趙舟以行不數里抵蕩涇港投止又明日日兵復大至趙君被戕孺人聞之慷慨曰我雖老矣義不可辱遽潛出自沈於河日軍覺共驚歎即施救則已冰視其衣水猶未盡濡也因相與羅拜而去時丁丑十月初五日也年五十有八子五人義方義盛義馨義光義

明孫男三履綦履堅履豐

高燮曰余於尚發爲妻從兄孺人與其姊實從娣姒皆余中表行也故知之最稔余嘗聞諸孺人之姊之言曰我妹昔年侍其舅姑於官舍刻苦乃更甚於在家時念其舅以貧故處微秩而謀升斗之祿爲子息者何忍享之故每具饌必以奉舅姑已則僅食脫粟耳嗟乎此孝儉美德爲古人之所難而孺人不矜不飾居之有素其自植於根本者厚矣宜其當患難臨大節視死如歸而無悔也抑又聞昔歲丙子之春孺人大病幾殆羣醫卻走已無可爲矣後迎其兄子何公度於滬上治之竟愈遠近稱以爲神乃未及二年而孺人之死以非

命則人又稱爲不幸余謂孺人之不死於病而死於水也非不幸也殆天所以留其身俾善擇死所以成其名者也是可傳已

朱氏姊趙夫人家傳

姊姓趙氏浙之平湖人年二十二適朱公慰農爲繼室朱氏世居江蘇金山之廊下鎮實爲金山人而廊下鄰平湖境伊邇朱氏之族皆居平湖慰農公遂爲平湖邑庠生素席豐厚而儉約自韜晦維姊佐之以賢孝故一家之中和氣常充滿也慰農公元配高氏爲我先考秦麓公次女適朱未一年卒當是時余猶未生不及見我姊余所見者卽爲趙氏姊耳姊自歸慰農公後來我家母我母先節孝李太夫人太夫人愛之如己女時余年方幼姊則長余二十歲卽弟畜余歲時歸甯事先節孝無微不至視弟亦恩意有加焉姊性安祥惻怛

生子二人女子子二人余少時每見姊擕其子來恱色溫顏跬步必謹而子皆承順從未聞有疾辭厲聲之達於戶也及二子炳文煥章次第補博士弟子員後數年而慰農公遽卽世煥章方病不數日以毀卒煥章之妻張前數月亦卒二女次字高長適葛氏者更先後歿於家姊念諸艱集於一身乃強抑哀痛手撫煥章所出一孫而教養之其安祥惻怛無異當時之愛其子也姊本好施與至此乃益廓其爲善之量凡各地饑荒災賑貧乏之無告者求之無不應炳文幼而醇謹及壯乃奮發有爲斥貲興學爲數至鉅姊每加獎勉不一阻如是者數年而炳文與其婦徐又先後歿遺一子三女姊更並

撫之故姊之孫男女五人雖與所出皆不啻同胞也時姊年
已六十餘而諸孫皆幼心摧痛甚然仍不以灰其爲善之念
而忍抑哀思安祥惻怛亦如故間嘗語余諸孫皆無父母教
養之責惟在老婦我朱氏累世好善倘天道有知我其能全
待諸孫之成立乎時以形家言所居宅不吉因遷避至余家
者及五年即延男女師分教諸孫而師皆名德碩學故諸孫
皆文行斐然且於此數年中改建居宅奐成宏厦更擇地以
葬兩世之柩逵十人然後返於里築石梁及六七座又次第
爲孫男女婚嫁者四心力瘁矣後見二孫維坤維垣皆賢且
才曾孫男女繞膝飴弄老懷乃始安樂歲丁丑之秋姊壽臻

八十會國難起故鄉亂事大作維坤維垣遂奉以至滬上而姊已病居二年遺嫁幼孫女蓋至此而諸孫婚嫁全畢姊當時信之於天冀其撫養成立之願無不償矣又月餘至庚辰正月初一日子時乃吉祥而逝距生於有清咸豐八年九月初二日享壽八十有三

高燮曰此所謂人定勝天者耶吾聞道家之言禍爲福基詩曰求福不回不回之求不必爲福而福終自至此理也惟至人能知之今姊以一婦人非有所學乃能信之深而持之篤其平昔好善之懷雖蚑蠅之細而無或一傷惻怛而慈祥堅忍而肅穆卒以挽其拂逆愁苦之運而至於極盛誠能格天

有以也夫

談麐祥家傳

余往昔多道義文字之交而情愫至密者莫如談君麟祥麟祥以余爲師語摯而意真心悅而誠服雖相隔百里間而書札往來旬日數至及十有五六年所積君之書函已盈箱累篋往歲丁丑之秋亂事作君家海鹽至不可居乃挈眷避於鄉郵書多梗至十月初而吾邑遽淪陷余亦轉徙無定所與君消息遂各不相聞者及半年既而余與君先後皆盡室來滬上身外之物各已蕩然而君來時途中更數遇盜劫艱苦困頓尤甚於余及既抵滬與余相見握手欷歔慨我生之不辰而大亂之方未艾也乃不二月而君之淑配張夫人忽歿

於滬寓君則大戚草哀文數千言聲淚俱下余心傷之然猶幸其雖遭變故而身無恙也豈知又未一月而君亦旋卒矣時爲戊寅七月二十七日年五十有二嗟乎酷哉君諱文炷又字夢石父諱庭梧清光緒己丑舉人博極羣書而尤精於醫余曾爲作傳所稱少琴先生者也母氏王有賢德兄文烜光緒癸卯舉人皆前卒君性孝友嘗倩人作尋夢圖圖中繪父母與兄晨夕相對冀尋諸夢而自爲圖記讀者咸隕涕焉君自少善病父母憐之不加督責於書惟麤令誦習而已然好學甚耒弱冠文行卽已斐然友好强之出應試遽以第一人入邑庠是年科舉廢而君以多病伏處里中發家藏書讀

之學益大進民國初年余創國學商兌會君聞之介其友寄所爲文來余不覺稱善嘗輯諸國學叢選中歲辛酉余訪君於海鹽與同遊澉川之永安湖一見相得因師事余自是每有所作必寄余是正雖隻詞片語苟未得余爲定可否恆不敢自信也嘗一長其邑之圖書館訪求文獻不遺餘力又嘗掌教邑之學校學子莘莘無不翕服邑中父老聞之爭遣其子女入學曰有名教師如談君學風可無壞矣其後又皆以病不久卽辭去君雖以病不能任事而勤於撰述從未嘗一日廢書所居室牀榻几案堆置俱滿凡邑中大著作皆出君手其文眞摯而淸樸有夢石未定稿二卷續稿二卷所輯書

有孝經綱要孝經讀法孝感錄聖師錄補武原先哲遺著海鹽詩話齊家要覽文章津筏八法叢譚談氏家乘各若干卷子三長士堃嗣爲兄後次士奎士增皆醇謹能自立孫家鑫士堃出家剣士奎出均幼綜君一生幾無日不在病中年未五秩望之已如七八十歲人常自憂其壽之不永余輒爲慰解不謂其病少間而死乃如是速也悲夫

吹萬樓文集卷十三

吹萬樓文集卷十四

金山高　燮葩盧

明封威虜伯吳桓愍公祠堂碑

在昔明季宗社既屋清軍長驅而下當此之時而能扼立不動頓兵海上死不失職者厥維吳淞總兵都督同知吳公公諱志葵字昇階華亭之呂巷人呂巷後屬金山當爲金山人少負氣卓犖不羈與羣兒戲必自稱將軍列爲隊伍每井然有法度贅於陳陳世業賈其家多秦晉游俠客公徧狎之盤馬彎弓投石超距而人固已奇之矣崇禎癸酉以武科舉於鄉明年就京會試不第獨游前門關廟提其刀出於衢睥睨

四顧若无人者公名由是大噪時寇亂四起遂仗劒從軍宿松之役與賊戰有功撫臣張公國維題授金山定波營把總擢標營守備流賊犯安慶公以標兵五千人往身爲前鋒屢被重創中四矢仍潰圍力戰擒賊而奪其騎卒以獲捷累官應天坐營遊擊將軍京口參將甲申宏光立以左軍都督府都督僉事充總兵官鎭守吳淞旋晉都督同知乙酉五月清兵渡淮宏光出走爲總兵田雄劫之以降金陵陷自常州以南官吏多望風迎附時同郡給事中陳子龍吏部主事夏允彝舉人徐孚遠陰與陳湖義士羣起兵子龍以尺書招公公遂與副總兵魯之璵率舟師三千自吳淞入結水寨於泖澱

間軍號振武會鎮南伯黃蜚擁千船自無錫至又與京口鄭鴻逵九江黃斌卿定海王之仁温州賀君堯揚州高進忠五總兵聯合將窺蘇州謀以暮夜劫城不克之輿戰死而吕巷又有謝漢者時爲公軍鋒方戰於吴江之同里鎮以力盡無援亦死於陣公迺與鎮南伯移營退駐黄浦而郡人司馬沈猶龍進士李待問舉人章簡方募壯士數千人守松江指揮侯承祖守金山與公及鎮南伯相爲犄角然清兵至又不能禦復敗於上海未幾松江破猶龍中矢死待問守東門簡守南門皆被殺清兵入攻金山承祖與子世祿猶固守亦被獲父子俱死清兵既破松江羣紳爭匍匐出謁有故侍郎董羽

宸以書達公勸歸順可保舊職公答書七尺可捐富貴非慕等語公復與鎮南伯謀走閩圖再舉會清兵奄至邀之黃浦同被執檻而致之江陰令說城中人降皆不屈城亦久不下乃殺公與鎮南伯於南京之笪仁橋時乙酉九月四日也年四十二妻范氏先公自刎死曾祖軫敕贈承德郎祖丕顯舉人湖廣承天府通判父之灝太學生皆以公貴三代俱贈榮祿大夫後福京追封公威虜伯謚桓愍設壇致祭詔建祠瀫州明亡後不知其祠果立與否至今二百七十餘年清運又終而我邑呂巷人士沈嘉樹等念公前烈議就鎮之文昌閣旁室數楹爲祠以祀公而屬余爲文泐於石余維有明之末

忠節如雲半壁河山義旗相望前仆後繼至死不渝第就與公同事而先公死者則有副總兵魯之璵都司丁有光守備季甯參將董明弼指揮侯承祖父子游擊謝漢諸人而與公俱死者則有部將吳之藩贊畫舉人傅凝芝諸生施聖烈游擊聶豹蔚川兵營參將孔虎師都司黄用倫守備桐用宗鐸顧之蘭顧清晏把總陸進等其後乎公之死或位在公上及已有專祠者倘不與焉嗚呼何其多也然而卒不能救於國之亡者則以當時大勢已去天不祚明人力有無如之何耳或曰黄浦之役歲月日時皆乙酉以爲事非偶然者倘或然也余謂公之死固宜有祠而與公共事及同爲殉國諸人皆

當在從祀之列爰更連類記載以告於後之人並作爲侑享之歌使歆以祀焉其辭曰

蕭蕭兮白楊公來歸兮故鄉闞璜溪兮尺宇潔肴醑兮芬芳公之來兮提義旅聚英魂兮作人語風馬兮雲車恍驅胡兮海之隅戈揮兮落日竭心力兮嘗惜其軀時來兮索虜得志日月晦盲兮孤臣血淚事去兮由天斬虜運兮二百餘年公掀髯兮式憙同族類兮非畀昭明德兮是歆致誠信兮澗溪沼沚山之湄兮水之涘樂釣游兮桑梓靈爽兮寔憑俾我民兮多祉

篇中所稱呂巷人士沈嘉樹等擬就文昌閣旁室數楹爲

祠以祀公云云後數年詢之杳然此事遂成泡影爲之一

嘅庚辰二月附記

黃烈婦碑

華亭黃烈婦以殉夫死而葬於婁縣思賢原三十餘年矣其孤培元於去歲與余相識即袖出事略乞為碑文按烈婦姓管氏江蘇陽湖人先世以節顯父光烈母氏林皆死洪楊之難者也烈婦年二十而歸黃壽椿為繼室壽椿仕閩補雁石司署大寺寨巡檢留烈婦奉侍舅姑遠近無不稱其賢者其後壽椿改授江西德安縣典史烈婦隨之官所壽椿性恬淡工書法每當揮翰臨池解衣磅礴烈婦為之從旁拂箋善體厥志伉儷之間雍雍如也居四年壽椿患病篤烈婦焚香禱天求以身代不應竟歿烈婦則號泣踣地痛絕復蘇仍屢求

死傭嫗覺之不得遂時壽椿父如琳官浙江上虞之梁湖司巡檢使人至德安取壽椿喪烈婦遂攜子女奉夫柩以往行數千里抵曹娥江距梁湖僅隔一水烈婦矍然起曰此非漢時孝女曹娥自沈之處乎我得死所矣奮身將躍入侍者大驚力止之又不得下烈婦顧謂子女曰自汝父歿三月餘我之所以濡忍而不即死者徒以汝父之喪未獲歸諸父母耳今至此我之責盡矣汝等其善事大父母即乘間仰藥死年三十五在清光緒二年七月二十九日也越明年浙江巡撫梅啟照以事上聞得旌表如例子二長即培元次嘉修女一適武進程祖懋余既欽其節烈爰敘次其事而系以辭曰

泝娥江之得名兮曰以孝女殉父之所由維娥名之無極兮
江之名兮亦與娥而長留歷二千餘年之久遠兮倘能興起
夫其儔伊婦節之轟轟兮出忠門之賢媛諧好逑之淑德兮
著芳聞其婉孌攘皓腕以潔漿兮瘁厥躬而匪倦月落兮庭
梧宫閣凄清兮怪鳥夜呼離鸞兮別鵠影隻兮形孤生靡樂
兮志苦死得所兮魂愉娥之靈兮詔我身未相從兮心則與
俱從容兮完節化石兮捐軀借娥靈兮攜手朝朝暮暮兮江
之隅千秋兮萬歲娥長隨父兮婦長隨夫

錢友梅先生墓誌銘

余於宣統二年延錢君邦鎮課諸子讀朝夕相處邦鎮述其先大父友梅先生行事余每爲之肅然起敬旣遂以其尊公命出所爲狀而言曰先大父之葬也尙未有銘敢以請余於先生雖夙未之見然亦嘗聞其風矣其請銘余安敢辭先生諱長淸字振遠友梅其號江蘇華亭人少孤家貧受讀數歲卽棄而習賈賈爲書業因得仍不廢讀日則經營貿易整檢秩如夜則力索深研沈酣無倦每當更深人靜未嘗不聞書聲之琅琅也久之終以習賈未能專學乃出而授徒同治十年先生年三十五始補縣學生員而遠近來受業者日衆先

生則爲講舉業外教以朱子小學反覆辯論窮日夜不休凡遇鄉人先生必招之曰來吾語汝學夫學何分乎士農人無不可爲善其隨事指導因人而施亦頗參陰騭感應之說故提醒愚蒙發人尤速嘗曰我輩寒儒不能濟人以財要當教人以善可謂克踐斯言矣先生雖一介寒儒乎開門授徒三十餘年無日不以正人心挽薄俗爲已任其立教惟以敦品勵學不惑時趨爲勉而以身作則無敢踰越法度一步又嘗謂移風易俗端在修明禮樂迭請當路置備文廟樂器當路以爲不急之務卒不就晚年著三尊講義發明尊王尊聖尊親之說人多以迂拙笑之而先生不顧也以光緒三十三年

十二月十四日病歿春秋七十有一於宣統元年十二月二十二日葬婁邑鄉四圖致字圩新阡從形家言癸山丁向配朱氏子鍾麒優廪生余曾謁之古行樸摯一如先生女一適丁氏孫長邦泰府學生出爲兄後次邦鎮縣學生出爲弟後次邦燕曾孫詒穀邦泰出邦泰與邦鎮皆與余習砥行立志能承先訓蓋君子人也夫義理道德之蘊信諸心而已矣惟能自信者乃能有以自守先生窮處在下而抱道彌篤浩然獨行而所謂正人心挽薄俗者其效亦已微甚乃觀其子若孫皆刻苦治經卓然異於流俗之所爲其克家之效眞不可能耳於是歎先生之遺澤未有艾也爰擇其狀中語論次

之而爲銘曰

舉世蚩蚩頽俗日漓獨行抱義萬口所譏是維先生步矩行規迂拙自守終老不移前哲有言克念作聖哀彼世人善戕其性巧也吾噞拙也吾敬銘石闡幽用質無竟

先聘妻壙銘

先聘妻華亭顧氏陳黄門侍郎野王之系世居亭湖父禮邦歲乙未先府君爲余聘焉其嫂何余舅氏姊閒從親故言必道其小姑婉順余聞而竊喜明年冬忽以疾來告越一日而凶問至在光緒二十二年丙申十二月八日年一十八時先府君棄養未逾歲孤苦餘生更遭不幸痛可知矣余往視其殯奔而殮循俗也則見其父若兄若嫂哭皆失聲母氏周方病以殤女故旋歿余以是信其賢而益悲其年之促歲戊戌余既奉其主歸今忽忽又十餘年余數子皆已成童念聘妻之柩尚在顧氏墓道雖古制女未廟見死則葬於女氏之黨

然此禮今不可行而世亂日亟久厝未安因卜地於秦山之左於宣統三年辛亥十一月二日迎其柩以葬而余亦築生壙於是更植梅百樹以妥其靈嗟乎聘妻一弱齡女耳宜無卓卓可見與余未有夫婦之素尤無情好之可言是以余所能述者止此可哀也已銘曰

梅花如海擁護佳城他年同穴證以茲銘

生壙銘

余年三十四而營生壙於秦山之梅花香窟越六年乃自爲銘而屬友人費硯刻諸石印之旁蓋創例也不書姓氏已見於印也銘曰

少慕劬學壯益凡庸蓄久不發養此潛龍讀萬卷書猶未能破志與心違四十將過如馳日月倏忽可驚脫遽溘然抔土無名百年須臾有文斯炳維道是崇梅花首肯

亡兒君明墓碣銘

距我家二里許有山曰秦山山之左不數武有梅百樹繚以短垣爲余聘妻顧氏所葬余之生壙亦在焉壙之側有土隆然起者則余亡兒之墓也余每當春秋佳日必挈兒遊於此兒嘗指余壙而問曰此中何有也余則告之此爲余他日死後所處又指其昭穴以問余又告之謂此中亦爲汝母但非生汝之母耳兒則謹誌之故常以壙中母呼焉先兒亡之一月余復攜以往兒則樂甚徘徊瞻顧逾時始返嗟乎而豈知余攜汝以來此也今乃瘞汝骸於此乎又豈知以兒之嬌小乃奪諸所生之母之懷而置諸壙中之母之側也此余之所

以愴痛難自克也兒名塽余以其頤頰豐滿故小名豐余之第五子生而美好可愛漸長性益婉順而愛其母尤至母爲講漢黄香事則便欲學之冬夜每隨母寢必先以身温被未嘗懸縮母體患冷則兒必竟夕熨貼臥其母雖卻之不得也兒生於清光緒三十四年八月九日七歲而能讀書見諸兄皆已有字而已獨無有乃請爲字余字之曰君明越數月而兒以病殤時民國三年甲寅五月二十七日翌年三月十一日實爲卜葬之期余遂以君明題其碣而系以銘曰

兒之生惟余命之兒之亡疇則依之兒之愛母惟黄香是師兒之事死當無間於所生而或差倘魂魄其有知狐兎莫得

而侮之

姚節母何太君墓誌銘

姚氏有賢節母曰何太君自宗族親戚鄉黨故舊以及百工僕役苟得曾親節母之聲容笑貌莫不歡欣頌德交口稱之無間言而節母之待人也亦無貧富貴賤親疏老幼莫不殷勤感孚將應周至是故人之造姚氏門者無論貧富貴賤親疏老幼莫不願見節母節母出則必從容懇款一一爲問安好既去則必使人承問節母固好賓客茶鐺酒罍恆無閒置節母躬操其間必豐必整終身未嘗有倦色是故節母或他出則人之至者往往若有所失節母病則踵門探問者趾日相接及卒則又無論宗族親戚鄉黨故舊以及百工僕役苟

得曾親節母之聲容笑貌者莫不奔走赴弔痛哭失聲也嗚呼是可以知節母之賢矣節母金山人父諱大生母氏朱年二十而適同邑春漁姚公姚氏世居張堰爲金山鉅族節母之嫁也逮事舅與姑家室咸宜舉族稱善清咸豐十一年粵難方殷漸及張堰節母隨侍奔走轉徙無定春漁公歿於亂中時節母年二十四早生子裕大已前殤難平歸遺腹生裕義未幾又殤乃立夫兄之子裕謙爲嗣節母一任撫教無異己出勤劬黽勉垂五十年中更舅姑喪葬爲裕謙娶婦馮氏歿後繼娶高氏余長姊也馮氏遺一男二女節母撫之皆成童矣旋又相繼殤其後高氏生男光女竹漪竹修竹心今亦

娶婦生子女矣光從余遊好學能文章姚氏氣象振乎丕變
節母至此年七十餘四代一堂由困而亨喜可知也然亦知
前此之含辛茹苦抑情濡忍艱難以持其家者數十年如一
日謂非節母之仁孝不渝其安能至此哉於清光緒十五年
得請旌表如例以中華民國二年一月十八日即壬子年十
二月十二日考終內寢享壽七十有四將於四年四月十一
日即乙卯年二月二十七日葬於金山三十四六圖不該字
圩春漁公穆位光以節母之賢德懿行不可以無傳於後遂
奉父命以銘幽之文請乃爲銘曰
維福如天堅貞始胡古胡今本一理猗嗟賢母洵知禮吾聞

撫孤爲難耳矧非親生逾毛裏藉手捋荼柏舟矢飼蠶勤勞不可止盈箱繒素手親製賙施綊纊遍鄉里輕㦲不御恩不市積此惠澤貽孫子有赫厥德宜降祉吾銘不誣百世俟大書更備輝彤史有欲求者徵於是

王祖康壙銘

丹徒王君祖庚去歲自京師以書達余願從就學意眞而辭懇書再至則以其亡弟壙銘爲請問其年纔八歲耳以淸宣統元年七月某日殤痙於金陵之雨花臺逾三年矣而祖庚述之猶有餘痛焉祖庚之述曰吾弟祖康字迪民父開寅母茅氏生四子弟其季也四歲後即端重如成人好作字能識隸篆讀書不得其解不止聞人談忠孝節義事輒爲流涕至家人相戒勿與言歲戊申庚北遊燕京將首途弟揮淚相送默然者久之乃握手道珍重而別誰知別後十餘日而弟病病二十一日而死死之前一日猶作書寄庚也嗚呼其幼慧

而賦性篤厚如是其兄之哀之也又如是余安忍不銘銘曰
人異於衆天實忌之摧殘英質況在髫時奄忽百年抔土誰
究吾銘諸石殤子爲壽

何君益謙暨配顧氏合葬誌

君姓何氏諱鳴磬字益謙世爲金山人曾祖諱天瑞祖諱兆川考諱洪生妣范氏龐氏君自少敏慧能得親歡十歲而母龐氏歿哀毀若成人父以中年喪偶恒不自聊君先意承志服勞奉養雖溺器必爲親滌及長未嘗稍懈有兄三人與君次第畢娶而父已年老家事日繁君佐治之能處置各當內外無間言以清光緒二十四年戊戌十二月初八日歿距生於同治八年己巳九月十三日春秋三十配顧氏諱蕙以賢孝稱先君卒其將卒也謂其兄本廉請述一二行事以託於能文者而冀其傳乃未幾而其兄亦卒氏之行事遂不得知

亦可悲矣繼配盧氏子一痕生六歲而君歿歿後十九年實爲民國五年痕筮于三月初九日葬君與顧氏於金山六保廿三六圖崗字圩號内新阡將葬痕述君行略乞爲誌余因憶少時聞顧氏垂歿之言於戚黨間因并及之丙辰二月高燮誌

瑞安薛君墓誌銘

瑞安薛鍾斗馳書於金山高燮以其先人銘幽之文爲請諸之而未克爲卒卒將三年矣燮與鍾斗所居相距幾八九百里兩人者初未嘗識面也今年春燮將航海游雁宕約鍾斗同游冀與一握手然後下筆爲其親銘既而乃不果去而鍾斗以書來督銘益急則謹按狀而次其行曰君諱鼎芬字玉坡明季自廣陵徙瑞安之西峴山稱西峴薛氏祖諱毓鵬考諱得人文學生文學君生二子君其次也自少穎悟讀書過目不忘陳耀甫先生爲咸同間邑中名宿從游之士不下千人獨愛重君以女妻之期望甚大而君顧僅以歲貢生終而

未嘗措意舉業其於地方興學備荒恤貧救病諸務無不勞瘁經營而未嘗慕仕進家僅中人產而座上未嘗一日無賓客人苟以緩急告者必有以贍而未嘗辭以困乏閒爲通俗講演如粲花之運妙舌雖聲嘶力竭而未嘗有倦容當辛亥光復之際里中盜賊蠭起君懲焉憂之遂抑鬱以卒時十月二十日也距生於清咸豐庚申七月初十日春秋五十有二以其和五年丙辰十月初六日葬於廿四都霞碧山之原一子卽鍾斗嘗受業於邑故大儒孫仲容先生能紹其學好綱羅鄉邦文獻之緒今長瑞安圖書館蓋篤行好古君子也吾知其狀親之言皆可信也乃爲銘曰

政亂民愚道衰官恣悍者助之巧者趨避時尚軟媚遂成偏
强無非無是邪慝鴟張流俗所高君引爲恥排難息紛原無
二致位雖不顯澤被於人扶良抑暴足式羣倫積此美德宜
生賢嗣文行聿修其教有自霞碧在望松柏鬱青泐石銘辭
萬代千齡

寶山金公墓誌銘

余家伏居鄉僻親戚皆近在數里間或四五十里雖有新姻無不素爲舊誼累世以來未嘗有遠聯葭莩及百里外者有之自寶山金氏始友人閔君瑞之謂余曰我閔人不爲不廣若論積善之家而昌其後足與君家埒者其惟寶山之金乎由是余先後得交其源其照其堡三子者皆仁厚練達有聞於時余兒子鈞既娶其源長女余因得備詳其家世後其源以通州張先生謇所爲其先公家傳及義甯陳先生三立所爲墓表示余且曰先君子之卒也距今二十餘年既得當世名公鉅人之文以彰隱德而未有銘敢以請余遜謝遲之五

年而不敢爲其源督之益亟至無可辭乃爲之誌曰公諱忠燮字亮臣號心葵寶山之羅店鎮人考裘有義行洪楊之難將盡室就道爲浮海計見戚黨數十人倉卒不得舟遽自棄輜重幷挈以行貲用幾匱事平歸復以勤樸起其家公自幼時佐其考治家政即綜覈有條理比長益究心當世之務及地方利病雖名位不顯然邑中有興革事令以下必諮公決可否無不曲當人意寶山之興學也用節而士無叫囂則公實經始之其治水利也子來而工皆恩奮則公實親率之其於敬宗也置田以周其貧乏則公實力任之他若立教以化遊惰焚券以恤窮困皆無愧古任卹之風嗚呼可謂難矣以

光緒二十三年丙午六月初二日卒距生於咸豐二年壬子
八月二十二日春秋五十有五配沈氏繼配及再繼配皆朱
氏子四其源試用訓導其堃度支部七品小京官其照候補
鹽大使後公二十二年没其樞北京清華學校畢業生公以
河工保按察司經歷後以其堃貴贈如其官卽於光緒三十
二年十一月某日葬於寶山洪號五十四圖結圩銘曰
人之生世誰可式有益於民斯稱職胡達胡窮盡心力卓哉
公才副其德教育創新亦多術維公規劃精以密學子莘莘
兼文質溝洫勤劬常不息荻涇練祁次第畢農利賴之同一
律世衰道微倫紀失追遠報本心彌惻爰立祠宇宗秩秩古

之人歟今豈得顧覽橫流浩無極我爲茲銘美不溢敢告邦人作之則

馬適齋配駱夫人墓誌銘

共和九年庚申十一月五日吾友華亭馬君適齋之配駱夫人以疾卒於里第時馬君客吉林之和龍聞訊歸距夫人之歿已二十有八日矣余旣弔其喪越旬有數日馬君再往吉林以書抵余述夫人之賢甚詳曰吾家固寒素當吾妻之來歸也吾繼祖妣曁先考妣均健在下有四妹吾妻佐重闈理家政恂恂中矩度乃昊天不弔四年之間先考妣與繼祖妣及長次三妹均相繼歿我又一病幾殆吾妻晝夜侍疾衣不解帶幸得痊愈然吾妻之傷痛勞悴概可知矣我早年出外教授間歸家挑鐙爲書院藝往往一夜畢數卷吾妻攻鍼黹

爲伴動至達旦不睡及後幸領鄉薦始赴滬就學校教務然束修之微猶不足以贍一家也自清季至民國以來歷任吉林長春興奉各司道科長旋署額穆舒蘭二縣事俸入稍優而吾妻在家猶親澣濯操作不怠晏約如平時歲丁巳春曾接吾妻之舒蘭任所遇決死囚吾妻必出私貲捐棺木以恤之翌歲旋返已未復來而吾於次年三月奉委長和龍稅局和龍地處極邊道途修阻則又命兒子侍以南歸孰知此別之遂成永訣也我哀其勞苦而好善如是卒未能享一日之安樂而遽以死敢徵墓詞以冀其傳則爲之誌曰夫人華亭人松江府學廩生諱某之孫處士名某之子在閨時以孝友

稱於戚黨年二十一適馬氏生男子子三人昌國昌球昌世而昌世出嗣於陶女子子二人昌權昌禮夫人生於淸同治十三年甲戌十一月四日春秋四十有七將於某年月日葬於某鄉某原以馬君之迫欲得余言也故爲之銘以塞其悲馬君名超羣官吉林多治蹟而有文章名銘曰

維古婦行孰可風懿德尤在瘁厥躬扶風有婦儉而恭辛勤半世首飛蓬雞林隨宦風雪衝邊關莽蕩不可從未幾又作南征鴻長途萬里家山重稾砧遠隔心忡忡一朝惡耗傳和龍里門馳返痛攢胸撫棺不覯憔悴容二十餘載轉瞬空我銘昭之垂無窮

朱粥叟墓誌銘

余與奉賢朱粥叟遯庸二先生以詩相酬唱情好之殷逾於至戚然十餘年來未得一識面去歲十一月晦駕扁舟訪之排闥登其堂握手大笑余作鹽溪二叟歌爲贈粥叟更延余登小樓製精食以餉信宿乃返時爲十二月二日旋得遯叟四日書兼以和詩至言粥叟方小病又旬日有人自海上來者謂粥叟已逝余大駭不覺痛極而號亟馳書詢遯叟則知粥叟已於十二月五日卒矣距與余歡笑握手時祇四日耳問其病由食滯嗟乎是余死粥叟也蓋叟以衰年入冬畏寒樓居久聞余至大喜遽下與余語娓娓不倦飲饌稍多因以

致疾嗟乎是余死粥叟也叟諱家驊字雲逵中年號心岫詞人晚歲長年食粥故又自號粥叟其先以清初自浙之烏程遷江蘇奉賢之泰日橋遂爲奉賢人祖諱鴻儒考諱士璋號史枚皆以耆年碩德著聲庠序史枚公生子五其三皆前卒叟次居四而遯叟爲之季二人者又皆宿學壽耈負詩名於世白首弟昆更迭吟和篤老而無間粥叟之子一遯叟之子四粥叟有良田美宅都讓與遯叟謂其子聲韶曰叔家弟輩多汝祇一人何用是夥頤者而遯叟亦曰凡古人所詠爲美行者兄無不施之於弟也友愛之篤近世所未有也考史枚公病苦溺堅結不得下則以指拈銀鍼剔之妣周太宜人病

則祈天減已算以益母壽居父母喪時有蒿哀集讀者感涕
配金安人病勸納妾則曰我已有子安用是貽後人累也叟
年十七補學官弟子旋食餼於庠遂貢成均宣統紀元被舉
孝廉方正論者以爲無愧然叟實和易未嘗自立崖岸誦其
詩詞則敦厚而芊麗接其容貌亦誠摯而粹溫見理明而處
事審虛懷若渴而好善甚殷可謂坦然潔白君子人已叟生
於清咸豐甲寅年八月十二日享壽七十有三卽以民國丙
寅年十二月二十五日葬於某鄉某原戚友臨弔僉謂叟之
名德宜有私謚乃易名貞介先生今年春其孤聲韶移書來
告且曰以世亂之亟也先公則既葬矣而未有銘念知先公

之深者宜莫如子敢以請嗚呼余其可辭銘曰

鹽溪之濱神仙所宅上有祥光覆同羽翼二叟皤然鬚眉皓白晨夕聯吟令之轍軾一叟化去一叟影隻如雁失羣哀鳴淒惻示我新詩有淚橫臆誰無兄弟願作之則我爲茲銘用垂無極

金母顧孺人墓誌銘

余以不學幸得交當世能文有道之士而莫契於吳江金天翮所志同好遊亦同而兩家又皆有老母養親讀書又無不同歲丁卯九月十有三日天翮遭其母喪以訃來告余往弔於吳門天翮方斬焉在縗經之中余既握手慰唁退而自念我母年亦高比又多病不覺默然無以爲懷乃甫及一年而我先節孝亦以同月同日棄養天翮書來謂嗟我與君同爲無母之人矣余讀之啜泣因回憶往歲默然之感其殆有先兆者耶今天翮將葬其母督爲薶幽之文余安敢辭則爲之誌曰孺人姓顧氏蘇之吳江人父諱柏亭浙江淳安縣典史

母氏金孺人幼時讀書通大義長適同邑光祿寺署正金公諱光照爲配實生天翮訓督至嚴天翮旣負幹略於學無所不窺有淸之季曾舉經濟特科入民國一爲江蘇省議員繼復出佐江南水利局事要未能盡其才則以詩文雄當世而於窮經篤古之儒則事之維謹論者謂天翮之學博而能一軌於正者乃孺人教之有素也孺人生於淸某年某月日享壽七十有七將以民國十九年某月某日合葬於某鄉某原光祿公之穆位子一卽天翮孫樹聲芳雄曾孫寶炬寶鍵寶鼎銘曰

維母之德節儉是型曾聞一被十年不更維母之言旣和且

平慈惠寬恕百祥斯迎早相夫子聿起家聲晚年奉佛心還
太清蓮花之鐙其光晶晶升彼虛邑不滅不生毋具根性子
以大鳴我銘昭之永奠幽貞

吳母裴夫人墓誌銘

奉賢吳君家麟曩年介其友刁明一以書抵余爲其母裴夫人請爲銘幽之文余未識吳君情誼未屬恐不足傳是母未之許也而家麟請之歷數年不已余一再辭而刁君書來謂家麟以母氏之行必欲得余一言至於涕泗交橫望風稽顙其孝思誠極篤摯嗟乎余又安忍不銘按事略夫人裴氏奉賢人爲明經玉山裴公之長女年十九適同邑吳夢周先生時當洪楊亂後吳氏家業式微夫人則節縮衣食所入以資其夫之讀得補縣學生員吏以其羨增置田產由是家日起二十餘年間至入穀及數百石而未嘗自以爲功夢周先生

有三弟一妹，夫人先後爲之婚嫁，必豐必謹，而無失時。亦未嘗自以爲瘁。光緒十六年秋，歲大歉，夢周先生設粥廠於邑之各鎮，飢民之待哺者衆，費不繼，夫人惻然憫焉，立典飾物助之，更未嘗自以爲行善也。夢周先生卒後，值清季興學之際，夫人遂命其次子家麟入縣之擥文高等小學，卽轉入師範畢業，乃任教務縣中十有餘年，無失職。民國五年春，家麟等組設第五高小學校於青村港，夫人復獨力捐貲千一百金以助其成，卽今之縣立職業校也。翌年，夫人壽臻七十，諸子皆議奉觴稱慶，夫人戒勿爾，又出私貲千金，命其子起建壽民石橋一座，逾四年而橋成。時夫人已病，將卒，更呼諸子而告之曰朱家潭爲通衢要道向有木橋余亦將改爲石質又立學爲儲才之本余將更設一小學其費則以余之饌田若干畝變充之其名則以汝父之名名之斯二事者舉則我之志遂矣汝等其爲我成之諸子謹跪泣受命卽於是年冬建朱家潭石橋曰遺惠越年設小學校一所於里中曰夢周遵遺訓也夫人卒於民國九年二月十一日距生於清道光二十四年正月二十日享壽七十有四子三長家麒奉賢莊行鄉議會議員次卽家麟奉賢縣農會會長縣議會議員三家邦女三長適同邑楊鳳來次適趙憲章幼早殤孫男六孫女四家麒等將於民國十五年十月某日合葬夫人於某鄉

某原夢周先生之次穴銘曰

惟賢母女中彥能教子能力善能治家行彌健成石梁人稱便興學校千金散生有涯心罔倦邀國寵來者勸銘不滅石可爛

胡石予配曹夫人墓誌銘

余獲交崑山胡君石予幾三十年矣胡君固善爲詩惟余之交君也乃以道不以文以德不以形讀其詩而因以知其人其後始識君而覺其詩之愈眞也蓋其詩不特可以見君一人而已更足以見其一家之人曩者誦君壽其夫人五十詩所述儉勤賢孝之狀宛然可掬余雖未嘗一至君家而其老年伉儷慈祥而樸素道合而志同每往來於心目間以爲是當求之兩漢之世非晚近所可得也今轉瞬又十餘年矣君忽以書寄余知方遭夫人喪並示所爲悼亡詩語皆絕痛且曰以四十七年老夫婦一旦永訣何以堪此茲將葬欲求先

生賜以表墓之文尚其見許余曰固所願也然余郎有言何以過於君之詩乎則仍請就君詩而系以銘銘曰

皝皝吾友訶壇夙盟厥配曰曹孟光之倫夫也懿士園畦鋤耕椎髻相助不辭勞辛藝蔬栽棉飼羔飯豚夫已云儉婦尤食貧婦處夫出飢來驅人子職能代慈顏常溫起敬起孝一家生春姑壽近百佛果圓成繞膝四子克家振振先枝痛折老淚縱橫積善之報三鳳翥騰白首齊年聯翩弄孫人云多福力亦瘁勤六十加三言返太清全受全歸無忝所生顧維夫子垂老情眞篋無新衣尚有遺金留築石梁爲哀生民橋名胡母過者式欣鶴頸之灣湯湯有聲入詩人耳頓變淒音

我表賢德勵以茲銘　庚午九月金山高夔撰

長孫女鍈壙誌

鍈爲余次子垣之長女以民國十二年癸亥三月初九日生於余諸孫女中亦以鍈爲最長吾家世居鄉閒而鍈之生也亦在鄉故其後垣雖遷居松江鍈漸長仍時時以鄉居爲樂未嘗一染城市習年僅十二已長大如成人體質强健性復善良其父母見其長大每督責過於諸弟妹從不稍假而忘其年之猶稚也於二十三年甲戌八月患溼温始不爲意至初六日驟劇竟殤越日由松載其柩厝於秦山之梅花墳會吾甥姚後超有子曰昭明出嗣於其兄後者昔年以十一歲殤吾甥常以爲痛因遣媒妁來請爲昭明冥配垣許之姚氏

遂以今二十五年丙子三月十七日來迎鉠柩與昭明合葬
余曰冥配之禮於古無所徵而俗則有行之者固無能謂其
非矧以昭明之賢而幼慧余曩年亦嘗爲之傳矣吾甥之欲
爲求配而以勿殤葬也雖無於禮其亦有合於情者乎丙子
三月十四日葩翁誌

張雲鵬墓碣銘

余友松江張君破浪之次子曰雲鵬生八歲而喪其母破浪翼之以長令入學校由初小以逮中學皆以勤奮見稱慎交而重信篤志而孝親蓋佳子弟也既畢業就事於縣府任稅契徵收處職員年雖少將事絲毫無所苟縣長李君甚倚重之乃今年六月初七日忽以失蹤聞越二日屍發於城北馬耆寺之水潭已溺而死矣於身畔得所掌鎖鑰五猶牢繫未失也先是雲鵬受軍訓頗發憤自喜更有志習游泳而性復刻苦常陰練學之思有以勝於人以是涉足荒野遂至滅頂而無能救悲夫距生于民國八年八月二十六日年僅一十

八耳張君哭之慟謀所以不死其子者因來書請墓碣之文
於余余曰嗟乎雲鵬之死也孰死之時代死之也游泳者昔
時之所禁以爲非童子所宜習也而今則國家方獎勵之與
論更提倡之夫以世所獎勵而提倡之事則有志之士刻苦
以求勝于人未爲過也於雲鵬乎無尤余哀而爲之銘銘曰
奮發有爲頭角露張氏有子正騰翥少年勇敢湯可赴一泓
之水其何怖誰知一蹶失跬步吁嗟競逐波臣去我言憤嫉
遭時怒生斯世者其道苦導人以死無量數奚止斯人致貽
誤大聲用冀蒸航渡　民國二十五年丙子七月七日金山
高爕撰

如皋許晝隱先生墓誌銘

自丁丑之秋海上兵事起其禍竟一發而不可收拾吾邑適當其衝至是年十月初而隨陷余盡室避難轉徙流離逮歲暮始由間道困苦而至於滬當是時海內朋舊至好消息隔絕各不相聞問而吾友如皋許晝隱先生年垂八十矣乃命其子峯濤馳書探郵寄詩存問於翌年正月得輾轉以達余逆旅余感之甚爲和詩答之深羨其園居之樂以爲仙境不啻也又月餘兵禍及於如皋知先生亦不能安處避諸其鄉雙池之遯廬未幾復有書來屬題所爲雙池避地圖時余家方遭書劫懷抱至惡未能應竊念余性好書積累所蓄遂及

數十萬卷一旦蕩然以盡僅得寄此身於百餘里之外斗室俯仰嗒焉無聊以視先生雖曰避地而去家咫尺仍得優游自娛爲有間焉其後聞先生時患胃疾精神稍稍減不常通函札余後有題先生避地圖詩亦作而未寄其孤峯飛峯濤忽以赴來告知先生於今年辛巳正月二十六日卒矣爲愴然悲也距生於有清咸豐辛酉年十月二十三日享壽八十有一余以道路阻梗不能具束芻以弔則爲辭以輓之又數月飛濤復以書來曰以世亂之殷也先君則將葬矣先君晚年幸得交於子好子之文最深敢請銘余遜謝而飛濤請之益亟則爲之誌曰先生諱樹枌字情荃號白也少年時倜儻

自喜好馳馬試劍別署江東説劍生晚歲築畫隱園因自號畫隱老人余之交先生在其自號畫隱以後故稱畫隱先生云許氏之先自宋政和間由閩仕揚由揚遷如皋遂爲如皋人代有名德著於史乘先生世居如皋之柴灣鎮曾祖諱長榕妣氏王以節孝旌者也祖諱德瀛妣氏陳考諱玉度鄉謚端直妣劉宜人壽至九十有二國有褒揚生子三先生居次秉性剛正篤學嗜風雅光緒乙酉補博士弟子員爲黃漱蘭學使所賞擬入江陰南菁書院黃元同山長亦器異之旋食餼於庠九度秋闈四薦不售遂絶意科舉民國以後恆盡力於地方事業若教育若工廠若農政水利若修輯縣志先生

皆與其勞而事無不舉後見政治日非乃謝退諸職務專意詩畫整理田園怡情花木精飲饌尤善養生結交多海內知名之士書札往來郵筒如織國中凡有詩文之社無不與若不知老之將至者蓋先生以爲惟此爲天下之至樂也先生書精整研鍊畫尤超妙露奇氣所著有讀五千年未見書樓叢談歷史講義怡情小識浙遊日記課孫邇言脫影新趣養蜂答問畫隱園文賦詩詞鈔畫隱園圖詠集劫餘吟等藏於家從游者甚衆卒後門人私謚文清先生配顧安人次室潘氏皆先卒無出季氏生子峯飛峯濤女峯珠孫六飛出者五濤出者一以某年月日葬於某鄉某原先塋之昭穴銘曰

先生之里可儗柴桑先生之園水繪可方世鶩三絕若無一
長既明且哲亦壽而康神則不滅形乃永藏

吹萬樓文集卷十四

吹萬樓文集卷十五

遊雲棲記

金山高　燮寒隱

雲棲距西湖最遠而其地亦最幽清晨舟中飯罷命肩輿由湖上東南行經錢塘門湧金門西折沿湖南岸過淨慈寺達南屏之麓偏西出九曜山下直抵江干上月輪山入開化寺登六和塔絶頂觀錢塘江心神頓曠題詩而下寺僧導觀金魚池出寺下山爲龍山渡隔江即所謂西興市也向西偏南行山脈遞迤至砲臺廢址轉入山坳西北經徐村復偏東行則名梵村由是以往則大樹成陰如引遊屐約里許進雲棲

山門則修篁夾道水聲淙淙然流入竹中去其竹大逾臂時方初夏萬竿皆破籜而出青可蔽天又數百步至洗心亭水極清冽徘徊移晷掬水在手恨不能狂吸以洗我心也又進有止水泉清亦如之其底絲毫畢現又進始至寺日旱午焉寺僧導觀蓮池大師遺像及禪牀更出蓮池墨跡及董文敏所書金剛經皆可寶也於寺午膳畢乃出由仄徑向北行道旁多種茶樹士女攜筐采擷三五成羣亦覺别饒風味又東北行四五里抵郎當嶺屈曲盤旋而上凡數百尋始達武雲寺老僧煎茶相餉飲茶少憩出登嶺巔俯視西湖横眺江海嶺旁諸山起伏層疊如大波軒然雲湧而變幻遥望城廂内

外日光斜射牆壁間點點若殘雪歎爲偉觀遂乘輿疾驅下
嶺兩邊岩壑險峻輿人行走如飛至上天竺法喜寺始就坦
途一觀夢泉即出過法淨寺法鏡寺所謂中天竺下天竺也
此三天竺者四方佞佛之流羣趨之非我輩所樂遊也過而
不入遽歸舟中時已薄暮舟人製晚餐以待焉同遊者林君
憩南及家兄望之舍姪平庵相與餐畢余乃就鐙下記之酣
睡一覺起視晴曦從船隙而入遊興又勃勃作矣乙巳四月
十九日高爕記

記紫雲洞

過寶石山葛嶺之麓達棲霞嶺斗折而上至黃龍洞洞深杳然少奇致又不可止息即出至紫雲洞左右盤旋深廣可容數百人直下斜入聳峭陰寒蝙蝠唧唧有聲飛集如羣鴉懸石而下則幽黑無際不敢逕入獲其一出憩僧寮少頃即放之去棲霞凡五洞余遊此而樂焉遂一一遊遍大抵與黃龍類不能詳記或曰紫雲深處傴而入倏見天光別有異境惜此日同遊者多瑟縮未與窮探故書此以待後遊焉時乙巳四月二十日也

武林十日遊記

余抱山水癖曩嘗四至武林均以爲時匆促不及暢遊憶乙巳四月第一次往遊留六日而返餘則俱因他事不過一二日耳自别西湖於今六載波光山色夢寐難忘况邇年以來鐵軌交通數時可達光復以後遊觀名蹟一一迥殊西子西裝益饒風味矣而平昔癖好之區歷久未至則此遊也安可不盡情暢適一豁襟抱哉民國四年乙卯三月二十五日晨起由家坐小舟至張堰與姚甥石子偕其夫人王粲君同趁快船至松江即日午後再由松乘火車往滬因明日南社雅集石子曾與柳君亞子有成約也二十六日遂驅車往愚園

赴南社之集亞子伉儷已先在同社到者約四十人攝影流觴歡談而散先是余亦約挈妻兒同爲武林之遊令其是日坐船至朱涇與姪倩林君甜南伉儷由楓涇乘火車往余則與石子粲君再偕亞子及其夫人鄭佩宜於二十七日由滬往午後登車車仍經松江抵楓涇則見內子幼芙兒子君介林君甜南亦攜眷並子女二人皆已至卽招同上車自是而余等杭遊之伴遂及十一人是日天雨抵杭後有南社社友陳君越流迎於車站冒雨導至舊旗營新闢馬路湖山新旅社已上燈矣卽夜陳君招飲且邀往新舞臺觀馮春航演劇春航者向在滬上以旦角著色藝冠一時貞靜幽閒尤長哀

劇久爲亞子所傾倒二年前有春航集之編而越流與亞子有同嗜曾著論尊春航爲伶聖者亞子與越流曩未識面今者以春航故一見相得宜也二十八日清晨初起晴曦滿窗心神頓曠自旋社出不數武即至湖濱同人共攝一影以留紀念遂喚舟至平湖秋月登岸走孤山麓相與謁和靖祠弔小青墓邈然遐思啜茗小憩坐巢居之閣待鶴未歸振空谷之音傳聲互答余成小詩一首口示石子是日余等同遊者九人亞子伉儷則與陳君越流及陳君之兄慮尊又馮春航等數人另坐一船先後至孤山慮尊爲春航題名小青墓上倚少年遊一闋囑和余亦和焉由孤山出至樓外樓午餐小

飲微醺灑然甚樂湖山景色舉　目便是魚嫩蓴肥誠不類故鄉滋味也出至浙軍昭忠祠及公園浙江圖書館各處爲當日聖因寺行宮等所改規模宏大氣象一新有石柱巍峨矗立於昭忠祠之前者則浙軍紀功之華表也此尤足榮已又西行至風雨亭秋墓秋祠秋社各處卽鑑湖女俠秋瑾埋骨地秋以徐錫麟案被滿人貴福所殺其後吳芝瑛徐自華兩女士爲擇地葬於此旣又爲清廷　所惡命浙撫查辦族人聞而預遷之屍棺獲全而此土遂爲平地此余昔年贈天梅石子遊武林詩所謂新冢西泠不可求者是也自民國建立復迎之來仍葬舊所都督朱公爲銘其墓大書深刻字字如拳

槪益崇閎焉風雨亭之旁有土一抔相傳爲武松墳然不見於志乘亦無阡碣可攷余爲作詩詠之時天已薄暮乃泛舟容與而回余謂是日已略領湖中之勝明日當改爲山遊衆從之二十九日早饌畢隨命肩輿由南山路沿南屏山過淨慈寺經雷峰塔下至法相寺憩焉寺在潁秀塢徑頗幽絕春間以牡丹名時花已開罷且種亦不甚多余三至杭州此地尚未有遊屐攷西湖小記法相寺所供爲唐時長耳僧者其徒所漆之遺蛻覗之果然乃寺壁聯額則以爲定光佛不知當時另有一定光庵在法相寺之西今誤二爲一耳徘徊久之成詩一首而出走風篁嶺入龍井寺杭州以茶名而杭州

之茶尤以龍井名井在寺旁本名龍泓一名龍泉在宋元豐間最盛秦觀曾爲作記米芾書之蘇子瞻子由趙閱道揚無爲黄山谷諸人皆常往來於此然觀其所作詩文但賞其山泉之美而未嘗一及於茶蓋龍井茶之名僅發明於近數百年耳龔定庵作會稽茶詩有不使風篁負重名則其時固已知名矣余昔遊龍井嘗飲茶而甘之所以有願采嫩芽日盈掬西湖吸盡澹忘歸之句也今遊至此到寺第一事便欲向僧買茶乃僧將茶出百般居奇出語惡濁以如此名區而容此種俗物山靈失色矣記鄭海藏登金山詩有云敗意俗僧過俗子誠痛乎其言之余乃語同遊者曰茶性善感此地之

茶所以負重名者當亦因其得氣清耳今此茶與此僧相感受其有失眞味可知同人相與鼓掌稱善遂各不買一茶出上煙霞嶺至煙霞寺寺以煙霞洞得名洞作丹玄五彩色洞口有千官塔深廣虛敞其洞之妙不待言也而全嶺石色皆玲瓏嵌空別具妙致內子曰此西子骨也其語絕雋副是品評矣洞口向刻財神後丁修甫先生以其不類議改爲東坡像而其友陳藍洲楊雪漁兩先生亟助成之丁先生小槐簃吟稿中曾有詩紀事眞快舉也余遊武林凡兩至此今遊實爲第三次皆愛而不能去云煙霞僧善烹調因在寺午餐而出夾道叢林陂陀兩面泠風一起大雨驟來行正在途不可

止息同遊者頗致悔意余方肩輿行吟飽看雨中山色而一詩已成猶不覺衣袖之皆溼也行至理安寺避雨小憩理安多竹曲澗千林層嵐古寺到此翛然有出塵之想矣法雨泉即在寺庭左法雨巖下其泉甘洌自石脈中滴瀝而下吳之鯨澹社序謂出虎跑之上不虛也其茶色香尤佳余曩嘗一遊住持定能爲余言盛誇此間茶品嘗之不謬故當時亦曾作詩美之然震于龍井之名未敢過爲軒輊今重試之乃知品果有異龍井卽無俗僧其茶味亦當在理安下實非出於好惡之私也杭州泉水之美夙著虎跑其茶則稱龍井而茲山所有兩美畢具而又皆超過之可知盛名之下其實難副

而天下至高之品則往往寂寞無聞賞鑒者反不多耳少頃出新雨初霽肩輿行山坳中爽氣撲人溼翠欲滴鳥聲清脆若送客然當此之時覺詩情歷歷耳目口鼻間充塞殆滿以貪看峰嵐稍縱即失忽行抵江干而越山重疊指點可數此時胸次又爲一變復以目送太忙不暇手寫夫游山玩水而至于處處可以入詩樂矣乃有時爲詩之所難盡而一一爲我耳目口鼻吸收以去不尤樂之又樂乎行數里上月輪山入開化寺登六和塔因夕陽將落天又雨力亦疲矣是塔也余嘗時曾兩登之今遂不果造其巔即下肩輿返寓是日同遊者十人亞子以怯於登山不與黄昏各清談一時而睡三

十日仍肩輿遊山同遊者如昨亞子仍不與始出至岳廟廟左即爲岳王墳肅容瞻拜慨然想見其爲人考王初被誣死潛瘞九曲叢祠孝宗雪其冤賜謚忠烈改葬今所棲霞嶺下寶慶間改謚忠武嘉定間追封鄂王明正德間指揮李隆鑄姦檜夫婦及万俟卨三鐵像作反接狀跪于墓前萬歷間范淶復增以張俊至今人之來遊此地者每批其頰或溲焉此亦垂戒之至重也已余既呼兒子爲歷述之乃出至紫雲洞洞聳峭而深色若暮雲凝紫紫雲之名其以此歟棲霞凡洞五余昔年都一一遊遍定以紫雲爲最奇當時以同遊瑟縮不敢深入曾作記以誌憾然十年夢想無日不繫於穹窿幽

壑間也今重遊此乃決意窮探余首先從洞口下歷級二十餘石苔濡滑陰寒之氣逼人直下斜轉疑不可通忽得小門僂俯乃可進蝙蝠掠肩而過啾啾作鬼嘯愈行愈暗至捫索不能視兩壁倏見日光從石壁下射豁然明敞寬廣逾一室余至此大呼妙妙招同遊者謂不可不來同人乃尾而入則見洞之上裂處石勢自地拔起雜樹交縈微風吹之爽挹眉宇有泉可濺厥名七寶適當壁根眞異境也出洞後飲茶僧舍乃行至玉泉池池大可數畝中畜五色大魚數百頭澄澈見底憑欄觀之飼以餅餌則羣集而爭噉之吾非魚而能知魚之樂焉由玉泉出至下天竺法鏡寺一覽而出至上天竺

法喜寺若中天竺法淨寺則過而未入自靈鷲至天門周圍數十里兩山相夾巒岫重褁杭州人統號曰天竺山其天竺山三寺規模形勢皆極莊嚴宏闊而尤以上竺爲最勝攷武林舊事謂林壑之美實聚於下竺寺寺後諸巖洞皆瑩滑青潤層花疊浪不可名狀又攷天竺山石奇俊白樂天去杭時嘗攜兩石歸置里第池上集中嘗有取天竺奇石受代攜歸詩蘇子瞻去杭時下竺僧惠淨以醜石贈行亦有詩紀事由此觀之則此間岩洞之美山石之奇固不容草草放過耳然自佞佛之風日盛每歲時當春季集四方之庸夫俗子進香於杭州天竺諸寺趾日相接也而所謂竺國雲深僧寂寞者

今則雲深之處盡屬紅塵寂寞之僧變爲熱客矣此我之所以不能不望而卻步也其尤可惱者從天竺出數里間民居門首無不以矮桌供泥塑之小佛用以作乞憐之具亦可笑矣其民家兒女及七八歲卽令其效爲乞丐俟肩輿過則呼號而乞錢焉是以行此途中眼中所見無非泥塑之小佛耳中所聞無非乞丐之呼聲我謂杭州山水鄉處處皆善而此地則僧界之黑暗地獄哉余在肩輿中至此不復可忍則強作老僧參禪狀閉目塞耳成詩一章以刺之而肩輿已進紫竹林但見扶疏大樹迎面而來水聲潺潺盈於兩耳間者冷泉也又進過春淙亭又進卽冷泉亭再進至壑雷亭則冷泉

最急處也其聲如驟雨如奔霆而鏘鏘激石又如琴筑之交奏飛來峰卽在其旁峰高不踰數十丈而怪石駢列如矯龍如伏虎縱橫偃仰奇詭萬態俯仰百狀通天射旭諸洞皆在峰下回旋曲折八面玲瓏內一小石旁署玉乳旭光一線上透極頂卽所稱一線天者余曩年遊此曾作長歌記之稱爲咀嚼千年有餘味者也又進卽靈隱寺從靈隱寺右旁而上爲韜光徑肩輿行約二三里山形聳拔竹陰茂密清泉從修篁中宛轉而下漸行漸高上巢栒塢至輿人肩不能勝乃各出而散步又良久始至韜光庵庵爲宋長慶間詩僧韜光卓錫地世遂以僧號名之庵中有金蓮池爲韜光引水種金蓮

處再上登鍊丹臺相傳爲呂洞賓鍊丹之所錢江適當其衝
江盡處卽海所謂樓觀滄海日門對浙江潮者至此乃一覽
在目矣登眺良久他人均已勞瘁不願再行余及憩南石子
三人仍鼓勇而前復出韜光庵步行上北高峰峯高九百二
十丈石磴數千級曲折三十六灣山路峻削肩輿不得行尚
未至頂而諸山歷歷已盡在脚下隔岸會稽諸峰亦一一可
數武林儼若彈丸江海不啻一勺誠壯觀也惜其時蒼然暮
色已滿天中勢不能再上遂折回然峯頂一廟已望見之矣
回至韜光卽偕同人出飛行而下仍過靈隱入寺少憩卽出
急返寓所是夜亞子招同顧曲亦一往觀然亦少倦矣四月

初一日晨起略晏覓炊既畢相與信步湖濱是日將赴亞子杏花村招飲因爲時尚早乃喚小舟中流泛蕩片刻從後湖一帶先至楊莊一遊密樹回廊結構亦尚樸雅出逕至杏花村時客已齊集日卓午焉座中自同遊諸人外又有林秋葉王濤夫陳慮尊越流丁善之宣之等十餘人而馮春航龍小雲陶天演皆在焉亞子固有春航癖者故素不善飲而此日以春航在坐連舉數觴豪興頓作林君亦酒酣起舞茗椀皆飛亞子則挽林君之手而哭淚痕酒痕狼籍滿地既乃牽率登舟相將罷飲哀吟大叫聲滿西湖忽復愁來無端傷心獨抱則更欲奮身向湖中躍入幸爲兩丁君及春航竭力阻之

乃已此亦武林一段佳話也未幾移舟至西泠印社合攝一影余名之爲西泠扶醉之圖乃出同歸寓所時已落日銜山矣初二日余等既盥櫛而女伴晨粧未罷乃偕石子憩南三人驅車往訪丁善之宣之昆仲於其第丁氏居頭髮巷爲武林名族以藏書著稱其家所刻書尤富有風木盦昔爲其祖竹舟叔祖松生兩先生廬墓之所其圖徵題遍海内兩君因捧以見示並出素紙索題焉既返寓遂偕同人入城至各市肆購物余不耐瑣瑣則更獨自向書肆翻閱舊籍購數種以歸寓尚有餘晷則相與煑水品茶皃子出前日謁岳王墳詩兩絕求改余觀其氣概尚勝而意甚平庸因爲手削一通以

示之鵠是夕仍與亞子等觀劇至深夜而睡初三日陳君光甫丁君善之宣之以亞子及余與石子同時遊杭開南社臨時雅集于西泠印社以表歡迎之意余愧甚乃偕同人往赴集者三十餘人多爲平昔所神交而未獲相見者當午宴於栢堂竹閣開樽一笑歡若平生酒旣數巡十觴未醉飲罷李君叔同邱君梅白張君心蕪各以箋紙索書爲各寫游什草草應之愧未能工聊誌鴻爪云耳印社爲兩丁君之兄竹孫輔之及其同志葉葉舟吳遯庵王福庵等所刱中有仰賢亭奉浙派印學鼻祖丁龍泓先生石刻之像亭後有印泉泉左有徑曰鴻雪緣坡而上豁然開朗有四照閣登閣而望全湖

在目洵孤山絶勝之區余以詩紀之是日同人又合攝一影而出至宋莊及劉莊兩處宋莊以精潔勝劉莊以富麗勝惟劉莊今沒入官家其貴重之品多封閉不得見出仍泛舟回寓所時天已晚舟未抵岸而電光燈火已灧瀲於樓臺倒影中矣初四日憩南佗儷等先返里而同遊之伴乃少四人余等仍呼小艇遊湖亞子亦往至白雲庵僧舍寂寞遊蹤甚稀亞子急叩扉有犬迎吠而出狀頗猙獰佩宜粲君卽狂奔反走余大笑止之適僧出喝犬使退乃邀客入亞子詢以任君百一葬所僧爲前導而指示焉任君者蜀人曩主新中華報筆政以言論觸政府忌政府陰購之走西湖蹈煙霞山井中

死其友爲覓地葬於白雲庵側章太炎爲之傳刻於墓旣披棘而撫視之仍回庵小坐庵故有月老祠余昔年與丙子同遊至此丙子曾製一詞頗見風致今猶彷彿記之出乃移舟謁張蒼水墓余於歲乙巳遊杭至郎問蒼水墓所在人無有知者旣乃得於南屏山麓之榛莽中則泫然流涕作詩以弔之歲丁未復至杭再往尋之而此地之荒涼如故頗怪此邦人士不能留心於閭冶之地致故鄉有轟轟烈烈之奇男子乃幷其人而不知也於是又作一詞以寓慨今日月重華河山還我崇祠墓道煥然一新矣此誠不特可以慰忠魂而亦我漢族之光也余旣瞻拜其祠視其神位仍書皇清賜謚忠

烈前明某官某某余曰此必非公志神不享矣是則亟宜更易而不容稍緩者公墓旁又有一墳體製尤鉅爲明昌化伯邵林之墓卽所謂邵皇親也其夫人楊氏乃孝惠太后之母初厝青芝塢繼改葬於此人因呼之爲皇墳墳左側地產蠶豆杭人向有皇墳豆之稱我友黄君晦聞於戊申年游杭知余數年前曾尋得蒼水墓所在亦往憑弔作詩有認取王墳尚識名之句自註傍墓居人稱其地爲王墳前詢之守墓者則謂公名煌言故稱王墳乃誤煌爲王不知僅得其名之一字云云其實守墓之言但妄稱以應王墳前者實爲皇墳前而皇墳者又實爲邵皇親墳而非卽公墳蓋光復以前人多

不知有蒼水墓故但總號此地爲皇墳前耳守墓之言固誤而晦聞之詩亦誤或曰當公之初瘞於此也其時法網甚密因私號王先生墳是則以公墳爲王墳亦未始不可此又一說也出移舟至高莊憩息淸游啜茗午饌又呼照相者各攝影多種而出至三潭印月在九曲橋邊卐字亭外於湖水中又攝一影計此游所攝各影余爲一一名之在滬南社之舉曰愚園雅集圖初至杭時所攝曰武林同遊圖杏花村讌飲之日卽爲西泠扶醉圖印社臨時之會則曰明湖雅集圖而此則曰三潭泛舟圖而其他零星所攝者不與焉此亦勝遊之一樂也攝影既畢出至小萬柳堂爲廉惠卿先生及其賢

儷吳芝瑛女士之別墅女士以書名海內壁間陳設皆爲女士手寫之品室僅數楹而結構頗雅內子及佩宜棃君坐憩於此余等則走謁于忠肅墓墓側是爲于廟中有王文成一聯曰赤手挽銀河君自大名垂宇宙青山埋白骨我從何處哭英雄眞大手筆也返仍至小萬柳堂偕諸人出移舟一遊唐莊及浙江先烈祠因爲時已晚匆匆即回寓所初五日本擬與石子伉儷即日言旋歸裝已部署矣適王君漱巖來王君亦南社社友工於詩爲余夙昔所欽慕者一見即娓娓談移時不倦遂被堅留不得行遂相與走湖濱至西園午膳遂偕同人及平君復蘇王君更函招沈君半峯同往遊寶石山

沈君亦久負詩名年近六十腰腳尚健先呼小艇泊昭慶寺旁登岸至山麓有門顏曰頓開嶺由此遞迤而上浙江陸軍病院在山半卽爲當時某西人所居之址余曩年亦嘗至此作詩有如此名山竟棄捐句今聞已用重直向之贖回矣再上爲保叔塔塔前有來鳳亭以此山山形如鳳塔踞其上宛如鳳咮故名行至此披襟縱覽全湖歷歷在目之江風颿近若可接據江湖之勝而仍兼山石之奇實武林他處所不及也亭之外有石橫亘數十丈巉巖錯落意若爲山之窮盡處瀫巖謂余曰此去尚有佳境余欣然遂請爲前導余等隨之以手捫石而下峯迴路轉復螺旋上愈旋而徑愈隘至僅可

容身自此而上又有石室有曲橋皆非意想所可測造其巔
尙有奇岩矗立翼然如軒亭余乃解衣磅礴攀而升之左右
四顧泠然不知此身之飛向何處矣既復援樹而下緩步出
一遊陸軍病院與院長厲君綏之坐對河山略談即出適兩
丁君及陸君鄂不尋蹤至遂各泛舟偕至寓所是夜與王漱
巖沈半峰平復蘇丁善之宣之陳盧尊越流柳亞子姚石子
等十八同飲于湖上之酒樓銜盃促膝分韻賦詩如此淸遊
餘興亦復不淺既而更請兩丁君導遊西溪兩丁君諾之余
大喜蓋西溪地極僻遠已鄰餘杭境武林遊覽各書記載甚
鮮故巡路尤莫能辨余思之且十年迄未一至及讀畏廬集

中西溪一記而益神往第苦無導之者今知丁氏風木庵卽在西溪神仙宫山而南漳湖有交蘆庵者亦爲丁氏所重葺余喜兩丁君爲熟遊地也遂約於明晨由兩君來寓同往初六日余等甫起而兩君已至卽命肩輿偕行由寶石山麓折而入曠野遠望秦亭山聳然起於前漸行漸近繞山而過石平如砥爲南宋時輦道自此而往則大樹夾途濃陰蔽日皆爲西溪路矣入風木庵而兩丁君已先至主人情重招待倍殷庵後有古松兩株穿天拔地色成龍文元明間物也庵本爲兩君先祖昆仲竹舟松生兩先生所築燬于粤難近又經其叔和甫先生略移舊址重事營葺庵之後進爲松夢寮右

偏爲友梅軒種竹栽花樸雅無匹左旁隙地種植茶樹立碑
品茶亦饒佳趣壁間張畫四幅詢知爲兩君之姑母希周月
如及叔母王韻樓妹澹軒所繪工緻蒼秀各擅其妙余謂似
此名手直當向古人中求之近世殊不易覯今乃山水鍾毓
出於一門同人皆相與驚歎不已兩君復導至庵前爲言其
先尊修甫先生詩塚築於梅花泉上去此僅里許指點七十
二賢峯環圍拱列如孝子之奉慈親則又令人生鮮民欲養
之痛矣出仍肩輿行抵留下午餐畢將往交蘆庵而路更旋
折林樹茂密不能步行乃易輿而楫行約四五里汊港交出
絕類吾鄉經數十曲始至庵此地多蘆庵構蘆中以蘆花得

名董其昌題曰交蘆借佛經義也清同治初丁松生先生爲之修治復以名人手卷珍藏其中既至庵兩丁君即命庵僧一一出而觀之如新羅山人之西溪築居圖奚鐵生之西溪泛雨圖程松門錢叔蓋之西溪卜居兩圖高邁庵之西溪秋泛圖如冠九之交蘆秋影圖陳藍洲之西溪始泛圖戴用伯諸暹菊之溪樓延月補圖展覽之餘古香觸鼻惜爲時匆促未能細審然眼福已不淺矣兩丁君爲余言當時尚有戴文節一圖尤稱精品爲庵僧私行售去誠可恨也庵旁有水閣一所設厲樊榭及杭堇浦栗主其中而樊榭及姬人月上之墓在王家塢堇浦之墓在大馬山亦去此不遠閣後臨水洒

掃之職久鍬故殘蘆飛絮及今猶滿地也亦可以想見秋時蘆花之盛矣秋雪庵在蒹葭深處聞彼處風景尤勝而天已薄暮遂不得不留俟後遊耳余綜西溪之勝大抵與西湖異窅然塵壒之表宛在樊圃之間一入其中便覺毛骨爲清心脾俱冷昔人比之苧羅美人未進吳宫濃冶幽嫻自然絶世又若天生此一片土專以供人之棲遯者觀其小築古龕周流錯雜皆在長松翠竹間而習靜安禪者往往出焉吾因以知蕭閒夐絶之中始足以見眞行而顯宇高門琳宫巨刹必無雅士名僧託迹地也自交蘆庵出仍坐舟少頃復登岸肩輿已待之矣遂紆道返經蕭山陳氏墓道規模宏闊建築方

新陳亦兩丁君姑氏復經伴鳳居爲陸氏別業卽其姑氏希周之能畫者也皆進內一觀而出遂急回寓所丁君又言亥蘆庵地處深僻遊蹤不易卽其平生僅曾三至其一乃侍其兩姑母往其一則與繆筱珊先生其一則此遊也初七日余與石子等將束裝返松江亞子爲待觀馮春航演血淚碑及馮小青兩劇尚留滯不肯去而演期未定余等乃決意趁快車先行是日午刻陳君蘆尊祖餞于城站之酒樓因卽往赴而王君漱巖來遂偕往少頃兩丁君亦至舉杯清談不覺移晷席間王君漱巖作詩贈行甫脫稿相授余未及賦答而汽篴已嗚嗚作響乃各握手匆匆上車而陳蘆尊越流丁善之

宣之王瀫巖柳亞子鄭佩宜等七人皆登車相送有離別可
憐之色及汽笛再鳴始悵然分袂抵松後余與石子又分別
各至親戚家下榻初罷登臨神意懶散余作答王瀫巖詩一
首覺頹然一夢猶彷彿在明湖蕩槳時也初八日午後由松
雇划船歸家細雨冷風甚無聊賴聞石子伉儷是日亦已回
張因屈指來時同遊之伴十一人今一一星散而去只留亞
子佩宜兩人在杭相與念之不置又數日得亞子佩宜信知
別後又飽領西湖之勝春航兩劇亦次第得觀今已如願偕
返矣

北遊記

余南人也志于北遊久矣正月間薄遊吳門曾與金君松岑約擬同出昌平居庸由大同以上北嶽金君善遊自號壯遊子東南二嶽均爲其足迹所經旬日前金君自金陵來書言北行定於夏歷四月初啟行余當約定如期往兒子請隨侍姪平子君定暨姚甥石子各偕行焉即於丁巳四月朔日晨首途晚抵松江浦中得詩四絶予因事在松句留一夕兒潛廬侄平子君定即日往滬兒則僅欲爲白門遊也

初二日午後余與圭兒自松同至滬上車中得詩二絶石子已於今晨先行遂相會於逆旅又晤老友陳君巢南周君芷

畦談甚樂巢南亦曾出居庸者

初三日晨起即偕石子平子君定及兒子圭同趁滬甯車車中頗倦過鎮江時假寐微醒成詩一首及火車行近金陵山脈漸多地勢壯闊復成一絕午後三時抵金陵之下關再趁輕便車進城至中正街大觀樓與閔君瑞之同住蓋余前已有信約定也部署行李畢遂偕同人走夫子廟喚舟遊秦淮秦淮爲金陵名勝余昔觀勸業會曾匆促一至而未及遊今來此則見畫舫雖多而河流渾濁古蹟亦皆荒廢不覺失望黃昏瑞之出示松岑自蘇來信言須初六到此同渡江則余等當留待二日也

初四日上午沈思齊先生來談並以近作詞一卷見示因暢論詞學甚細下午坐小火車至丁家橋松江公寓晤沈君叔眉坐談少時即由叔眉導遊雞籠山之雞鳴寺即梁同泰寺古址上有豁蒙樓臺城即在其下梁武帝餓死之所也當陳時臨春結綺望仙三閣皆在其中至隋平江南而遺蹟殆盡胭脂井在山之東麓即所謂辱井也其深逾十丈泉水甚清至今仍可汲飲登樓望玄武湖歷歷可盡惟荒涼蕭瑟近又亢旱水已涸其半矣在樓稍憩出至大功坊啜茗於半畝園傍晚至問柳居赴沈思齊閔瑞之李芭香三君招飲於秦淮畫舫同席者爲沈君叔眉譚君靜淵鍾君夢麟惟鍾君爲初

識餘皆舊友時諸君皆任省會議員故同在金陵是夜飲罷歸已近十時矣

初五日午前同人等偕瑞之及僕從共九人坐馬車出聚寶門登石子岡飲茶於第二泉購石子少許小憩得一詩而出至莫愁湖華嚴庵之勝棋樓曾公閣在焉老僧出曾公像覺精神奕奕爲想見之又以名人所題莫愁湖手卷一幀見視既由瑞之書一同觀款余更題一絶於上出在車中復成一絶則不及書云莫愁湖中種荷甚多清漪一碧山嵐環之金陵名勝當以此間爲最幽曠若在六七月間荷花盛開當更饒一種風味耳出至清涼山掃葉樓爲龔半千別墅龔自明

亡後自名爲掃葉僧終老於此今猶是僧人所居樓壁間題詩甚多頗有佳者余亦不能無詩因成五律一首平子成七絶二首君定成一首乃出上淸涼寺無甚觀覽惟薛慰農所撰一聯云四百八十寺過眼成墟幸嵐影江光猶有天然好圖畫三萬六千場回頭是夢問善男信女可知此處最淸涼爲最佳下淸涼山天已薄暮遝歸寓所是夜仍至秦淮畫舫赴沈君叔眉招飲席散約十點鐘回寓本擬明日午間渡江因閱報恐政局有變家兄深以余等北游爲恐阻不令行議未決適得松岑信亦以風潮大起擬遲數日以觀風色遂定緩行

初六日上午松岑派其僕人張貴來寓爲余等導游遂各雇人力車行十餘里出神策門又二十餘里皆爲山野桑樹繁茂人家皆飼蠶田中所種以麥爲多車行烈日中石路确礫顛簸頗苦至八卦洲一小市集乃出徒步行一二百步抵七根桂僧寺已汗出如注矣登樓寺僧以素麪相餉殊麤劣既由老僧前導尋沿山諸洞先過仙源洞次爲上台洞又次爲二台洞皆無甚可觀又次爲三台洞洞頗寬廣下有泉水中架石橋上有洞曰一線天由側門入層級曲折而上約一百五十步達其頂有危樓一楹供老祖像登之下望見江流二道作迴折形在內者甚窄所謂夾江是也在外者卽大江土

人稱爲老江隔岸冥冥如雲霧而起者乃江北諸山也老僧爲言此外尚有九洞皆不甚佳余題一詩而出遂折回一登燕子磯即在八卦洲市外爲燕子山一角入夾江中如燕啄之銜泥者上有清乾隆御題詩石碑俯仰其間至爲曠爽由燕子磯出則夕陽在山野景可愛遂疾驅入城至寓時已黃昏是日往返共行六十餘里雖其間步行者不及十里然竟告疲矣

初七日擬休息一天君定等踴躍思急進至十一點決議仍同遊張貴爲導家兄力弱不克從焉由門帘橋出細柳巷經秦淮之復成橋過明故宮大内遺址今設古物保存所貯歷

朝古物甚多皆有標記說明惜匆匆未及細覽有古井欄三四欄石汲痕十數深一二寸井口幾如花瓣亦可想見年代之久遠其紫禁城址余庚戌秋間來此見方拆卸今已無復存矣當時曾作一詞哀之頗致慨於興廢之無常纔及一年漢土光復駐防之所悉成瓦礫前此遊時尚巍然無恙也由明故宮坐人力車出朝陽門路高低不平車行不適徒步數里經孝陵衛更坐車行二三里草徑荒僻達鍾山之脇從密樹中入至靈谷寺寺供龍神昔久頹廢後曾文正嘗至此求雨而驗因得興復主僧淨光出應客談吐舉止皆極純粹在寺小憩余成一絕即寫以示淨光時方苦旱故詩意及之後

由淨光導觀三絶碑三絶碑者乃誌公像爲吳道子畫李太白贊顏平原書惟碑已重刻失其眞矣旣出寺上茅山陂陀高曠白茅如雪余口占一詩示同遊走山坳間石壁高聳有寺巽然起於其上者則紫霞洞也洞爲誌公說法處故又名說法洞洞甚淺無奇趣由寺後拾級登山下臨嵐障坡勢起伏亦有足觀者渴熱飲茶數甌復下仍徒步行時日光漸淡邐迤山陂上兩旁多榴樹適花已開落點點鋪地若紅雨踏之而歸亦異境也抵孝陵已紅日銜山矣陵外房屋光復後略事修葺故較庚戌來時氣象稍整出門數百步有翁仲二十餘拱立麥田中令人生禾黍油油之感旣瞻謁罷同人各

購殘瓦數片驅車疾馳回寓至武定橋晏樂春邀沈思齊李芑香閔瑞之譚靜淵沈叔眉鍾夢麟諸君小飲瑞之因事未到飲罷回寓夜已深矣

初八日休息一天夜間譚君靜淵卽招飲於此間寓所席上與沈君思齊等爲射覆之令頗樂

初九日晨得松岑信以小恙須再遲一日來甯然余等行裝已起不能待乃留一字交其僕張貴余等遂先行上午十一時坐小火車由中正街直抵江口下車余兄於先一時到下關由滬甯車回滬余等在江口待渡約二小時渡江趁津浦車北發張貴送余等至浦口上車始返四點半鐘開車一路

山脈連綿經烏衣滁州臨淮關等處共十四站黃昏抵蚌埠山勢漸遠月夜略能見之又行七八站經宿州過夾溝復數十里至徐州又數十里達利國驛時夜已過午曲肱而枕便爾入睡自浦口上車以後卽與平子君定石子等同爲聯句沿途各就所見寫之限順次完東韻平子興最佳輟夜未臥余與君定倦卽科頭醒卽吟耳

初十日小睡初醒車已行數百里覺冷氣侵衣袂間窗外漸露曉色蓋已入北方氣候矣過鄒縣兗州曲阜在昔孔孟之鄉今荒陋尤甚甚矣地勢之變遷也近以天氣亢旱浩望原野淺數千里無一水哀哀我民幾成涸鮒不禁慨然於導淮

濬河之舉之不可緩矣過曲阜以後有山自遠而來詢之車中人即泰岱也車行良久達泰安適出山背倚窗望之近在咫尺層巒疊嶂不可名狀自日加卯畢辰而猶綿亘未盡車之疾駛已達百餘里亦可以知泰山之大矣少陵詩岱宗夫如何齊魯青未了信哉過濟南數十里午刻渡黃河河架長橋共七十有六節而下之有水者僅五六節其餘皆赤地也則亢旱可知矣自過黃河塵沙忽平地而起從車窗捲入几案間皆滿幾於目不能視北地多風塵於此可見過黃河以後地勢平衍絕無一山又經五六站抵德州旋入直隸界荒旱之象漸減然民居亦甚寥落又經二十站至天津時已下

午五點半鐘余等火車中聯句至此亦脫稿其中得句以平子爲最多余及君定次之石子僅一二句耳計全詩共一千二百餘字自浦口以至京師沿途所記大致盡矣天津下車後少待適雨霰數點大者如豆幸不久卽止六點半復搭京奉車至京車行異常遲緩抵正陽門車站已夜一點半鐘卽往西河沿中西旅館行裝甫卸雞已鳴矣是夜聞蚌埠獨立之信

十一日醒起較晏先往晤姪天梅天梅方爲國會議員本在京也時方盛傳津浦路阻之說確否未知在天梅處午飯後遊中央公園園爲清之社稷壇壇址以五色土相配而成園

中大樹成行皆盈數抱廊廡新建房屋皆爲店肆又參觀衛生陳列所其中所有皆爲人身病體模型腐爛瘡膿肌肉畢肖又有影戲場一所亦舊殿也令人起盛衰之感由公園出進西華門經正大光明殿門扃不得入武英殿及東西凝道煥章兩配殿今爲古物陳列所熱河行宮所藏古器瓷器書畫等皆遷列於此金碧輝煌珍奇咸集一花一葉皆珠玉製成一缶一盂亦殷周遺物玩好之精美器用之奢華非筆墨所能盡祇一御用馬鞍嵌珠一千三百餘顆之多亦可想見帝王之威福自用矣殿後右偏爲浴德堂屋三楹甚矮西爲井亭井欄甚高以磚石砌成置水管焉東爲浴室水管引之

側一小間由外窺之亦有石築爲圓形者想卽浴所也或曰此香妃賜浴之地故其式皆仿土耳其殆爲近之出武英殿於門首購得影印之宮殿風景及周銅器等書數冊乃東走見左右有昭德貞度兩門東西廡相去數里前有石橋五道中爲太和門內卽太和殿項城稱帝時改爲承運惜閉置不得入門外大銅獅二踞於殿之兩階階高二丈歷數十級氣象矞皇規模宏遠然荒落之象仍不能掩於是恍然於一世之雄而今安在直刹那間事耳東行經文華門內爲文華殿與武英同爲太和之配殿也過清史館擬一訪友人金君籛孫因時晚已行未晤遂由東華門出回寓

十二日晨天梅命其子小劍持一電來係余兄由松江發來促余等歸者蓋數日來報上風雲甚緊其實京中甚安津浦路斷之說亦不確郎擬電覆之隨往農事試驗場郎萬牲園舊三貝子花園也在西直門外里餘地甚廣動物院中所畜禽獸幾數百種如熊羆獅子等雖置鐵檻凶猛之態仍可見有追風馬一騎曾與武漢南京革命之役身小於常馬鬣長過之爲劉洪基君所存據云一時能行三百里可謂速矣植物院各自爲類稻類爲一區麥類爲一區菜類爲一區稻麥菜中又各自分類有竹園有黑荳柿圃棗圃菊圃又有麻地海棠葡萄等圃及桑園蘋果園桃園以至牧場美術藝園菜

蔬試驗場等覺生趣盎然矣又有荷塘數處橋梁間之小艇可通惜此時未有荷花園中諸花都已開過只見扶疏一碧排列整齊耳有豳風堂亦饒風景余等在此啜茗休息並午饌後又經牡丹亭卍字樓來遠樓而至暢觀樓樓高四層盡爲西式中懸淸慈禧后畫數幅當時詞臣多有題句陳設亦精潔登此誠足暢觀一切也樓前有石橋橋左右各蹲一噴水銅麒麟聞爲築此園時得諸土中者蓋古物也由暢觀樓出園歸寓時尚早至琉璃廠購書出至大李紗帽胡同醒春居夜饌應天梅約也

十三日同人至中央觀象臺平子之同學胡君雪琴蔣君幼

聽在焉臺長高君曙青出見台址始於元時今尚有明仿製簡儀爲元太史郭守敬遺制原器則不存矣有漏壺二赤道經緯儀及黄道經緯儀各一象限儀一地平經緯儀一皆舊物也其天體儀庚子之役爲法人取去今製爲光緒三十一年所仿造者臺依城而上高百餘級由蔣君導觀畢即出至雍和宫舊爲雍正潛邸即位後賜與章嘉呼圖喇嘛爲淨修之所乾隆時永敕爲寺寺絶大喇嘛以千計清時由政府給糧每人月一元民國仍之故喇嘛皆無事而食然極窮困遊人至者須給微貲由喇嘛導觀各殿建築規模皆極宏壯殿二十餘名稱奇特都不能記憶亦有就壞將圮者殿中佛像

及種種陳設皆不類尋常佛寺巨鑪大鼎悉不焚香佛前供
品纍纍成行麪質尖形紅綠不一貯之木盌多以百數中置
銅盒滿盛清油加蕊爲鐙其小如豆兩旁矮桌相接上陳法
物下設布墊當係衆喇嘛頂禮之所中設方座其墊高置想
係大喇嘛位也壁多畫像猙獰怪狀不可方物內有一殿龕
幕黄綢揭而視之秘戲畢現赤身之婦乃與獸交或以人頭
一串懸之腰際與婦人裸抱者凡此之類名歡喜佛於意云
何解八難索後殿有樓樓凡三層空其中而四面可走中立
大佛其高九丈直透樓巔緣梯再登難望項背乃沉檀木雕
刻所成誠巨製也室皆黝黑陰溼逼之稍爇微香不散油氣

非腥非穢奇臭撲人如入幽冥如適異國我游至此無以名之出至孔廟大成殿入門數武古柏參天豐碑林立輪奐聿新規模宏大殿懸民國三年總統制令一則首都文廟氣象固當如是也大成殿門首左右欄以木柵置周石鼓各五歲久石剝其一僅存半截今禁止摹拓余與石子向闇者各購拓本一據云現止存數分後不可得矣其外尚有新石鼓十乾隆時所仿勒者也稍西爲國子監巨坊兀立雕鏤工細光可鑑人圜橋辟雍古制咸備學之不講鞠爲茂草矣時日已過午飢渴已甚低徊久之返寓得王君景盤片知其頃間曾過訪當即與圭兒至石猴街答之王君與余通問數年初次

握手者也王君約明夕至渠家晚饌余諾之

十四日晨又有家信促歸當卽覆信言北京安穩必再遊數日然後回至米市胡同老便宜坊吃燒鴨名味也出至琉璃廠買書晚偕石子珪兒至王景盤處赴昨日之約飲罷出門時方雨後地淨無塵月明如晝至廣德樓觀劇君定已先在矣余等甫至適鮮靈芝之劇開演殊激賞之

十五日與石子同訪馬小進相左未晤留一字而出至天梅處聞蔡治民言金君松岑已到京而未悉其住址余等十一二兩日待松岑不至將謂其因蚌埠風潮折回矣今知已至而未來余寓殊爲不解蓋余等南京臨行時曾留一字於其

僕張貴處言明余等已先一日至京並請其到京後卽可至天梅處詢余寓所也方躊躇間忽憶及松岑前曾有信言到京後或住全國水利局當卽由電話詢之知其果在少頃卽來寓因詢悉彼已於十一日到京至南京江口時不見張貴故余字亦未接到彼方謂余等已爽約返矣抵京後又患腹痛數日未出今始痊愈遂約定明日同遊午後黃君晦聞來坐談良久蓋闊別已十年矣黃君住深溝高井胡同余昨曾有信致之故卽承其惠顧耳少頃莊君君達來莊君爲此間無線電報局局長日前曾以電話招之也今日在寓休息故終日未出遊京中南社社友甚多頗擬約爲臨時雅集以時

日匆忙遊蹤不暇遂不果行是夜再至廣德樓觀劇劇終回寓鐘報一下

十六日早餐後松岑來即與同遊即至先農壇周圍甚廣殿宇有壞者樹陰夾道花木亦佳旁有禮器保存事務所其保存之禮器則未見也出依城根行路頗崎嶇至陶然亭清康熙時江藻所築故又名江亭即古慈悲庵地勢高曠頗極幽邃雖無壯麗之觀而蕭然不染塵壒憑欄坐眺可挹西山爽氣其外十頃菰蒲微風拂蕩亦軟紅中清涼世界也啜茗小憩出尋香塚及鸚鵡塚遽得諸亭北不數武香塚銘聲極哀促後附一絕亦佳皆不著撰人姓氏相傳某閨秀埋玉于此

或曰文人不得志者之所爲瘞者非枯骨實文章也錄銘詩於下

銘曰浩浩愁茫茫劫短歌終明月缺鬱鬱佳城中有碧血碧亦有時盡血亦有時滅一縷煙痕無斷絶是耶非耶化爲蝴蝶

詩曰飄零風雨可憐生香夢迷離綠滿汀落盡夭桃又穠李不堪重讀瘞花銘

鸚鵡塚銘下題爲橋東居士係一粤人攜鸚鵡入都爲貍奴所食哀而葬此側又一塚爲郭雲五墓林畏廬作碣文立於墓前所謂醉郭先生是也此地多蘆若在深秋更當可觀出

至龍泉寺今設孤兒院入內毫無可觀昔章太炎嘗被禁於此出卽回寓午饌後平子君定各他適余與石子圭兒至全國水利局偕松岑游十剎海所謂海者池沼之類耳北方少水雖池沼亦稱爲海猶吾鄉少山雖一拳亦得名山惟天旱水乾荷亦憔悴欲死若竟名爲海則海亦有枯時矣此海因十剎得名今不見一剎所謂滄海桑田者乎在會賢堂啜茗曠覽之餘頗覺寥廓回過攝政王府面湖而居水尚未涸過西安門遙望宮內盡處煤山峙焉爲感慨者久之時已薄暮因與松岑各自回寓是夜圭兒與君定觀劇余與石子平子走京奉車站探聽火車是否通行又至天梅處坐談返寓定

議明日遊頤和園松岑則往張家口余等恐家中復有信來不敢遠出擬但遊西山或一至居庸而止耳

十七日晨起飯罷乘馬車出西直門路平如砥道旁植樹整齊過海甸野色愈佳麥苗隆茂遥望崇樓依山直起即頤和園也至園門購票而入由導者引進名爲代路想爲當時老監正門不開上有頤和園匾額三字甚小慈禧后書也經仁壽殿額曰太圜寶鏡庭中皆銅龍銅鳳鼎彝之類導者云此殿爲老佛爺召見臣下之處老佛爺者稱慈禧也又進至玉瀾堂規模頗小導者曰此光緒帝居處也又南行即昆明湖湖廣十餘里澄波一碧樓台映之環以天然之山色一望

濛風景絕麗恍疑置身西子湖邊矣湖占西山一角圍以長牆余等至此雇一舟泛於其中蘋藻畢露清澈見底至廓如亭登岸有牌樓題曰延旭曰野雲湖畔有銅牛背刻篆文贊語爲乾隆御筆所謂鎮海神牛是也導者云摩之可以卻病同人爲一撫之走十七孔橋而西至靈雨祠即龍王廟在此望玉泉寶塔可擬西湖之雷峰夕照也北登涵虛堂疊石爲山堂築其上高可數十級揭地板得石穴梯而下黑暗不能見人展轉露微光始出穴則在湖濱舟已待之矣更坐泛至石舫舫以白石爲礎首尾舵輪一切咸備舫凡二層登此啜茗可以平挹全湖之勝出石舫徒步行度杏橋至迎旭樓折

回循長廊數里至排雲門入排雲殿門內樓臺皆依山築閣曲折而上白石爲階紅欄掩映左右相抱各數百級自下望之陡絶高聳上爲德暉殿更上歷百餘級乃佛香閣也是日天氣頗熱升其巔已汗出如注少歇而下至排雲殿前亦有銅龍銅鳳之屬較之仁壽殿尤窮極富麗矣內供慈禧像後有石牌樓建築甚工聯語皆乾隆筆記其一曰暮靄朝嵐嘗自寫側峰横嶺盡來參至寶雲閣閣以銅製黝黑如紫檀瓦櫺檻宇無非銅者乃康熙時製非慈禧時物也出至景福閣體製尤鉅閣之東經益壽堂再東曰樂農軒永壽齋平安室類皆樸儉不甚華麗更東南至諧趣園坐廊小憩泉水淙淙

然自石間流下靜對之餘殊饒清趣石上題刻曰玉琴峽曰仙島曰松風皆可愛也過石橋橋下水流尤急坐而濯足頭目俱爽折而南過赤城霞起紫氣東來至德和園入內爲頤樂殿聽劇所也殿前有大戲臺臺凡三層建築宏敞亦近坍毀矣目此即出園在園門飲茶小憩而歸歸途偕石子訪馬小進擬同作居庸之遊仍不晤乃回寓是日天梅夫婦亦約同遊園乃先後至竟不相值園之大可知也余記憶不善足力亦疲遊畢而出檢圖視之尚多遺漏大抵斯園之勝在倚山臨水昆明一湖以白石爲欄高閣長廊備極富麗帝皇之力無不能爲然此種工程其布置者非皆胸有邱壑之人故

所費雖多未見精意論者比之臨春結綺或比諸阿房建章不知果何如以余度之南朝天子本極風流若比綺春當遜其雅漢武秦皇雄才無敵若比阿建當遜其豪清政不綱固自有在若但以此園林娛樂之觀謂遽足以亡國殆不然也回寓又得石子家來電仍以遊畢即返覆之是晚至醒春居夜饌並邀天梅又至廣德樓觀劇返寓得望哥快信且有將遣人來京云云同人乃決議準明日南歸北出居庸留待異日

十八日早饌畢走京奉車站購定京津甯滬聯票乘八點車午抵天津改乘津浦車諸人意興不及來時之佳在車頗倦

余仍用沈思齊韻成詩一首藉驅睡魔夜經山東道上因余等所乘爲二等車苦無可臥在火車中月夜望泰山作古詩一首詩成而天已明矣

十九日車入安徽界稍見陰雨之象同人以津浦歸途約並作七律限卽日成詩相示余得三首平子君定及圭兒各得一首石子得五律一首而車已抵浦口矣此車本規定一點鐘至浦口是日遲行至三點半鐘始到故既渡江而滬甯日班車已不及乘乃在下關暫寓公園新旅社中餐後以電話通知閎沈諸君出至大觀園洗浴甚暢返寓已黄昏矣瑞之遣人持信來約小住一日同回滬余以不克待覆之隨往車

站乘十一點夜車回海上車中人少得據椅而卧二十日晨抵滬午後與同人合攝一影藉爲斯遊記念是日即乘車回松翌日返於里

吹萬樓文集卷十五

吹萬樓文集卷十六

金山高　燮吹萬

遊黃山日記

黃山爲中國境内有數之名山處於皖之嶽甯二郡間東南屬歙西南屬休甯東北屬甯國太平初名黟山唐天寶時敕改今名昔者黃帝問道於容成子獲靈丹於浮邱公曰鍊成金丹必假山秀水正之地其藥乃靈惟黟山據得其中雲凝碧漢氣冠羣山神仙止焉靈泉香美清温冬夏不變沐浴其中萬病皆愈黃帝遂命駕與容成子浮邱公同游此山得道上昇今此山有泉其沸如湯常湧丹砂周書稱黃帝服還丹

浸湯泉七日見白龍珠履瓊漿自天而降即此泉也郡國志浙江天目山高一萬八千丈僅及黃山之麓山有摩天戞日之勢浙東西宣歙池饒信等郡之山皆屬此山支脈則山高可知宋人謂黃山周圍幾五六百里雄視天都與廬嶽稱三天子鄣九華得三之一巫峽得四之一則山之大可知乃超然特起不列於五嶽之內雖自開闢以來即有此山而自唐以後始有題詠然以巖嶺過峻遊蹤所及代不數人而造極登峰尤屬寥寥無幾以徐霞客之遊歷境內名山而於此山亦歎爲閎博富麗則山之奇可知也余慕之久矣卒卒未能遂遊願吾友吳江金君松岑今之徐霞客也將往遊焉來書

招爲偕行余欣然諾遂於辛酉四月初五日首途時久雨初
晴意殊暢適坐小船於上午八時解纜至下午四時抵松江
於夜間八時半乘火車至十二時抵杭州住宿城站旅館
初六日晴陰晨起餐後即走詢松岑於裏横河橋張君馨叔
家蓋松岑亦於昨晚由蘇到杭與余有成約也詢後悉其寓
湖濱旅館余亦移寓晤之遂定明日行同遊者尚有其邑人
唐君耕餘並約歙人宋君景瀓爲之導是日午刻徐君眉軒
招飲於青年會得晤王丹揆陶拙存兩先生同座者又有袁
則先張馨叔陳廉齋陳虞生及松岑諸君席散回至湖上攝
一影獨走湖濱公園相對湖山不覺日暮遂至清泰第二旅

館與眉軒談少頃同至西悦來赴陳廉齋招飲

初七日晴上午十一時偕松岑耕餘景瀓及袁則先張馨叔同坐人力車別西湖諸山而至七賢衖雇划船至餘杭因袁張二君爲考察水利亦須往餘杭也松岑更攜從者名王錫光同行經倉前鎭午饌復行共四十五里而抵餘杭至大通旅館住焉餘杭街市尚熱鬧而旅館殊不清潔是夜與松岑馨叔造餘杭縣署謁汪旭初知事汪君蘇人爲汪公使榮寶之弟章太炎高足也文學至優出其近作詩讀之而締交焉

初八日晴余等四人雇定長途轎四乘挑夫三人從者一人共十六人於上午九時由餘杭進發依苕溪行三十里至青

山鋪已入臨安縣境經天目山下又三十里至晚間六時半抵化龍鋪同興飯店住宿自餘杭而上山勢已綿延不斷其旁水聲潺潺然皆自高而下從肩輿中聽之令人心氣愉快然村市則至爲穢惡而是夜所住之同興飯店實不可一朝居是夜忽大雨竟夕臥榻皆溼夜枕得詩一絶云野店寒衾屋漏雄胸中黄嶽夢先通直疑天目東來勢一夜山泉盡化龍

初九日晨起見簷溜瀼瀼雨仍不止余至爲納悶頗致悔意繼思此時遇雨則遊山時定可得晴意又一壯遂發披雨衣登肩輿於大雨中觀山澗奔流暴瀉其聲如雷行二十里至

藻溪午餐時已入於潛縣境自昨日啟行以後沿途所經市集不下八九處當以此處爲稍大亦稍清潔堪爲住宿之地惜昨夜未及抵此耳餐後復行雨勢漸止溪聲未稀遥翠滿山鳥語如弄此時之樂誠覺難遇又五十里抵蘆嶺關爲於潛昌化二邑分界處又十里抵昌化縣治時天已晴能步行街市矣縣無城而有堡街市亦寥落已甚余購得昌化石數枚以作經過此地之紀念而石則未佳也餘杭至此百四五十里間地勢愈行愈高澗水東奔亦愈清愈急記黄仲則詩有一灘復一灘一灘高十丈三百六十灘新安在天上之句此爲由錢塘而上遵水路行而言也今我由陸路行見山澗

水勢奔流亦作此觀乃覺此詩之妙我往 新安眞我行天上
矣是夜住旅館中食宿較優
初十日晴由昌化行過大石橋數處曰千里橋曰白牛橋曰
太平橋二十里至手拏司渡溪過長木橋一所經畫眉三跳
嶺溪山交映陰翳可愛又喜其名之佳也爲賦一詩云入林
此處足幽棲萬壑叢篁俯碧溪曲徑陰深山木合畫眉嶺上
畫眉啼過嶺後喚渡渡過一溪行二十里至頰口在鳳凰嶺
左近又五里至横溪橋亦大石橋也今日肩輿所經山氣愈
佳溪流愈大水皆西行過車盤嶺脚在祝川之東十五里抵
唇溪雖有荒肆數家實無稍可之處堪以止宿又無稍可之

食可以充飢不得已姑擇一家即鋪白板於門內權爲止宿之處命煮麤飯松岑出攜來罐貯品食之是夜月色甚皎偕松岑耕餘走數十步外市盡處同立石橋俯視溪流淙淙有聲仰觀萬山當前重巒疊嶂月明半照冷風蕭然飄衣袂異聲起足畔令人魄動魂悸當此之時幾疑此境不類人世成詩一律云巉巖峻峭千尋丈破肆荒涼四五家月色當天山更靜灘聲到枕夜逾譁攫人高樹蹲奇鬼嚙草微吟疑怪蛇亦是平生未曾有夢魂應爲動杈枒皆紀實也今日計得詩五章不盡錄於此

十一日晴行二十里至昱嶺爲浙皖兩省交界之處故又名

界山山上有關爲昱嶺關荒矣出昱嶺關後山尤高樹尤大
水又東流十里至老竹嶺脚越而過巳甚高峻又十里至三
羊坑連越嶺三山間之水漸緩漸小漸不如經過各處之清
又二十里至杞梓里暫憩見有王姓者方新建築堅實宏敞
詢其所費則甚廉蓋木石梁階皆取之於山不事遠求耳又
三十里至鄭坑店住宿之處雖未得整潔喜其樓居尚新差
堪安臥耳
十二日晴早發行二十里至大阜有吾蘇潘文勤家宗祠規
模甚大潘氏原籍皖故建祠在此經大阜過大石橋一又二
十五里至稠木嶺有大香樟一株陰可蔽野大逾十抱殆數

千年物也此間諸山大樹甚多不勝紀而此樹尤爲出衆云又十里午刻抵徽州府城自杭而上六日中行四百七八十里一路山脈連續無相間斷至此間始略告一段落黃山三十六峰距此尚有百餘里而遙然試立橋上望之見有山巍然高插雲表者卽是也卽由東門入城至迎賓旅館憩息中餐約二小時出至胡開文墨肆購墨數錠遂復乘肩輿出西門行十五里至西鄉湖田汪君謙甫家汪君爲歙西富室蘇州亦有商業因與松岑相識此次黃山之遊汪君曾與松岑約主其家又爲宋君景徵之親戚余亦隨之往謙甫有堂兄字贊勳皆一見如舊情意極爲優渥汪氏另有新屋一所初

落成名曰半園專讓余等居之是夜遂與松岑景潵耕餘諸君及錫光同下榻焉

十三日小雨擬休息一天並爲一切遊山之預備上午同人走謁謙甫之尊人潤生先生尙能健步優接賓客可感也旣退汪君正臣復導余等參觀汪氏小學聽學生習爲演講殊覺興會盎然汪君並爲余等同攝一影以表歡迎之意出仍至半園寫楹聯數事宋君景潵邀其友鮑倬雲君來鮑君係曾遊黃山者出遊詩一卷見示復和余詩一首是夜謙甫設盛席招飲在座者皆歙人黃山爲几席間物然遍詢之大抵無一人曾往者可知此山之遊正自不易耳

十四日晴是日由汪氏代雇肩輿四乘挑夫二人於上午十時自湖田啟行經潛口有楊明經範九與宋君景徵素識遂并邀余等小憩其家以麪相餉其壁上懸有張裔公所爲其母太夫人壽序其母年已八十餘矣猶康健也潛口市在紫霞山麓過市即緣山行經佛子嶺又名雲嶺過嶺後已入黄山源經楊干過容成橋遂至容溪容成臺在焉過容溪後肩輿沿山傍溪大抵皆行深林密箐中垂枝刷輿頂約十餘里經長潭龍王亭渡石橋而至洽舍止蔣君致仁家謙甫所介紹也洽舍當萬山之中環以長溪風景絶佳主人亦有老母殷勤置饌令人感不絶於心晚間與松岑耕餘同步灘上余

跣足入水水底石磊磊而流急不敢多涉然意甚愉快是夜月明如白晝照山谷間深宵對此又覺別一世界遂得詩一首錄於此穿林多窄徑憩息萬山中與世眞成隔尋源那得通峰高能受月溪響似聞風忽冷深宵立前頭雲氣蒙

十五日晴晨由洽舍而上肩輿皆從山罅入往往下臨深灘旁依危嶺驢駝物膨脹其左右從對面來則須貼肩輿於山壁乃可讓而過適驢一羣至當途狹處輿隨貼於壁猶不容驢迎而上與輿相觸輿倒退輿人仆於地余躍出乃免過楊村遇一溪橋斷不能行則肩輿皆涉水而過幸輿夫健步水没膝得未傾經山口胡村金竹坑度石磓金竹兩嶺陰翳蔽

虧鳴聲在上幽勝之趣殆不可言過芳村後始於山隙處露黃山一角矗立於亂峰重疊之外我忝在黃山乃行之八日方於歙之城外始一望見後三日距黃山愈近矣反不得見今雖見之而路轉峰迴忽又不見嗚呼何其難也落日銜山時抵湯口鎮鎮距黃山之紫雲庵不過四五里耳而仍不見黃山今日自洽舍至此已行六十餘里輿人力痡不肯再行余等急於入山因出輿步行纔二三里已夜色微茫不能辨物松岑耕餘等皆前去惟余與景徽二人策杖上山汗且喘疾行而進至紫雲峰麓下臨青龍潭潭下皆巨石有如黿者有如鼉者有如象如牛者千狀百態不一而足上流即爲白

龍潭怒瀑從高處直下其聲隆隆震動山谷前及兩旁樹木蔽天路爲之絶正驚駭間聞右山密林中有物作怪響心疑虎聲毛骨爲悚忽過跨潭一橋爲小補橋當瀑奔最甚處不敢過繼視舍此別無他路乃穩步過之復曲折行數百武有籠鐙迎而至者則松岑等已抵紫雲庵庵中知余等將至故遣人來爲導引耳旣抵庵餓且憊飲茶啖飯後出門外於微雲明月之下聽瀑片時無異夢寐庵中一宿但覺枕畔皆瀑聲也

十六日晴晨起卽步行出茅蓬茅蓬者紫雲庵之舊名今雖頓易棟宇而門首猶大書黃山第一茅蓬六字土人仍以茅

蓬稱之循昨夜原路下抵小補橋側右行不數武窪山腹爲池有亭翼然覆於其上者湯池也池作半圓形長丈餘其下細石皆成丹砂溫泉從砂中出縷縷如濺珠池壁石罅中更流出冷泉一道以適均其溫涼之度眞天造地設之浴所也至此欣然遂解衣而入覺泉水甚厚氣休休不能舉乃扶兩手於石壁用力按之始得履其底然一不愼則幾全身浮而起其池之中心深處水可及胸淺處及臍而止余入浴止能及臍不能及胸則氣不勝耳而吾獨怪自黄帝以來卽有此泉乃至於今其水不涸人之浴於其中者不知其幾何也而清極無點污溫暖無間冬夏雖神仙之説不必盡信而卽此

深不逾三四尺之泉歷數千餘年而如故亦已奇矣浴後再
至庵時方及晨早餐畢同人乃各易短衣手竹杖偕湯口所
雇導者一人隨行王錫光一人擔行李者四人皆步而即途
蓋自此以上山路崎嶇聳拔已不能用肩輿石磴盤旋數折
則見大樹穿天有雙瀑布自密林中峭壁蜿蜒下注於絶壑
頓足反顧叱爲偉觀或云此瀑實發源天都不知信否行愈
高氣愈寒時當初夏而山上杜鵑始華足見氣候之不同矣
復行二三里至慈光寺䭾焉寺在硃砂峰趾故又名朱砂庵
建於明萬歷間當時規模甚鉅今雖多殘廢之迹而殿宇數
楹尚屬明敞茗泉清潔渴飲甚多於寺中用遠鏡窺對面諸

峰天都紫雲咫尺可接朱砂峰適當寺後尤膚骨畢露坐移時謀復上然自此更無石級可循行李不能以擔乃捨其衣物之屬寄於寺中擔行李之四人乃僅肩襆被食品以從出寺後左轉向斷崖亂石中徐而進路當陷落處砂石歷歷尤難著趾其不能跨越者則以斷木橫互而連接之行過其上實爲危悚維思是遊同人當以崧岑爲最勇景徵本善啖疾行身健如鶻更强壯不可及耕餘怯弱不下於余而食較多足力較勝余自昨夜不能得酣睡今晨始出已疲甚至此惟振作精神以兩目覷兩足雖有危巒峭壁矗立於前而亦不敢一瞬去慈光寺約三四里紫石朱砂兩峰對峙左右道經

其中而未暇顧也松岑與王錫光前行最速行時不肯稍憩余及耕餘則五步一息十步一坐相約偕行無相失其間高下曲折徑途無定行漸遠便各不相見導者每作嘯聲呼之則山鳴谷應彼處亦以嘯聲爲答絕壑幽澗之處輒聞山鳥如笙簧雜以余等呼嘯答應之聲亦山中別一境界過大石當道意卽碰頭石傴而過砂礫如硃耕餘滑而仆手掌見血余以山有倒破紋此處殆卽是乎考之尚未至也經五里欄五里欄者距慈光寺約五里當時必以路險旁置欄石今欄已不存而路險益甚石壁陡絕扶笻延緣上石間鑿痕僅可容趾必後趾俟前趾旣移乃可繼進當此之時雖單身行猶

懼或墮負重者其能進乎則更命捨其饌食之品俾擔行李者一人仍負之而旋余等復行經觀音巖上倒破紋敗石壅途跬步必謹僅免傾跌紋得未破亦云幸耳過飛來洞更上得平坦方寸地有疊石爲龕者爲半山土地祠再上里許爲老人峰頂松岑前行方躋大石而上以砂滑忽仰翻而下從者王錫光急趨承之幸未傷余等閧狂呼隨後踵至視之無恙乃各歡慶然指掌間亦已見血矣余命隨行者或推或挽掖之而登猶股慄不敢四顧少頃始放膽直立爲一盪胸焉則晨間所見諸峰突兀高矗雲際者至此已如萬頭攢屹皆出足底惟天都蓮花則猶須仰觀而不可卽踞坐石巔幾不

能下則躋導者之背更以一人迎拒於前始得不墮又艱難行二里許境愈折愈奥忽遠見石壁聳然似阻絶不可通者行漸近則兩崖夾立中有路僅容人過即所謂天門坎也天門坎當天都峰趾實此山劃分南北之中樞過此便折而下既下數百步復盤旋上入雲巢洞石磴陰寒悚動毛髮梯而出又有一洞爲臥龍洞洞以松得名而松已朽不可得過此達小心坡絶壑懸崖令人魄動魂悸謂之小心誰曰不宜然我謂自慈光寺以上無處而非小心坡者再轉爲度仙橋過橋上壁再轉爲一線天爲蓬萊洞又名轉身洞洞幽深奇特不可方物循級上升俄復開朗則見巨刃摩天奇松夭矯從

石罅中挺出純骨無膚色凝蒼紫除石松外竟未有一草一木松壽皆數千年而長不盈丈怒枝橫出鬣皆平衍意者山過高爲空氣所壓故松鬣皆平根不得土而出於石故年雖久而不長耳於此再一轉則文殊院至矣院界於天都蓮花兩峰間其境之盤鬱紆深繚曲往復忽洞忽巖忽橋忽棧由天門坎至此蓋不知其經幾何折而始得達計自晨間浴湯泉而上山愈進而愈奇路愈進而愈惡大抵遇犖确處則作蟻行遇峻峭處則作猱行遇洞則作蛇行遇坡則作蟹行至此始能平步而作人行雖路不及二十里而自辰達酉行路之難幾逾百里坐定後將所攜之衣服一一穿之猶覺寒甚

憊甚良久復躍然起踞登文殊座座爲文殊昔時趺坐處石巔凹落現趺坐痕余立其上俯仰四顧天都矗其左蓮花峙其右玉屏爲之後擁其前則羣峰降首竦息排列如兒孫須下視乃可見平視則但見山氣𣵀然夕陽無際而已文殊院有屋不過三楹皆以石築成背枕玉屏峰峰石削立如屏緊倚於院當峰壁絶高處大書深刻有天地自明四字及此山尊三字又有奇松怪石四字不知好事者果何由而得鐫其上也門前巨石二東西分立作獅象形大有嚴嚴當關之勢天都之側有峰稍低名曰耕雲耕雲峰巔横踞一石望之如鼠直向天都作竪耳疾趨狀所謂仙鼠跳天都者是也觀覽

一過余即就文殊座上趺坐閉目冥契默想幾不知吾身之仍爲我有矣成詩一章而下於寺前購得小松一株雖高僅數寸而亦具攫拏天矯之態非人間所有物也又向僧遣人覓放光石數枚攜諸行篋中放光石爲黃山特産錐碎入火有聲有光現成五彩可以治天花故又名天花石今日我等向萬峰而上千辛百苦躑躅山中杳無人跡方謂至此亦必不能得一人豈知不然余等甫至已有踞石迎笑而先在者詢之知即爲黟縣人程姓攜有婦人一小女子一婦人係躚足者余等驚訝何爲而至此則云黟人之於此山相距最近本居山地不憚山行故此山游客亦以黟人爲多也程君又

言彼尚有老母年六十餘曾一再來此亦奇矣哉然程君等至此乃隨有扶持者七八人言行當險處各以疋布纏腰使一人縋之而上若吾等則不過扶筇而止耳少間就寺晚餐麤糲不堪下咽夜宿寺中又不能安臥中宵聽山氣噓響疑風雨之驟至則又私憂明日將不可行及開門以望則月色當天萬山正睡但見下方冥冥然不知人世間此時果若何景象也轉側終夕稍闔眼便月落破曉矣余有詩一章云巍峩壁立俯鴻濛絕磴亙霄此一逢松老倒垂天作地峰高寒逼夏成冬清光已覺近霄漢虛響眞疑驟雨風冷月漸看沈萬壑冥冥似報下方鐘

十七日晴是日余以昨夜失眠而益困松岑等今日擬逾蓮花溝上閻王壁渡天海而至獅子林皆黄山佳處也老僧爲言自此以上山路愈險謂吾等文弱不宜往余固但富勝情而實無濟勝之具因有裹足意耕餘亦以閻王壁之惡名爲可怕也頗瑟縮不敢前繼思此境不可再得且獨留二人在此分伴而返亦非爽遂既至此有進而無退乃由文殊院添雇導者一人俾余與松岑耕餘各得其一決意更上耕餘尚能飽飯余則枵腹行隨同人由院向右勉力前進纔數百武見兩邊峻崖中有夾道者卽蓮花溝遂蜿蜒而下砂磧充滿敗石策策動荆棘刺衣袂類數百年無人行蹤者然既下復

行有峭絶之壁如斧削其上不可以仰觀其下不可以俯視
壁間微露鑿痕僅容半趾余默不作聲以一手倚杖一手扶
導者之肩乃屏息安步以過既過又有一壁尤長尤峻余自
怪至此反毫無恐怖之念而足力亦差足以勝之復履險而
過及兩險皆次第過詢諸導者果大小閻王壁也爲咋舌者
久之按蓮花峰與鼇魚峰爲對峙而銜接余等此時正繞蓮
花片片間而巨鼇昂首乃作人立忽當我前其首正翹蓮花
之葯似欲探蓮頂而未能者遞迤行愈行愈高抵峰下若由
此右壁折而上即爲往蓮花門徑同人等以力乏不欲往遂
上百步雲梯然斯時此身已在霄漢更無鳥度但有雲來歷

磴凌空渺不可接復經數折逹鼇魚洞同入魚貫各倚石而
憩泠氣凜冽撲眉宇間蓋不特陰深而然殆亦高極不勝寒
耳坐而遠眺覺羣峰無能遮蔽匡廬九華可以隱隱見之憩
息已始鼓勇入洞洞杳然貫穿山腹修長幾及里餘手足並
用援而升洞頂露天開竇如井從竇隙攀梯騰身直上便破
飛而出則峰巒不啻萬計如夙秘帳中忽然呈露此黄山絶
景處既出洞得大石坦坦偃息如鼀伏鼉背上其下有平地
寬廣約數百畝一望浩蕩雖疾馳不虞其傾跌者乃天海也
夫海者衆水之滙而以題山又不於其奥於其厓而於其巔
何也蓋以此崎嶇險惡岡阜蟠結寸步難行而乃得平原之

地以十餘里計行至此若忘其爲山也者雖欲不謂之海而不可得爾且非止一海而已慈光寺間爲前海雲谷寺間爲後海獅林西去爲西海淸涼臺畔爲北海而此蓮花峰下爲天海徐霞客游記以平天矼陽爲前海陰爲後海又謂過天門即爲前海此所謂天門似非即天門坎而記中不及天海余疑霞客所謂前後海殆即天海要之山也而謂之海自古未嘗有也天海中往往一石大數畝旁貼以矮松古鮮異草奇花一望瀰漫了不辨途徑游人過之大抵拾碎石爲誌故後至者差有痕跡可尋自天海一路向北行上軒轅峰峰下有丹泉黄帝軒轅氏鍊丹處也登鍊丹臺臺上軒敞左眄右

盻無不如志過平天矼升光明頂是爲黄山之中極嘗讀沈歸愚光明頂放歌一詩稱爲黄山最高處其曰千峰萬嶺兮俱在下天都蓮花祇許齊其肩云云我則未之敢信然登之以觀天都蓮花大有並峙爭雄之意而海門以外諸峰起伏縱横逞奇眩怪東西南北相與矗擁而來黄山三十六峰舊名於世以仙名者十曰朱砂鍊丹浮邱容成天都軒轅仙人上昇仙都望仙以物象名者十一曰青鸞鉢盂獅子石人石柱石牀石門棊石疊嶂九龍飛龍以花木名者四曰桃花蓮花芙蓉松林以石色名者二曰采石紫石以雲霞名者五曰雲際紫雲雲外丹霞雲門以水名者三曰聖泉清潭布水以

本色名者一曰翠微其有名而不在三十六峰内曰飛來始
信石鼓然而峯之可名祇此其不可名者不知其幾千百也
且峰亦奚能名者横看側視盡屬幻形朝暉夕陰亦成變相
必執此以窮黄山黄山不可窮也自光明頂而下走密箐中
約里許卽至獅子林獅子林爲獅子峰下一古刹今有新構
蘭若曰獅林精舍居萬峰環繞中清涼臺卽在寺後一望可
得余以力倦未之上時密雲四布似有雨意初至同人咸憊
惟景瀓獨勇詢始信峰去此不遠稍憩後卽偕寺僧同往適
遇雨片時而返已衣袖皆溼矣黄山若太骨爪齒稜稜眉眼
俱豎意態雄傑麤理不潤而獅子林獨以清幽勝萬松凝寒

蓊鬱葱蒨由雨中望之尤蒼茫無盡乃黄山别一奥區也寺僧擬修淸涼臺黄昏余爲撰一聯寫贈之是夜聽雨而卧十八日晨起仍大雨今日擬由獅林道雲谷而返湯口爲路不下四十里平步猶虞不勝崎嶇冒雨安能進耶況途中又不可止宿余因有難色頗思留一日以待天晴然雨止無期游黄將磬松岑謂此去路非險當不及前昨兩日之難不行乃非計遂從之飯罷同人各穿雨衣奮力而起扶笻冒雨出寺門前經數百武即上一山從叢薄間入兩足襪履已溼透如跣身亦淋漓如注矣既上而下下而復上連翻數山皆無磴級手披足蹴盡屬蒙茸斯時急雨漫山昏盲不辨一物扶

導者且行且前耳中但聞風聲瀑聲濤聲林聲山氣嘘嘯聲怪鳥驚啼聲而已至一山峽亂石充塞半没水中踰之而過迷失道折而回仍踰此峽別由樹罅中進兩愈大山愈深徑亦愈不似松岑景徼皆顛仆數次所提軍持亦一蹶而碎余自度當此之時設有豹虎躍而出惟有從容任其吞噬無可避亦無可畏也又思世稱難行之路曰羊腸鳥道者當不過極言其紆迴狹隘已耳若今日之行如逃絶壑直可謂非路并不得謂之鳥道也未幾又過一峽見怒瀑千尋奔流倒瀉峽深處水幾没胸乃由導者負之僅而得渡復上山行水沖砂積不易留趾其旁雲氣滿坑滿谷故雖有絶險亦蒙不知

駭今日余最前行導者不肯休息然余於此時倚如左右手且作南針焉故甯舍命而尾之遂與後行者相失而後行之導又不審路逕彼此大呼竟不相聞及余先至雲谷寺卽命寺僧遣一人迎而上得諸不遠然知其已窘甚不堪矣雲谷寺正對鉢盂峰故舊名鉢盂禪院以九龍峰爲屛障前後左右皆山而此處乃一平曠地寺久傾圮惟存破舍二三楹寺僧出雲霧茶煑而見餉味極清冽此茶生山上絕壁處人力不能采風偶吹下則拾而取之葉大如枇杷須久煑味始出與尋常茶味迥異可以已諸病乃仙品也更出僧衣僧履請余易之居然僧矣遂將脫下之溼衣履與隨從諸人架火而

烘如圍爐然亦別一風味即在寺煮飯命隨從者食後復行向寺左側出得平坦之路約里許又行荆棘密林中過九龍瀑爲全山瀑布最奇處自山巔層折而下匹練横空飛珠噴沫大小凡九疊上如雲霓之接天下如渴龍之赴海茲當大雨之際尤覺奔騰澎湃不異潮音昔潘次耕遊黄山觀九龍潭瀑布恨不得雨不能成壯觀今我觀此不可謂非天假之緣矣余成一詩題爲雲谷寺避雨寺僧出衣履請易以火曝而乾之乃復行得觀九龍瀑之勝詩云滿坑滿谷亂雲濺雨潰重衣趾不前風急密林鬧虎嘯寺傾古衲抱龍眠躲來佛宇八如鬼披上僧袈我亦禪行到巖坳一回首懸空壯瀑欲

騰天更去經苦竹溪出山得小市松岑已不能行幸已入通衢石級闊大命錫光負之復翻一嶺遂抵湯口至程君品卿家止焉致仁蔣君所介紹也既坐定款以酒食並出衣履數襲借余等穿之而余等即遣一人重至慈光寺取衣服饌食之物以來良久始得自易其衣夫以素不相識之人而情意之厚如此是難能矣程君有老母更以余等所卸之溼衣督率全家終夕不得臥爲炙而乾之是則尤所深感不置者也是夜下榻於樓上而是時兩足已殭上梯之難難於上黄山亦可笑矣黄昏雨已止計今日途中所經如始信峰散花塢如石筍矼如筆花如仙掌皆距離不遠皆爲此山恢詭處脫

今日而天晴也者縱不及遍遊亦當能審觀一二然鋪海之奇境則非雨亦不得見矣吾讀黄君炎培之記頗怪其好作奇語又痛詆文章家之渲染刻畫而曰語高則稱壁立萬仞語深則稱下臨無底問何谷何淵乃眞無底者而萬仞不幾三倍於世界第一高山喜馬拉耶乎其記黄山往往極道艱險蓋將借以少掩其短者作繈褓兒之醜而轉詡其能不復顧後之讀其文而疑阻也云云自我觀之亦不謂然夫文章者非調查測量之報告也形容之詞豈所能免若必字字執著如刻舟而求劍則黄君記中可以指摘之處亦復正多果以寫實言則今日余等自獅子林至湯口之路黄君曾以雖

非艱險顛不利行履二語爲評致啟松岑之易視然則余等今日之狼狽不幾爲黄君所誤哉此可以質諸黄君而相與一撫掌也

十九日陰今日復得乘肩輿矣晨餐畢由湯口行輿中聽四山雨後泉響如奔厓覺耳目俱爽行至胡村與楊村之間又抵來時所過橋斷不能行之大溪今更水漲流急一望可畏輿人乃各置輿於地專其力於一乘以八人者併涉水而擎之或用手舉或以頂代肩而肩之水皆沒腰竟次第得渡是晚回洽舍仍宿蔣山人致仁家贈以一詩擬歸家後爲書而寄之

二十日晴由洽舍行五十五里仍至湖田汪氏僅午後二時也余等此次自餘杭而上陸行而來今壯遊初罷殊覺力困擬由水行而返汪君已爲雇定一舟須明日啟碇今尚有半日之暇即就半園草長古一章題爲由獅子林冒雨走湯口宿程品卿家其詩曰獅子峰頭雲氣濃獅子林畔無遊蹤晨起火急覓歸路芒鞋竹杖相隨從平步已迷咫尺地亂山圍繞奚能通屏息前行越數嶺漸覺氣喘心忡忡打頭雨勢猶未已滿山草木遙呼風如吼如嘯如潮湧更如盛暑雷塞空須臾一瀑迎面起千尋直下如游龍狂奔怒躍橫道左欲渡誰敢當其衝奮生冒死不可顧導者負之水沒胸那知出險

復入險前頭又有絶壑逢三十六峰都不見俯視但見煙濛
濛砂鋪苔滑石犖确舉手不暇披蒙茸倘教失足遂傾跌一
落千丈難支節斯時同游二三子日暮真欲嗟途窮前行旣
去呼不應恐爲豺虎肌腸充眉睫汗流亦如雨淋漓溼透衣
三重山坳破寺得雲谷烹茶暫憩將火烘鼓勇再進無退縮
行雖卻曲非從容崎嶇竟逾四十里兩足殭似千年松山人
邀我湯口宿衣我食我情意融科頭跣足一箕踞痛定噓氣
如長虹芒鞋未破杖未折汝自戰勝吾何功頹然倒牀酣臥
穩明朝睡醒紅日紅坐思此境亦奇絶安得狂吟重入雲海
中是夜贊勳招飲黄昏爲汪君致和書一箑而睡

二十一日晴是日景徵旋里去吾等亦離湖田汪君謙甫送之各乘肩輿行至洪坑小憩於洪竹潭家又行十里復憩於岑山曹氏洪與曹皆爲汪君之戚少頃曹君味蘅岔軒昆仲邀遊岑山山在水中名小南海山有寺舟渡而登由山下至寺亦須循級百餘寺屋精潔兩曹君卽於寺中以素餮招飲飲畢卽於山下雇小艓艋舟至朱家村易大艓艋汪君仍遠送登舟始別去舟人於船首焚香虔祭叩頭畢遂解纜時已午後三時餘矣下水行新安江三十里兩岸皆山不懈應接晚抵樟浤停宿

二十二日陰晨間自漳浤啟行至深渡及街口兩處皆有停

泊灘流湍急水底皆巨石舟行甚險所謂新安三百六十灘吾以此歸途數日中一一遇之每遇一灘水皆暴瀉牽挽殊爲不易而横江插一灘尤高舟至此舟人先以捧繩數道自岸盡力而倒曳之俾舟下較遲以免險惡余在舟無事惟高卧看山而已自街口以後已入浙江界今日計行一百五十里抵淳安縣治泊焉淳安無城與昌化等而市况較優余與耕餘上陸一行卽回舟宿是夜雨

二十三日陰雨今日拂曉卽由淳安開行盡日無停歇行一百五十里抵嚴州時天色已晚暫泊復行經烏石灘七里瀧又五十里至冷水舖黑暗不能更行乃歇宿

二十四日雨黎明復行至釣臺余與松岑曩年曾一遊之地名鷺鷥灘臺有二曰東臺曰西臺東臺即子陵之釣臺西臺則宋遺民謝皋羽慟哭處也釣臺之址今存疊石一堆正臨桐江高踞山半殆所謂垂竿百尺者耶臺下有嚴先生祠占盡富春山色峰巒靜穆今日重過不禁回憶舊游焉惜爲時初曉天又雨不及停泊四十里抵桐廬登陸飲於市樓對面見桐君山氣蓊鬱猶能彷彿當時景象泊二小時遂附輪拖駛於上午八時開行向錢塘江進發經新城富陽行一百七十里乘風破浪直抵杭州時天已放晴同遊三人各分途乘火車而返此四日者余以遊倦所記甚略歸途舟中只臥成

小詩十二章抵家後信筆書之卽代遊記並爲殿焉其詩曰

黃山游罷此歸程無數青山解送迎總道尋常山亦好可知歷險覺心平　三十六灘灘水懸榜人爭說水行難頹然一臥都無著秖有灘聲到枕邊　水急拏舟石有聲篙師不放向前行倒牽十道橫江線猛力原來致計程　細雨酒安夜泊船江光漠漠水如煙霞源山瀑知何處應在微茫百丈巔　依山築室有人家雞犬熙游水一涯宛在畫中偏不覺令儂凝望夕陽斜　漸江水更接桐江風利帆輕好送將掠向鸕鶿灘外過客星猶自作光芒　江空夜冷月無光烏石灘連七里瀧蓬背雨聲鳴不已黎明知近釣臺旁　曉霧漫天

鬱未開山頭望不見西臺似聞皋羽當年哭擊石招魂萬古哀　平看好景不嫌孤早起閒吟一事無身在富春山色裏何當潑墨寫成圖　嵐光倒影瞰江流此處於今是再游日出推窗頻拍手桐君黛色落船頭　破浪乘風勢不平泉唐江闊若爲情船頭震盪轟雷擊夢裏猶疑怒瀑聲　岑山山下水如油好趁新安舴艋舟三日行程六百里看山一路到杭州余書此日記畢而胸中爲之一寬蓋自余遊黄山往返二十有一日而權奇百怪嵯峨之態撐腸塞肚不可遏抑苟不爲之吐而出之幾足令人飽死而途中所經陸程自餘杭臨安於潛昌化以達徽歙水程自新安嚴灘富春江桐江以

達錢塘江其間除西湖及湖上諸山本爲熟識可不計外至若天目之蜿蜒竹嶺之雄高富春之秀麗去還幾八九百里山脈綿亘不斷舉目所見無處非佳山佳水亦可謂大暢所欲矣抑余之此遊有數感焉一居近黃山者其人宜壽考也故余於湖田汪氏則見潤生先生於潛口則見楊氏之老母於洽舍則見蔣氏老母於湯口則見程氏老母此數人者年皆在七十八十以上而皆能健步優禮賓客於文殊院又聞有程氏之老母年六十餘更能一再上黃山黃君炎培記中於楊村蔣叟年七十四能一日徒步往返湯口可知近山者壽其說眞不虛矣若夫風氣之厚人情之樸儉則亦有不易

及者一歷艱遇險可以悟用兵之道也身弱而怯宜莫如余然今者之游數人皆幾經跌撲而始終無隕越者反祇我一人可知怯者未嘗不可爲至勇而一臨危崖峭壁則恐怖之念頓消向前之心愈決所謂置之死地而後生處之亡地而後存吾因以知從險背水之陣之有至理也且黃山游歸此外更無險巇之境矣一名寶之稱否由於地勢之通塞也黃山之大幾逾泰岱而倍之惟僻處皖南草莽未闢遂致游人裹足而名亦未大顯於世不若江南鮮高山峻嶺故培塿土垤皆易成名使以黃山例之則天平萬笏祇可爲具體之雛型虎阜一拳僅足當崩崖之片石然而茲二山者幾齊聲於

五嶽而黃山第寂然伏匿自成其爲大而已矣是故譬之人黃山則石隱士也譬之文黃山則三都兩京也譬之詩黃山則杜甫韓愈也譬之書黃山則山谷也要之皆不可及也故亦未易遊也吾讀歙人閔賓蓮麟嗣所纂黃山志其中以藝文爲多藝文中以黟歙人爲多若吾邑之人則不得一焉歸而索諸鄉邦舊籍則有淸道光年間我邑楊嶽愼五所著五弗齋文稿中得遊黃山記兩篇然觀其所記僅至慈光寺而止又有沈灝所著木石山莊詩鈔中得遊黃山詩一首沈灝氏以善遊佳山水稱而觀其詩亦僅至文殊院而止然則我邑人之遊黃山能自文殊院而上又克著之詩文者不多見

也是則我之此遊雖未上天都蓮花亦差足以豪於楊沈二子矣

吹萬樓文集卷十六

吹萬樓文集卷十七

金山高　燮葩翁

費龍丁婚禮記

歲在閼逢攝提格上元前一日吾友華亭費子龍丁與上海李女士華書結褵於滬北之辰紅園證婚者爲上海沈君叔逵執柯者爲毗陵馮君超然上海毛君子堅雍容克諧成禮而退越一年而龍丁與余相見於西子湖上爲娓娓述婚事且屬余記之余維古之爲婚者納采有啟納徵有啟禮如是其繁也媒氏有禮焉主昏有禮焉又如是其詳且備也後世古意寖失凡嫁娶之家其所爲禮每一委諸僕隸司役之輩

而主人者反茫然聽命焉自近婚姻之制盡變舊俗其風日奢而其禮日趨苟簡蓋風日奢則用情不摯禮日簡則將事不誠不摯不誠而夫婦之道以薄今龍丁之婚也當禮教式微之際乃能於參酌時尙之中仍一循古意而罔有失斯已難矣況龍丁夙擅金石之學工詩與書而女士亦樂染翰善繪畫尤長刺繡龍丁喜山水之勝遠游桂林而女士亦東渡扶桑而返二人者各以風雲飈舉之才成爲配偶志同而道合趣靜而旨深余造其廬見壁間懸素琴一女士之所鼓也洞簫一女士之所吹也此外古帖名畫之屬則伉儷之所同撫也庸是益歎爲神仙眷屬不啻矣抑我讀易至咸曰咸亨

利貞解之者曰咸交感也兌上而艮下艮以少男兌以少女有必通之理焉然不以貞則失其亨矣夫男女交感卽今之所謂愛情也交感而必以貞亨卽古之所謂禮教也維其有禮教乃所以固其愛情維其有愛情尤不得不崇禮教此古之聖人所以以咸爲取女之吉而卽繼之以恆也龍丁之屬余爲此記也卒卒未有以應今距其成婚之日且十載而龍丁促之無已時足以知其夫婦愛好之情歷久而彌篤殆有得於咸恆之意者歟余是以推本易義而記其大略如此時維閼逢困敦中春之月金山高燮

建築張涇塘石橋記

張涇爲邑之幹水自張堰以達松隱其修三十里北受黄浦濁流之灌入淤泥積而日益淺狹歷三十餘年至旱潦交受其患邑人士憂之爰督爲浚治經始於癸亥之正月日役數千人淺者深之狹者廣之凡四十餘日而工竣而是河兩岸素無塘路茅塞久而不可行則爲堅築廣衢立石以誌其界植樹以鞏其基其汊港之交錯者雖有橋梁悉爲木質且朽壞矣余曰欲圖久遠非盡易以石不可然莫或先之則勿成也余當爲之倡第此河塘路所經支流以三十餘非咄嗟所能同建也則議先其半焉數之得十有六余承其入於是而

余甥姚後超繼之以五爲十有三於是而余姊氏命其孫朱維坤維垣繼之以二爲十有五於是而余兄煌又繼之以一而十有六座者集矣至是年冬而蕆事自張堰鎮迤北曰介山橋曰凝紫橋曰石階橋曰瞻秦橋曰揚帆橋曰芳蕩橋曰愛廣橋曰新河橋曰綠荷潭橋曰丁家港橋曰思濮橋曰松韻橋曰秀張橋曰光明橋曰俊偉橋曰志大橋是也自志大橋以達松隱爲里十有五爲港且二十餘其橋之木者如故倘繼此而并爲建築易石則自今以往既可謀久遠之規以固塘岸以利行涉其爲益也大矣邑之君子如有樂乎此者余亦將竭力以隨其後焉民國甲子春邑人高燮記

重建高蔣涇橋記

吾邑澤國也自黄浦迤南而入者爲張涇張涇之水汊港紛歧彌望皆是咫尺彼岸非有橋梁以相接則徒步莫能達也而汊港之巨者其橋工尤不易集當張涇南注約二十里有市焉曰松隱於松隱北里許有浮屠翼然而起者曰華嚴寳塔塔之下爲松隱禪寺吾友觀體居士退官證佛之所環華嚴塔有流一支東接松金兩縣之鄉界涇者爲高蔣涇跨高蔣涇之南北貫松金兩縣之通衢也舊有木橋名高蔣涇橋地當曠野水闊而汛急每遇淫雨泥滑寒風冰凍之際踰是橋者往往匍匐而行驚嗟失色稍一不愼則淹溺隨之居士

之兒倦翁老人夙具善根濟人無算覩此而憫焉因發願易石已非一日今年九月爲老人六秩初度凡親戚故舊及遠慕老人之善行者爭集貲以獻爲祝老人壽老人乃顧而喜曰於是乎可以行我志矣我將移是貲以建是橋諸君子祝我則奚敢我敢舉是功德爲諸君子祝福利也徐叟步蟾長老人一歲聞老人之說而韙之亦願以貲加入老人乃益喜曰此所謂人之欲善誰不如我也爰亟伐石鳩工經營三月而橋成人之過是橋者咸欣欣然以手加額曰此皆老人一念之仁有以致此願老人之壽與橋俱永矣老人復遜謝故并書捐助之名於左己巳冬高燮記

水仙亭記

距高蔣涇橋北數十步向有水仙廟廟始於何時不可攷殆此方居民以地當孔道水深橋長失足可畏因建以寓奠定之意云耳及時久廟圮僅留廢基倦翁老人經營橋工事既竣尚有餘貲乃築亭於其上以爲行人憩息之所而屬余名焉余曰水仙之名甚雅馴宜可仍也遂名曰水仙亭更爲之歌以落之其詞曰興而廢兮孰主是廢而興兮誰所使海變田兮靡有巳廟爲亭兮斯可喜人來人往兮河之涘昔時跋涉兮今得休止迢迢兮虹梁險夷倏易兮樂且無央華嚴之塔兮青蒼水仙之花兮芬芳照見五蘊兮物我兩忘度人無

盡兮此即慈航

記古銀杏

余卜宅於老屋之東半里許環宅之四周所植樹木以千計其大者盈數丈小者亦及七八尺灌溉勤而生長易故數年之間望之鬱然矣凡此皆爲余所手植也其非余手植而爲向所有者則莫宿於古銀杏一樹是樹在余宅後跨一河而生於蔡家墳蔡家墳者其主人實非蔡氏蔡氏乃墳之守望者耳今墳主人之姓不可攷而蔡氏之子孫仍聚族於此適爲我宅逼鄰余幼時嘗於夏秋之夜諸姊攜以登老屋東偏之河樓當陰雨微茫螢火數點遠見白光起於林際其下有黑影憧憧然若揖而若拜則相顧驚駭奔投母懷閉門而不

敢出至明日審視之則蔡家墳之大銀杏處也今回憶此境
幾逾四十年我母與我姊皆已不可得見卽河樓亦塡爲蔬
圃惟此樹巍然獨存而我宅竟不期而適位於此樹之前開
北窗以望則聳峭兀立彌老而尤挺窮鄉無耆彥可與時共
晨夕對此眞不啻數千歲人也我老宅亦有大銀杏一爲全
宅之鎭蓋近百年物也聞鄉之父老言此樹卽爲古銀杏旁
茁之幼苗所移植者今兩樹對峙所差高下殆足相埒惟老
宅後起之一株則堅固完好旁無他株此古銀杏則空其中
而成爲大穴可容十餘人其上之青翠如故旁茁之苗以數
百計昔者蔡氏之老農善鋸木遂鋸其旁枝而自爲棺棺之

大無與倫也今老農之後又數世矣而旁生之苗仍曰苗而不已蔡氏之人移其幼苗以植他處後成爲大樹者又不知凡幾矣每歲當春季夏初其樹之近處時聞有聲滴瀝而圓如錫鼓之急振其耳者余疑爲水鳥之怪啼識者曰此水銀之發於地之聲也凡銀杏歷千年之久則生水銀是說也余未之敢信要之此樹初生必當在三五百年之前蓋可知矣余以月之朔日而病至重午忽增劇家人命羽衣人占之曰是樹木之精靈爲患家人曰我宅之樹植皆未遠何精靈之云耶余適聞之則蹶然曰有是哉其殆爲余宅後之古銀杏乎夫物歷年久則取精宏其有精靈也固宜然必非爲我患

也余將記以禳之詩曰維桑與梓必恭敬止況此樹之生定在我高曾祖父以上且伊邇宅後咫尺可接者耶家人曰然哉然哉越旬日因遽伏枕濡筆記之如此使兒子再拜獻於樹下是夜夢一老翁頎身而白皙翩然含笑誦余文而若將詔余者遽翌晨一覺而病若失矣乙丑五月十七日高燮記

綠水橋記

橋位於宅之坤方秦山在其東南去此可三里許立橋上望之正得林隙於秋高氣清之際視山巔僧寺岩石膚髮畢現由山之前趾一水横亙而西以達於浙境者則秦山塘也山雖小而山塘之水淸澈見底綿長及十餘里其勝處水分爲三界以修隄隄乍高乍下蘆花楓葉掩映其間方諸虎邱之塘誠不多讓惟寂寥荒僻無過而賞之者耳我每掉小舟從五六里外泝山塘東指而歸遠見夕陽山寺紅照波心蕩漾如彩霞蓋不啻身入畫中此樂無極矣自山塘盤旋繞山逕而北曲折以經老宅遞迤稍東行遂抵橋所過橋而進則豁

然開朗灣宕無垠水益清岸益寬廣匯爲大渠往往漁艇一葉自林末穿而出者則六弓灣也由此復折而北有兩堤擁護屋舍若環抱若拱揖形則我宅閑閑山莊之所在也六弓灣又名綠灣而橋適當綠灣之口爲我家新舊兩宅往來必由之路向架以木其名不雅馴因此處水深農兒多溺死吾鄉之語以溺死者爲落水鬼即呼此橋爲落水鬼橋其後有自稱呂姓之醫來此賃屋橋側乃易呼爲遇仙橋殆隱然以洞賓自居也今年秋余始改建爲石質洞橋費二千六百餘金而葳事於是而入若跨虹舟同入月日初出則碧影參差搖曳橋下奇麗之色可掬余以橋臨綠灣又舊名落水之音

同於綠水遂名之曰綠水橋抑 余聞諸吾兄吾兄聞諸先君子當吾曾祖鳳翔公時此橋址之處有隄隔絶水不通行時鳳翔公以服田力穡勤勞起家由茅屋數椽突建宏宇當時老宅之東鄰有某者其初積貲與鳳翔公埒既而漸不振偶聞形家者言山塘之水洋洋然曲折以流止於高宅而不及已宅是以家之興衰判焉某乃恨甚忽一夜雇其黨數十人遂抉隄而去之此處之得以舟楫相通往來便捷者自此時始也然其後所謂某者仍日微日滅至於今日竟無有能知其姓名之爲誰何卽其居處所在亦無人能指要之不離於余山莊前後者近是而豈知當時某所抉隄引水以及於此

者乃百餘年後此地仍爲吾高氏所居而吾老宅之興而未艾也如故且隄決之處於吾家兩宅如門戶然由塞而通一通而永不復塞今自此橋之建而綠灣隱隱遂成名區形家者言果可恃而不可恃不可恃而若可恃哉孟子有言人能充無欲害人之心而仁不可勝用夫人世興替之故本爲天道之常若以害人之心而思利己之事則微論興者未必能興而替者亦必終替故人而欲求利己者祇當自求其心矣後之子孫盍觀此橋也於是乎書民國十四年乙丑秋分節

閑閑山人高燮病榻記

清明謁墓記

民國二十一年歲在壬申二月二十日爲清明前十日上午在家祭先畢午後偕兒孫等十八棹小舟以謁墓始至老墳在老屋西數百步爲五世祖考茂生公五世祖妣夏太孺人高祖考廷章公高祖妣孫氏宋氏太孺人所葬也吾高氏之祖墓以此爲最古矣我家累世力農譜牒無可考所可考者自茂生公以上則有六世祖考臣甫公六世祖妣張太孺人七世祖考凝宇公七世祖妣朱太孺人然莫知其葬所也次至輶車浜在吾家宗祠西半里許正當吾新宅閑閑山莊後里許由水路行則須自六弓灣周山浜曲折盤旋而進計程

當及三里爲曾祖考鳳翔公曾祖妣沈氏蔣氏錢氏太宜人先祖考岑樓公先祖妣莫太宜人暨本生考近齋公本生妣何太孺人本生生妣俞太孺人所葬今吾兄潛廬生壙亦在焉先嫂張孺人則去歲已葬於此回舟及浜口稍折而北入虹橋港則爲伯祖考仰山公伯祖妣田太孺人之墓其同在一處而另爲園者則先伯父申甫公先伯母陳太孺人暨先從兄尹卿公先嫂沈孺人並先從兄燦卿公之所葬也燦卿公早世其所聘妻陳氏未嫁守志至年四十二來歸於高今六十九歲矣次至宜稼漾地當山塘之腹在老宅之西約二里本名倪家漾余以宜稼二字音之近也而易爲是名猶之

當時近齋公建姚家橋而名爲瑤堦余建蔣家橋而名爲獎稼皆爲一音之轉先考秦麓公先妣俞太孺人及先伯父峙青公先伯母顧太恭人先從兄吟槐公先從嫂姜宜人同葬於此墓前一水横亘淵泓澄澈民國二年先妣李節孝更命築爲石岸由山塘而入遠望松楸鬱然起於波心不啻鵡湖之瀛洲鴛湖之煙雨也此地本爲先節孝覓以葬秦麓公者逮經營既定而先從兄固請奉其考峙青公柩以同葬再三請先節孝始勉許之此光緒初元事也於是峙青公居左秦麓公居右二家者合壙而分理之幾三十年而從兄將自營生壙並葬嫂氏姜宜人乃不卜於左以依峙青公復傍於秦

麓公墓之次初不以告迨臨穴之際先節孝往送始見之已無能移易矣先節孝因以大戚哽咽不知所云然亦茹之而已其後先從兄卒旣葬不數年其幼子堅夫婦均以惡疾歿孫德明孫鑑孫銘先後皆死於非命於是形家者言宜禳之葬地爲大不吉然吾家固無恙非特無恙而已此二十餘年中所增人數亦及二十餘人其葬地同而休咎異者則不可知也又次至秦山梅花墳我先聘妻顧氏葬焉先聘妻之歿年一十八越十有五年余爲覓得此地迎其柩以葬之而余亦築生壙於中更種梅百樹題爲梅花香窩故名梅花墳其始當花開時余必攜酒往酹及今二十有二年而花開不

盛樹多枯萎乃補以柏則鬱茂殆地之不宜於梅耳自梅花墳出即返舟抵家日猶未落也吾高氏諸墓去家皆甚近祭掃之事僅半日而可畢即平時亦易瞻望然詢諸兒輩某祖葬某墳與某墳在某處皆茫然故因今日謁墓而信筆識之如此

何朱二先生紀念堂記

學風之壞也久矣其始起於通都大邑桀黠者倡之浮囂者和之英年學子如中疫癘淩師干政無所不爲二三十年來學制幾經變革然每下愈況識者用以爲憂而偏隅僻壤間乃有立學最早不懈益勤能無染時習歷久而不失先正典型承學之士每推本於吾邑何朱二先生以爲不可及也何先生諱汝諴字靜淵其爲人也剛正而勇敢與人言學輒嘵嘵不肯休當民國紀元前九年時郡邑未有學校先生於其鄉毅然首創之曰育英翌年復於廊下鎮創設一校曰開智不數年而何先生卒年四十有四繼其後者爲朱先生炳文

字志賢其爲人也温厚而端謹就之恂恂而其志甚雄時當民國初元之際先生旣由市議會公舉而長開智卽慨然助鉅貲建校舍擴而充之增加額級規模益宏矣後不數年而朱先生亦卒年三十有六今時異勢殊校之名稱旣改爲第七中心小學而學風無所丕變不移於俗尙固猶是二先生之志也癸酉之歲實爲是校成立之三十週同人等追維二先生創造光大之功爰建斯堂以資紀念用式多士而屬余爲之記余於何君爲中表行於朱君則爲甥行稱二先生者衆人之意也遂歌以落之其詞曰

惟木有本兮惟水有源小子有造兮誰錫之恩無爲之先兮

孰任其艱無爲之後兮孰大其傳一鬨之市兮篤生夫二賢
頓菁莪之聿起遂揚厲而無前胡壯年之不祿俱墓草之宿
焉幸遺風之尚在兮至今猶承學而無愆登斯堂以展拜冀
長聞夫誦絃

川沙潘氏捐金閔行苦兒院記

奉賢沈君葆義當民國元年創苦兒院於上海之閔行鎮以養以教久而不怠若慈母之於愛子然積以年月規模益宏成績益著而所費亦既不貲矣歲在辛未將增建院舍而募集捐金及於川沙潘君偉炳偉炳慨然遽以三千金爲助更泫然而言曰嗟乎余亦天下之苦兒也生當孩提卽痛失恃賴我王母張太夫人調護撫育得有今日偉炳受王母恩至深故歷時雖久未嘗一日而敢忘偉炳家素貧我王母年未三十而王父春園公見背遺我先考德庭公甫生六月我王母撫孤守志日事紡績無間寒暑教我先考至於成立逮旣

娶妣氏唐夫人盡孝盡敬乃偉炳生不數載遂爲無母之人我先考賦性長厚經商在外不常家居當此之時如不有我王母偉炳幼弱當早塡於溝壑矣猶憶偉炳十七歲時我王母搜篋出銀幣百枚見賜云爲爾他日文定爾婦置備聘禮之需偉炳謹拜受而心有不忍也則舉以權子母迄今已三十年生生而不已乃成此三千金者實不啻我王母十指之所餘又血淚之所儲也嗟乎偉炳者天下之苦兒也今以此金捐之苦兒院亦王母在天之靈所樂聞乎沈君以是語於余余曰有是哉偉炳用財之能得所也夫惟有張太夫人之儉勤勵節而乃得有賢子有賢孫有偉炳之不忘先德至

親歿數十年能銖累巨貲以克成太夫人捋荼爲善之志皆足以爲世矜式而可以傳之來葉者也於是乎書金山高燮記

吹萬樓文集卷十七

吹萬樓文集卷十八

金山高　燮慈碩

硯銘

岐山硯銘

端然片石來自岐山斵以爲硯寶此冥頑濡毫吮墨古色斕斑當日鳳凰曾此往還高岡淸音猶在耳間

孝陵專硯銘

日未高月初吐斗室寂寥沈吟正苦磨洗認前朝濡染一懷古

鴻朗箋齡硯銘

日月逝矣遠莫致矣濡毫吮墨思所自矣

其二

維朗皎宜壽考艸檄須宜施朱

夏神一長承萬福硯銘

龍而雌伏研田蟠縮寫經痛哭積淚盈斛寒瓊得之長承萬福

著書硯銘

寒隱之硯寒瓊贈歲寒相期石作證千秋之始在方寸

聯詩研銘

蘭閨清課我唱汝和香生欬唾

閑閑山莊上梁文

夫諸葛一廬全性命於亂世河汾片席傳教學於名山聿稽君子之居每恨古人之遠希心往哲抗志潛輝而乃生遇時衰家逢人滿師擇鄰之孟母仍傍故居效移宅之晏嬰無取近市爰於秦山西北老屋東南在水一方拓基十畝國危政亂樂桑者之閑閑味淡聲希期窮年而矻矻敢取斯義小築山莊茲屆上梁庸申善頌

兒郎偉拋梁東秦崖拱立萬象雄兩暘應時宅麟鳳文章結氣蟠蛇龍

兒郎偉拋梁南金風迎挹高秋涵或耘或耔歲其有如松如

竹樂且耽

兒郎偉拋梁西風雨攸敘雲山齊六弓灣水清如許來源曲折路不迷

兒郎偉拋梁北雁行兄弟嚴以翼先疇畎畝惟儉勤式好無尤賴祖德

兒郎偉拋梁上門臨曠野何森爽百年老屋咫尺間早晚頻經共來往

兒郎偉拋梁下杜陵宏願開廣厦書生無力能庇寒聊築吟窠羞大雅

伏願上梁之後九柯十匠興作無愆西舍東鄰歡娛有慶魚

鳥亦忘機而依就雲霞常蔚起其光華突兀數椽人仰集賢
之里紆回一徑羣推歸厚之門松菊荒蕪應略加以點綴池
亭位置宜靜事乎經營他日者風雨雰深之際不免來問字
之車槐柳桐蔭之中最好着著書之地民國五年丙辰八月

祭顧貞獻先生文

嗚呼我公學者之師韜光匿采不求聞知闇然𤕤彰邦人所式矧我於公久深親炙在昔先君爲公知交因識公名方及垂髫我年十九先君見背小子何知誰敎誰誨降服告闋重以婚姻歲在戊戌獲趨公庭季女有齊㜷鍾逮我我實不才得公許可匡之誘之俾道之從援古論時俾會其通凡今之人不尙有舊我公不然維先是守先哲有言激則召爭我公立言一平其情公宦蜀中廉察慈惠歷官三年民思涕涕歸老山林澤及梓桑文章道德望重一方陶令羲皇薦徵不起夢繫蓴鱸衡門是止精研博攷左圖右書鬚白髮禿嶽嶽名

儒析理之微必窮其奥料事之明洞如燭照至誠透露物無
遁形斯民疾苦動加哀矜當道倚公重如山斗落落羣賢造
門恐後地方大政必咨而行公謀其實而避其名綜公平生
超然卓絶仁智兼全是爲閎達一十二載親列門牆公之行
事未窺其詳胡不憖遺遂至此極碩果無存泖峰減色天方
薦瘥我憂孔多中流失柱滔滔如何甥館相依訓言是領哲
人云徂孰發深省外傷斯道内哭其私憑棺一慟有淚如馳
嗚呼我公不甯維是頓觸我哀其哀曷已今年二月痛失萱
闈何圖今日又見山頽我歎靡依妻悲何怙春雨秋風動人
悽苦公壽七秩與世棄捐維昔先君同厄斯年先德未彰公

許表墓一諾未成條傳哀訃我公初度堅屏餽遺序以祝之
公曰其宜私喜音容康强似昔曾是不久遽聞易簣我公明
德鄉黨共尊遺書在匱寶光猶存獨惜我儕安所瞻仰何以
報公不負函丈情藴於中豈在言辭敬酬一滴公其鑒兹哀
哉尚饗　庚戌十月

祭顧外姑陸太恭人文

娜嬛之系峰泖之濱篤生賢母聿配哲人積善餘慶大耋洊臻維顧與陸夙著芳聞玉堂親切克紹家聲隨宦巴蜀令德揚芬滑瀡無愆佐治化成歸田卌載偕隱里門遇豐不侈境嗇不形兢兢貞獻師表人倫山頹道喪十年於今猶幸母在山斗闔型慈雲所覆萬彙皆春屈指母壽三黨盡嬰我時拜母日月屢更攜兒挈女暱就愈深母老病足危坐無呻棲依斗室如鳥巢林頓忘母年謂可長存如何一旦母疾遽攖時余臥病痺風不仁一浦之隔聞訃淚零扶牀伏枕匍匐不能嚴寒砭骨蜎縮難禁望風而拜一棺未憑母歿帀月窀穸倏

營始親執紼涕泗以臨當余病時母健如恆逮母旣病垂念
猶殷昊天不弔竇婺忽沉母嘗謂我家醲味醇今持一勺獻
母之靈庶羞不腆用表微忱陳詞絮絮母其來歆哀哉尚饗
己未十二月

祭妻兄顧荃孫文

維民國十有四年歲次乙丑四月丁丑朔越四日辛巳高燮謹以清酌庶羞之奠致祭於妻兄荃孫顧君之靈而長言以申其哀曰與君暱好垂三十年盛衰之感念之泫然溯我娶婦年二十一言登君堂商量邃密我竊羨君家學淵深踔厲奮發超絶輩倫其學旣超其福孔厚詩禮一門有父有母矧君名父多士所師趨庭之教甯不自私明敏如君千言立就右史左圖朝研夕究鴻篇躍出破壁而飛遂貢優行僉曰其宜大翼垂天千里不息直上扶搖俄焉鎩翮人間至樂養親讀書君久處此忘其歡娛賦稟最強大好身手未能慎疾更

耽於酒非惟耽之幾將殉之腐腸伐性百尤是滋我實愛君
規君獨苦君感泣悔而不我忤雖則泣悔厥疾已攖一日不
飲手顫心驚戊歲迨未椿萱並萎日月不居斯人鰥顇君年
五十境益困窮憂愁簡出頹若老翁往歲之秋風雲變色扶
病避逃申江之側孰知此去遂至於斯淒涼旅櫬遽以喪歸
維君之生名德之後學富力充僅至中壽我參消息我淚欲
吞再賓之木必傷其根亦有藏書縱橫凌亂亦有子女賢愚
參半東牀妙選三秀所叢但冀胤嗣天牖其衷我本不媚言
多諒直生死無二敢告心惻尚饗

祭黄公續先生文

謂人言其難恃胡以先生之熱心毅力幾萬口而同聲謂天道其可信胡以先生之事業方盛竟齎志於强齡夫以先生見義之勇爲好善之若渴固宜克享夫令名而以先生規模之宏遠氣禀之寬厚不當遽以殞其生自國家積弱返顧人才之缺乏外禍因之而迭乘而識時之士僉謂根本之謀拯衰之計非教育無可以圖存先生乃慨然奮起引爲已任發大願以造福夫斯民遂由梓鄉而郡城而鄰邑更旁逮夫窮陬僻野皆有以廣播其文明先生又念夫濟濟多士識解之固陋旋歎夫莘莘學子習尙之囂塵於是外有以貲遣游學

爲輸進歐化之精髓內有以專科設教爲保存國學之靈魂先生宏業發軔曾不十年而令聞廣譽洋溢夫當世然而先生俯仰經營關懷遠大實已耗精而疲神矣夫豈不能置土行家奴興武安甲第以豐腴安享頤使夫千人而先生必不肯爲之者蓋灼見夫興亡之有責欲手扶危局使無傾其他若掩埋賜藥救災恤貧無不解囊樂聲視同飢溺而無甸域之攸分是以先生之生也人無親疏遠邇皆翹首跂踵隱然倚以爲長城及其死也則又無論識與不識皆欷歔歎息不覺涕下之縱橫嗚呼先生何遽至此而今乃竟至此者實遭世之厄運而非人事之無憑不然何惠澤及大江南北活人

至數百千萬而不能贖先生之一身已矣悲哉仰滬雲之莽
莽歎呼天而不聞聊馳哀而一奠倘昭鑒其衷誠尙饗　辛
亥三月

公祭邑先哲顧尙之先生文

維中華民國二十一年夏建壬申十月癸亥朔越十有八日庚辰某等謹以淸酌庶羞之奠致祭於先哲顧公尙之先生之墓曰地僻士固俗敝學陵寡聞儉腹難見奇英是維先生無藉而興天人綜貫博大昌明因端竟委抉摘彌精積人積智論通以閎中西互證聿底大成先生故里是曰錢圩橫塘一曲水木營紆鍾毓碩彥經史亶敷旁及秝算深入奧隅輿地訓詁音韻六書術參二氏理究宋儒以醫活人不俟駕趨先生之狀曰短而肥衣服樸陋面目黑黧治病遇雨跣足沾泥旁觀竊笑錯愕以疑伸紙千言引據無差主人改容肩輿

送之大笑不顧仍跣足歸起死一劑罔有後時先生之卒今七十年流風旣遠勢異時遷昔也士習相稽陳編典型先正猶聞誦絃如何近歲乃大不然此土一區萑苻聚焉望古興歎有淚如泉尚冀先生在天默祐詩書之澤化彼頑醜風土清嘉俾復其舊式奠椒漿敢告今後尚饗

哭豐兒文

嗚呼自吾兒之亡旬日吾不聞汝呼父之聲也已十有三日矣痛哉痛哉汝以上月十二日而病病十有一日而口噤不語又三日而死當口噤之前數時猶宛轉求余摩其頂也嗟乎嗟乎余自汝死常與汝母木然相對癡立呆坐動至移晷漸復淚涔涔下則又互相勸慰亂以他語強自抑忍此景此情如何能堪嗟乎吾兒汝之愛父母也甚矣今其知之耶猶憶往時吾與汝母戲相訴誶汝輒從旁跼蹐無措軒輊爲難余每顧而樂之汝則跳躍憨笑或投於懷蓋汝之至性動人而能深得父母之歡類如此也汝之生纔七歲耳余有子五

人汝又最小則余之哀汝也宜若過情顧吾念之汝生之前汝母多病自汝墮地雙目烱烱啼聲初試便已宏亮方額碩頰因名曰豐乃汝漸長而汝母病亘已余不厭多子之勞而轉倍愛汝者其以此也嗟乎吾兒以汝之貌豈宜不育余實不德致令天亡天耶命耶尚何言哉汝之生戊申八月九日也越明年二月汝祖母棄養余方悲哀莫可解慰汝則忽患痧疹余以痛母之餘更憂汝病至形神交瘁及汝病日瘳而吾心之伊鬱亦日舒矣是年九月而汝外祖歿汝母則又大戚置汝於家不復顧汝惟余與汝之乳母在家撫汝而汝適復病一日余方抱汝汝猝驚厥逾時方醒余大駭不知所爲

乃急足至松江促汝母歸吾家距松五十餘里相隔一浦遇風不能行時狂飇倏起連日夜不息余既憂汝病又恐汝母以汝之故冒險而歸也夜中聽大風撼窗櫺呺豥作怪響終夜不寐吾心輒與俱碎復以汝之乳母方亦患瘧致乳少不足以哺汝余抱汝於膝飼以粥汝呱呱而泣哀鳴索乳其聲淒楚入於余耳則余之淚每隨汝聲下也其明日夜二鼓汝母返自松而汝病稍間又知歸舟之履險而夷也則各相慶幸變憂爲喜汝之病日以痊可而汝母亦因稍減其失怙之痛也自是以後汝體日益健汝心日益敏靈機四溢活潑可娛數年以來汝不常患病即病亦數日而愈耳然汝或偶恙

余一聞汝呻吟聲此心便怔怔不可按抑而謂汝今至此吾心痛摧裂爲何如也歲辛亥余患肝疾連綿經數月而頭風大作終日忿怒然每當汝嬉戲於前則余之怒可以立解苟遇事沈悶一見汝至便已釋然余乃戲以合歡花呼之而汝亦欣然承受又嘗自矜於人曰兒爲吾父之玩好物也嗟乎嗟乎余患頭痛行將不支實恃汝以得愈且愈而絕不復發今汝之病亦以頭痛痛時亦忿怒不可遏惟余手摩之尚能稍忍二十三日之晨又劇痛逾數時忽沈沈睡去是夜卽不省人事至天明遂不能言然時猶以手自擊其頭則知其痛仍自若也嗟乎是疾也汝方孩提不宜患此豈余當以頭痛

死而汝爲代之耶汝之始病也體微熱而眠食如故余與汝
母不以爲慮也既而身現白疹病日加劇卒以不起汝母方
娠體又不甯數日矣汝母素無汗乃汝既殤汝母以痛哭傷
氣汗出不可止遂遍發疹瘖而愈然則是疾也豈汝母不宜
患此汝又陰相而先爲代之耶果如是則汝之死誠爲可重
吾亦聊自幸耳如其不然則是二疾者本不足以致死而今
竟致汝以死者乃庸醫之誤汝而汝父母實尸其咎也痛哉
痛哉汝賦性聰慧顧余以汝少多病常犢愛汝故余之教汝
也不如其教他子嚴然自去年以來識字漸多今春始教之
讀每晨起飯罷余或偶步於外則汝必敦促督教余爲之課

必欣然朗誦間爲講解亦頗能領悟病數日矣索汝母爲講孝弟故事則傾耳而聽幾忘其病之在身也嘗讀小學韻語至男女異席七歲別之二語余謂之曰汝今年七歲矣正男女異席之時也課畢出而就母適汝伯母諸人同在坐汝母戲問頃間汝父所講者何語而汝男女同坐何也汝則急起離席蹙然改容曰兒偶忘之家人咸相與大笑蓋汝夙根清明一塵不染故教者易入非止能解人頤而已汝每日讀書一小時所讀止二三行亦與常兒無異而汝之讀書也專心致志字字淸澈不肯放過凡此皆非夭者相也汝以十二夜始病其明日讀書如故又明日讀書仍如故及臥牀不能起

猶絮絮語余兒不讀書已幾日矣何時當可復讀余則謂汝以半月爲期汝書應不忘耳數日汝又爲汝母言更屈指計其時日且自惜其輟讀之多也汝母因詢以所課則應口背誦無少訛凡此豈類有死兆者哉然是時也汝病已深頭沈沈不能舉越二日卽噤口不復言矣嗟乎嗟乎吾書至此吾痛徹骨吾手顫不能下筆方仰首沈思如醉如夢念汝之生前一言一笑皆足娛懷一步一趨未嘗離側今委形一去冥途茫茫誰復攜汝而撫汝者吾思之吾重思之則不覺淚盈兩睫神若死灰更念吾傷心之語所欲述而哀咽未遽述者尚數千言猶不能盡正嗒焉恍惚間乃適爲汝母所見以余

之失其故常也迫不令復作故吾言亦遂盡於此矣嗟乎而
豈知吾言雖盡吾恨其終無已時也甲寅六月初六日吹萬
揮涕書

姚氏姊哀辭

嗚呼我同母姊二人今無復存矣我年幼時性頑戀戀母甚則頑亦愈甚而於姊也亦然及我年十二而姊適姚氏其姑何太君姨母也素愛姊自姊適姚舉家雍睦稱賢婦姚氏世居張堰鎮距我家四五里先君子在時每至鎮必主姊家姊亦自喜定省之能不遠也後七年而先君子棄養時仲姊尚未嫁余亦未婚我母則大戚其後仲姊歸方氏不二年遽卒我母復痛哭傷氣患痁年餘幾殆當此之時能時時攜諸甥來以娛母者惟姊耳逮余娶妻生子而仲姊所遺一男我母撫之亦漸長時母已病嗽久退居北堂姊歸甯則諸甥偕至

與兄子及余子暨方氏甥等同戲母前相樂也及母歿而姊亦不常歸甯卽歸亦數日去時姊之姑何太君猶健在姊亦已抱孫孫又慧甚四代一堂家門稱盛及何太君卒而姊夫旋攖異疾失其心智一室獨居數年不出蓋姊心之鬱鬱可知也然姊子後超最孝謹孫昭明尤婉孌得大母歡長女適兄子基亦生外孫矣人生之福得此則又何求歲已未忽連殤孫女二昭明已十歲同時亦殤姊自遭此變摧肝裂肺痛無已時二三年來每當夜靜寂處未嘗不見其熒熒淚承睫也去年秋姊夫又卒姊更嗒然無以爲懷其望孫之切常若不及待者人方疑訝以爲姊年五十餘卽甥年亦僅逾三十

異日之慶籥斯而樂含飴猶未晚也誰知上月初八日甥婦果在滬得男而姊已病又七日而姊病遂不起悲夫當姊之初病也余往視姊談笑如常而面紅若火詢之則平日肝陽上亢動至失眠此乃常常有之不以爲意也明日又視之如故乃立促甥自滬歸歸則姊喜笑慰甥謂我病無他苟熱退即愈耳越日滬以書來報知已生孫甥急白之姊則大喜因語余弟家山廬佳我新孫歸願賃廡以託庇弟更速爲建數楹於山廬水畔我病愈亦將徙居之當日日汲水以爲飲我病中思之刻不能忘也他時我季女子歸則當令我子與以俱來此女我曾思贅婿於家今將反被壻贅其舅以去爾言

時雖語涉諧笑如無病者然氣頗促聲續續不能繼余恐其多言也唯唯而出蓋姊之季女方議婚於余之第四子先是二月姊已許之也翌日余又往則姊病加甚驟見余視良久乃能呼弟聲息漸微而熱未退余始覺姊病之可慮而醫者以爲病固劇然脈未變宜不遽危又明日余晨起視之熱漸退而聲息愈微醫者切其脈如故乃不一時而得解色陡變手指漸冰洸洸類睡去嗟乎而孰知姊從此竟一瞑不視也

痛哉痛哉乃爲辭以哀之曰

謂天之薄於姊則姊乃受封席厚而又有賢子耶謂天之厚於姊則年不及中壽且纔幸得孫而未及一視耶弟侍姊病

實主湯藥其有誤歟而致此耶病縱不可醫何溘然之速而不少俟耶弟昔患病姊嘗視弟而得生今姊之病弟乃送姊而死耶弟年未老而手足之戚已如是耶從今以後其安更有姊耶憶童時之況味今母與姊皆不可見涕泗其何能已耶　壬戌閏五月功服弟高燮泣撰

兩姪孫招魂辭

丁卯六月初四日日方午余偶步庭除忽小奚自老宅急奔入言平康及其弟與友三人者俱溺水死余聞駭絶體震遽號而出且行且呼救不數武兩足至重不克舉因止於途則見鄰人大集已並載三人之屍於舟俱氣絶不可復救矣悲夫悲夫先是二日之夕平康有震旦肄業之同學友陶氏子字孟雄由青浦遠道來訪時平康客外家翌日其父母使使走告之遂棹小舟於日晡歸歸則與其友握手大樂言笑不輟而平康之弟肄業邑之第四高等小學者是夜適暑假歸亦與其友相見又明日之晨三人者約同遊秦山秦山距家

三里而弱一舟容與頃刻可達而平康使舟慣郎自棹以行既連袂登山復棹之偕返時大雨初霽水暴漲至中途三人者遂同溺農人聞聲往見舟已覆人則無一生者故其致覆之由并莫能詢也慘矣酷哉平康名鑑字立羣年十七其弟名銘字迪民年十六爲從子增之子鑑則出嗣於其弟名堅爲後尤以賢孝稱者也余爲辭以哀之使歌以招其魂焉其辭曰

陰風淒兮日冥冥只一舟如葉三人同行只兄及弟兮偕友朋只鬼影憧憧橋下相迎只披髮縱目吁可驚只迢迢滴水化爲滄溟只蛟龍出沒攫人無情只矧彼美兮粲英英只竟

遭殘頃呼籲無靈只魂兮歸來此舟不可以乘只鑑乎銘乎
秀搖瓊只橫被摧殘天無憑只爾父爾母啜泣其嚶只思忍子
不見如醉如醒只朝俟於門夕倚於庭只魂兮歸來仍慰晨
昏只爾兒爰爾睫淚盈只非爾不歡寄伶仃只念誰援痛
鵲鴿只魂兮歸來應哀矜只安擇良宵月白風清只用宣佛
號延言徧只紅綵于壇立幡上升只四圍欻霎遙振鈴聲只仗
三寶力彼岸超登只櫓鋒飛處嗽齊鳴只若有人兮盤火
清燦只船頭船尾蕭蕭過輕只魂兮歸來毋或滯凝只亂曰
藹蘭躋兮掬水在手生死不偷兮卬須我友鼓枻去兮前有
粱綠蘋紅藻兮清微可嘗此何人兮不可以爲侶言就樂國

兮人實誑汝湛湛之水兮無波狎而玩之兮爲禍孔多今至斯兮吁嗟柰何

題亡兒六歲小影

嗚呼此爲我亡兒六歲十月間所攝之小影於今未及一年而是兒之殤已將三月我欲重覩我兒之眞而不可得惟此爲尚能仿彿也若其慧心中藏宛轉可愛則雖有妙筆何從傳之憶去歲十月十六日余與內子同攜是兒遊滬上至黃氏姨母家適黃氏有數女賓在座兒則依立母旁長與案等耳乃從容應對笑語歡然而無駭態客無不稱爲明敏者翌日余率以遊樓外樓樓以電梯爲升降其上高可瞰滬上全市兒登眺之餘快樂無極入哈哈亭見長者短者凹者凸者一人之形忽然百變兒則爲之笑不可仰遊後數日猶引手

指劃屢爲余言此小影即爲是日在滬所攝余每一觀之未嘗不想見其欣躍歡笑時也今復安得是兒而與之相嬉戲哉悲夫甲寅中秋前一日吹萬淚筆

題先節孝遺象

此遺象爲乙丑之春先母八十二歲時避亂滬上所攝肌容猶豐滿也自是以後二三年來則老病侵尋消瘦之狀非復如舊矣然先母晚年無不如意事故精神雖減而興會不稍衰滬上之樂時思續遊不孝以先母年已高舟車往來恖恖牘悖每婉言相阻先母亦不之忤雖有時仍憶及而旋卽忘之至去歲夏秋間神識時明時昧忽思遊滬或思往某處便立起欲行旁人勸阻卽露慍色不孝乃縛椅爲輿扶先母坐其中不孝居先婢媪居後肩之行阡陌上或繞宅一周先母則大樂卽紿云此卽是滬此卽是某處者亦不之詰也嗟乎

此境甯易得哉昔我先祖妣莫太宜人壽亦至八十有五晚歲步履艱我本生考府君每挽篌輿以隨侍至今父老猶有能及見者謂閱六十年而得復覩此景象也豈知斯樂之遂成一瞥耶不孝所以撫遺象而永增悽惻也庚午正月不孝燮涕泣謹識

題吳氏先姊畫象

姊我先嗣妣李節孝遺腹女也姊之生爲淸同治九年十二月十一日而先嗣考秦麓公歿於是年五月二十七日時先節孝來歸甫一歲我知其呱呱墮地之際先節孝之哀痛不言可想而其後保抱撫翼至於長大歡愛逾恆亦可想也然先節孝性嚴正故姊亦未嘗恃愛而驕逮姊年八歲而我本生妣氏俞太孺人始生變姊卽以弟蓄之余亦視姊尤親故余之呼同毋姊則曰姊而呼姊則不僅曰姊而曰我的姊也及姊年二十適平湖吳氏而余之呼姊也仍未易其稱姊夫每笑謂余姊則姊耳何爲其我的耶余無以答爲面發赭也

姊適吳氏先後十有五年生男子子五以光緒三十年六月十一日歿年三十五先節孝痛之甚嘗命畫工繪姊象懸諸臥室晨夕相對不啻姊之常侍側也歲戊辰之秋先節孝棄養姊之遺象乃由幼甥奉之以歸今年余啟視先節孝篋又得姊遺象一不知繪於何時乃衹有面部而未成者余復倩海鹽沈君鴻卿補爲是圖以歸諸大甥金鑑俾謹奉之甥更請書數語於上余因追念姊初生時先節孝之痛苦暨余少時姊弟親愛之情而記之如此民國二十一年壬申十月朔弟高燮謹識

題本生考近齋府君遺象

此吾本生考近齋府君攝影遺象藏吾兄煌處府君卒於有清光緒二十二年丙申五月初六日享壽七十距今四十三年矣府君生子男女四人燮最幼而最似府君非特狀貌聲音之有似而已即性情之剛鯁無僞無不酷似燮少時吾母嘗言之今則吾兄亦言之吾家鄰居之叟曾見府君者亦言之謂吾老而愈肖府君也去歲夏間余屬海鹽沈鴻卿就攝影臨繪此幀未幾而故鄉遭亂倉卒避滬一物不攜至今年五月吾宅遂爲盜據全家長物蕩焉無存幸此幀先由吾婦冒險回家奉之而出故得無恙亟爲裝背恭懸寓廬以肅瞻

對以忐思慕於無窮也戊寅臘月出嗣男燮百拜敬識於滬寓之格簃

題賢媛撫子圖

賢媛撫子圖者爲先聘妻顧女士諱應書與亡幼男豐之遺象也先聘妻歿於有清光緒二十二年丙申十二月八日年纔一十有八其容貌如何以當時鄉間少攝影術故其家無留影又舊時禮教凡未婚娶未得識面其丰儀修美但聞諸親戚之傳述耳後十有五年辛亥余築梅花墳於秦山之側迎聘妻之柩葬焉又三年甲寅余殤幼子豐年七歲矣亦殯其柩於此余以詩哭之有我念聘妻賢鬱鬱墓中處生前不相識死後應相顧汝今地下逢倘得承歡緒此兒我愛之厥性非頑魯敢告墓中人尚其爲我撫等句既而因擬即就詩

意繪爲賢媛撫子圖以寄余思忽忽數十年未能成也往歲丁丑之夏海鹽畫師沈君鴻卿至余家余乃以意想所及請其圖先聘妻象而更以亡兒攝影請繪臨於膝畔若依倚戀母也者畫甫成未幾而大亂作故鄉淪爲盜藪倉皇避滬上是圖幸得攜出今又二年矣念亂定之無日慨有家而難歸斗室棲遲萬緣俱盡俯仰永歎覺一哀而猶出涕也己卯十二月八日燮記

題沈蕙蓀先生遺象

蕙蓀沈先生居邑之朱涇鎮鎮爲縣治所在余少時應童子試而至朱涇偶行於途見有貌嚴峻而步履方矩者問諸他人知爲先生余以齒穉不敢趨前爲禮但心識之而已繼乃悉先生爲邑明經教授鄉里以謹飭著稱兼精岐黄術亦不常爲人治病蓋篤行君子也自先生没後三四十年來邑中老輩故舊渺焉無存而世變愈奇大亂更靡所底止故鄉淪爲盜藪流離海上於今五年會先生令嗣思期奉先生遺象見示瞻對之餘不覺猛憶當年途遇先生之際猶恍惚見之更追念其時人情好尚不啻在唐虞三代以前爲慨然歎也

思期方長滬校兼主邑之旅滬同鄉會任事具毅力有先生風邑人賴之藎能克繼其先志者辛巳七月日邑後學高燮識

吹萬樓文集卷十八

憤悱錄

少不振奮懲尤叢集俗阱塵坑愧難自拔夜氣初生旦旦復伐內功不嚴外用常錯積感而言修潛課窓故紙堆中寸明不滅筆之簡端堅我道力何以爲期輝光篤實以云身心未盡毫末名曰憤悱倘待啟發吹萬居士

自識

凡可以修德者皆可以養生曰莊敬日强曰不學則老而衰有味哉其言之也

人能不爲習所染俗所移便可云豪傑

家庭之際可以觀德言語之際可以觀德動作威儀之際可

以觀德

闇室可以質諸鬼神斯大庭方能不動聲色是之謂男兒

古之所謂才子者其才合理義而言之也如高陽氏有才子八人是也今之所謂才子者其才去理義而言之也則浮淺而已矣輕薄而已矣

有心而無口可與處世矣有目而無耳可與讀書矣有膽而無氣可與任事矣

義理外無經濟性情外無文章道德外無學問

自以爲無過德不進矣自以爲無疑學不進矣

石攻玉玉未嘗曰我玉也石安得攻我此則玉之所以異於

石而受益於石者非淺也故爲學貴能自得師
有倔强傲岸之氣尤貴有和平渾厚之機方是大器
曰思曰睿睿作聖曰思則得之不思則不得矣曰思之思之
又重思之思之不通鬼神將通之曰不思而得者其得易失
然則思之功顧不大耶
胡敬齋先生曰理明才自長是才亦生於學也人亦安可自
諉於無才而不學哉
浮榮世界可以看破舜跖同歸不可以看破百年一擲可以
看破寸陰是惜不可以看破
庸俗之見重則廉恥之心消廉恥之心消則亦無所不可爲

矣

剛而能婉明而能晦直而不遂謙而不僞儉而不吝傲而不矜君子以之自修其身

能修德者必能養身能養身者未必能修德儒者言修身不言養身其意深矣

勞則思思則善心生逸則淫淫則忘善忘善則惡心生足與孟子生於憂患死於安樂節相發明

天下人才偏小瑕疵無不可用惟僞不可用

其氣靜者貌不期而恭其量遠者色不期而溫外強者中乾必然之理也

從俗與遵時不同任意與率性不同其中要辨

凡求人悦之心太重勢必至動輒得咎

於無事中存得一叚謹恪靜穆氣象胸中自覺泰然

喜中把持易怒中把持難

所謂知己者貴知吾之病也非貴知吾之美也然知我之病吾當改之知吾之美吾尤當勉之

有志而無氣不墜則浮有氣而無志不弱則暴故立志當與養氣並重也

何以見心曰在事何以見己曰在人

思能生疑疑能生悟悟能生智

心虛而後器大志定而後力强

謹愼近於畏葸靜默近於陰重寬容近於委靡渾厚近於糊塗此數者辨之尤宜早辨也

目能見萬物而不能見面上之污故鏡可貴也

冰堅於水以水救火火滅矣水猶是也以冰救之火雖滅冰已消矣

深非陰重之謂乃不露己善之謂大非粗疏之謂乃能掩人惡之謂

由懈弛而至於無知由無知而至於欺由欺而至於險由險而至於無忌憚由無忌憚而至於禽獸吁可畏哉可畏哉

有愧心者有進心者也有喜心者有止心者也

從古聖賢未有不具熱心者然熱心非熱中之謂

食色之性不必盡能盡者謂之不知命倫常之命要必爭不爭者謂之不識性故食色之性君子勿性焉倫常之命君子勿命焉

仁義禮智具諸天謂之命受於人謂之性所以能盡其實謂之道故曰道之大原出於天

閉戶自修日進不覺閉戶自竔亦日進不覺

處己則於無過中求有過待人則於有過中求無過論學則功過並不容掩

孰非知恥一心欲爲貴人孰非大公父兄視同行路孰非爲己心計最善肥家噫嘻弊也久矣天下事固有以不恥爲善而知恥爲不善者以自私爲善而大公爲不善者以爲人爲善而爲己爲不善者衣敝緼袍與狐貉者立此以不恥爲善之說也人人親其親長其長而天下平此以自私爲善之說也以斯道覺斯民此以爲人爲善之說也

盛氣而以婉辭出之深理而以淺語形之繁文而以簡言該之此非易事

必須鞭辟著裏方能深造默成不入虎穴焉得虎子八字可作讀書法

欲念之起須遲緩而徐思之善端之來要急迫而速行之夫是之謂緩急各當

人但知趾高氣揚之爲傲豈知痛自刻責之何嘗非傲人但知放言爭論之爲傲豈知恭默自信之何嘗非傲傲非不可但不可徒傲諸外耳今世之所以滑滑𦹳𦹳詹詹㦎㦎舉一世而少生氣者爲其人無傲心也天下惟傲心最堅强故最可畏咬得菜根百事可做傲心之謂也

天下惟靜者能知動者動者不能知靜者也

患風痺者不知痛癢病顛狂者不顧湯火總之皆死道也

好學非難知學爲難立志非難辨志爲難只要醫得信心之

病便覺胸中冰釋

對不如己者有驕態對勝己者必有忌心總之皆是量小

獨處之地敬肆所由分也敬肆之分人禽所由辨也危哉危哉

不能躬行不足以爲學不能適用不足以爲文

凡事不從身心上體驗過每多差謬非所以蓄德卽非所以保生

一分眞實卽一分事業一分詐僞卽一分敗壞

簡之一字是大經濟大學問法簡則弊不生言簡則德日進

是非得失人之恒言不知是非與得失正有不容並立者得

失重則是非倒置矣是非明則得失皆忘矣

日覺其難則易至日覺其易則難至

好名之心不可有惜名之心不可無

徇人者浮任己者實信心者鮮當據理者持平

天下豈有人人道好之理偏欲做得人人道好到底仍未必見好亦何必煞費苦心

不必憤世嫉俗亦不可趨時合俗所貴者貞不絶俗耳

人才之竭由於空疏恣肆兩病亦有空疏而不恣肆者未有恣肆而不空疏者也

理未精而一概爲調人之説者此鄉愿學問也氣未靜而每

事爲過高之論者此俗士習態也皆非實有心得者也

以至公無我之心行正大光明之事夫何懼之有哉

欲正人心先正己心人人言正人心到底終不能正必也人人正己心庶幾其有瘳乎

必先無事時常如有事方能有事時亦如無事

自修宜闇闇則道力彌堅蹈過宜明明則塵障易去

古來眞能任事者必能任勞任怨喜怒不形愛憎不露終不肯輕躁淺率以自詡其才蓋惟不能任事者乃好輕議人事耳

自古聖賢皆從萬死一生得來我人立志不下一番血戰工

夫安能有濟

孫思邈有言膽欲大而心欲小此至論也而張橫渠先生謂心大則百物皆通心小則百物皆病何也意者心小以動時而言也即所謂謹慎自持也心大以靜時而言也即所謂胸無一物也以心之大者處其常以心之小者應其變可與言學矣可與涉世矣

但勿忘勿助四字學問之道思過半矣

禍莫大於掩善禍莫大於露才榮莫大于不求辱莫大于多欲

大抵古來士君子懷抱高遠然每至敗行喪德者率坐蔡不

得冷寂耳

叔孫豹好善而不能擇人季札決其不得其死子產擇能而使鄭以弱小之國得賴以安人安可不知人哉

彭躬庵先生曰凡念有一毫心上打不過處卽是僞凡事有一毫世上行不通處卽是迂說迂僞兩字眞覺透徹無遺

一理學者講明凡事凡物之理儲所學於平時以期措之於一旦也若平日徒言心言性乃苟有一事之來一物之應便茫然不能分曉而決斷焉雖欲不謂之迂不可得也

聞有爲善而求名者矣未有爲惡而求名者也有其名必有其實也彼無其實而求其名者吾不敢知也

漢文帝好黄老而家給人足武帝好儒術而海内大空豈黄老之學果優於儒哉蓋文帝能用黄老之美而武帝所好皆僞儒耳

天下事非無公論之可患無是非之可患朱子所謂是非只是是非如何是非之外更有一個公論試看戰國時人人口中誰有仁義字㨾可見公論之不足憑自以公論爲是非而天下事殆矣

吾人生處今日惟有處何境行何職盡吾身上一分責任便算得世界上一分利益起吾心上一點欺僞便算得世界上一點敗壞高其志定其識實事求是刻勵奮發勿自怠亦勿

誇人與二三同志討論精確共勉爲身心有本之學如是而已

經生酸氣學究俗胸時流惡習患其一便不成人品吾黨戒之

歐諺云少智之人常過自信又云河深則聲少樽滿則音鈍車輪最惡者其鳴最大又云不學比慢則寡昝可知傲慢自是者古今東西均無貴者也

橫渠先生嘗終日危坐左右簡編俯而讀仰而思有得則識之或中夜起坐取燭以書其樂境令人可想可慕

凡稱人之事業者曰功德其實亦有分別祇有益於一人一

姓者謂之功若有益于天下而民生受其賜者則功也而亦可謂之德如孔子稱管仲之功曰如其仁如其仁是也

戴氏東原曰尊者以理責卑長者以理責幼貴者以理責賤雖失謂之順卑者幼者賤者以理爭之雖得謂之逆於是下之人不能以天下之同情天下所同欲達之於上上以理責其下而在下之罪人人不可勝誅人死於法猶有憐之者死于理其誰憐之痛哉言乎彼尊者長者貴者雖失謂之順則所謂理者實非理也名分而已矣卑者幼者賤者之雖得謂之逆則所謂非理者未必非理也亦名分而已矣蓋理必持平而一講名分則不平理必貴公而一講名分則不公世未

有以一偏之見而可名之曰理亦未有以一人之見而可名之曰理者自名分之說起而在上者恆但逞威權在下者恆但當服務而古來神聖相傳之理蕩然無復存焉季粱曰上思利民忠也則古時以忠爲君對臣民之名詞後世則專指爲臣民對君之名詞矣春秋凡弒君稱君君無道也則古時以君之虐民爲不道後世則專以民之抗君爲不道矣名之不正謬解流傳而欲求一二明理之君子幾不可得是則名分之說誤之也

風俗之轉移其始必先視夫一二人而此一二人者必不爲風俗所轉移者也故不能移於人乃能移人非獨立不懼之

君子信道篤而自任重者其孰克與於斯

天下無奇行愚夫愚婦所能爲者乃天下至奇之行也故忠信篤謹雖蠻貊而可行堯舜之道亦不外乎孝弟然則天下安有奇行哉至奇者卽至庸者也

浮囂者不可與言庸俗者不可與言

義理非訓詁弗精訓詁非義理弗著然言之無文行而弗遠故詞章亦所當重者也

不爲今人便爲古人不是發軔便是息駕爲古人乎請今發軔安於今人息駕已耳

今世而言學術兩言盡之曰戒自欺立志不爲僞君子曰戒立異非聖

蔑禮大亂之道今世而言治術亦兩言盡之曰戒好利走死如鶩皆爲利往廉恥掃地賄賂並行有世道之責者安可更揚其波曰戒偷安人盡其職百廢具舉

攷之於古而宜推之於今而未必宜著之於言而然稽之於行而未必然修之一身而優措之天下而未必優皆非學之至者也學之至者豎盡古今橫盡天下坐而言卽可起而行者也

讀張子西銘覺吾人立志必當放大其量雖極之位天地育萬物皆爲我性分當然之事存不得一毫自矜之念蓋人爲天地之心爲萬物之主不如是實不足以爲人也

天下多模棱兩可之鄉愿而决無兩處著脚之聖賢若但超

然於是非得喪之間跳脫於好惡恩怨之外以自立於萬無一失此等私見實不可以質諸鬼神而俟諸百世也智者明義理識時勢然畢竟須先明義理而後可以言識時勢今人但識時勢而不明義理夫是以通人愈多而根本之地愈不可問也

此余弱冠後在戊戌己亥及壬寅三年間隨筆自課之語歲癸丑曾擇刊數條入國學叢選中即上錄者是也今已四十年矣往歲戊寅敝藏書遭劫余詩詞與零星拙稿同付蕩盡此錄全稿本自無多亦并無復存矣故即以此附於文集之後亦以見當時尚能致力於學今乃垂者無成

用誌我愧云耳庚辰冬自記

憤悱錄